高等院校 会计学 专业
· 在线课程新形态教材 ·

纳税筹划

（第2版）

伊虹 何霞 编著

清华大学出版社
北京

内 容 简 介

本书以我国现行税收法律、法规为依据,结合纳税人的具体情况进行纳税筹划研究。全书共十章。第一章和第二章为纳税筹划的基本理论和基础知识,主要介绍了纳税筹划的目标、原则、方法、技术、步骤及纳税筹划风险的防范。第三章至第七章分税种研究纳税筹划,针对纳税人生产经营过程中涉及的各税种,从纳税人的实际情况出发,结合每一税种的构成要素,以案例的形式全面地介绍了各种行之有效的纳税筹划方法。第八章至第十章研究纳税人不同阶段的纳税筹划,分别介绍了纳税人在设立、融资、投资及企业重组清算过程中的纳税筹划方法。

本书在写作中突出纳税筹划的目的性、合法性、技术性、超前性和时效性,理论与实务紧密结合,引入大量案例,具有较强的实用性。本书不仅适用于高校经济、管理类专业的学生,还可作为企业经营管理人员、财会人员、税务人员学习和工作的参考书。

本书封面贴有清华大学出版社防伪标签,无标签者不得销售。
版权所有,侵权必究。举报: 010-62782989, beiqinquan@tup.tsinghua.edu.cn。

图书在版编目(CIP)数据

纳税筹划/伊虹,何霞编著. —2版. —北京:清华大学出版社,2024.2
高等院校会计学专业在线课程新形态教材
ISBN 978-7-302-65426-1

Ⅰ. ①纳… Ⅱ. ①伊… ②何… Ⅲ. ①税收筹划-高等学校-教材 Ⅳ. ①F810.423

中国国家版本馆 CIP 数据核字(2024)第 043318 号

责任编辑:刘士平
封面设计:傅瑞学
责任校对:袁 芳
责任印制:刘海龙

出版发行:清华大学出版社
网 址:https://www.tup.com.cn,https://www.wqxuetang.com
地 址:北京清华大学学研大厦 A 座
邮 编:100084
社 总 机:010-83470000
邮 购:010-62786544
投稿与读者服务:010-62776969,c-service@tup.tsinghua.edu.cn
质 量 反 馈:010-62772015,zhiliang@tup.tsinghua.edu.cn
课 件 下 载:https://www.tup.com.cn,010-83470410

印 装 者:三河市人民印务有限公司
经 销:全国新华书店
开 本:185mm×260mm 印 张:17.5 字 数:422千字
版 次:2014年8月第1版 2024年3月第2版 印 次:2024年3月第1次印刷
定 价:59.00元

产品编号:097882-01

第 2 版前言

"纳税筹划"是会计学、财务管理、税收学等经济管理类专业的一门专业核心课。纳税筹划是纳税人在遵守税收法规的前提下,对自身纳税过程中涉及的人、财、物、信息等资源进行科学、合理的规划,以实现企业价值最大化。该课程的实践性和综合性极强,在对学生综合素质的培养中发挥着重要作用。随着经济的不断发展,经济环境复杂多变,与之对应的相关税收政策也在不断调整,为纳税筹划提供了空间,也提出了挑战,纳税筹划越来越受到社会各界的关注,也受到学生的极大重视。

本书以党的二十大精神为指引,吸收最新研究成果,融入编著者多年教学经验,具有以下特色。

1. 始终贯彻立德树人培养目标,将思想政治教育融入教材体系

习近平总书记在全国高校思想政治工作会议上强调,"要用好课堂教学这个主渠道,思想政治理论课要坚持在改进中加强,提升思想政治教育亲和力和针对性,满足学生成长发展需求和期待,其他各门课都要守好一段渠、种好责任田,使各类课程与思想政治理论课同向同行,形成协同效应。"这就要求我们在教材编写中着力将思想政治教育贯穿于全过程。税收是国家取得财政收入的一种重要工具,而纳税筹划是企业实现自身价值最大化的一系列谋划活动,基于二者之间的关系,在教材的设计上全篇贯彻遵守税收法规这一前提,将思想政治教育融入教材。

2. 突出应用性,案例丰富,实用性强

教材在编写过程中定位于应用型本科财税人才的培养,理论与实务紧密结合,引入大量教学案例。案例不仅包括纳税筹划基本理论、分析方法方面的案例,还包括纳税筹划模型、多税种融合等方面的案例。通过对具体案例纳税筹划前后的比较分析,提出纳税筹划方案,并凝练出科学合理的纳税筹划结论。案例突出纳税筹划的实用性,具有明显的实践性和可操作性,培养了学生灵活应用所学知识的能力。

3. 注重时效性,以最新的税收政策为依据研究纳税筹划

复杂多变的经济环境使我国的税收政策不断更新变化,对企业的生产经营也会产生一定的影响。本书以我国最新税收法律、法规为依据,结合纳税人的具体情况进行纳税筹划研究,纳税筹划案例与最新税收政策保持同步。

4. 以学生的认知为导向,体系合理,形式新颖

按税种设计内容体系,主要从税收要素等方面研究纳税筹划方法,内容充实,行文简洁易懂,构建了比较完整的纳税筹划知识体系。全书共十章。第一章和第二章为纳税筹划的基本理论和基础知识,主要介绍了纳税筹划的目标、原则、方法、技术、步骤及纳税筹划风险的防范。第三章至第七章分税种研究纳税筹划,针对纳税人生产经营过程中涉及的各税种,从纳税人的实际情况出发,结合每一税种的构成要素,以案例的形式全面地介绍了各种行之有效的纳税筹划方法。第八章至第十章研究纳税人不同阶段的纳税筹划，分别介绍了纳税人在设立、融资、投资及企业重组清算过程中的纳税筹划方法。

5. 注重学生自主学习能力的培养，数智化配套资源丰富

以培养学生自主学习能力为出发点，设计教材的配套资源，为学生自主学习配备了丰富的学习资源。每章都配有思考题和练习题，在练习题的设计上采用了循序渐进的学习思路，练习题包括单项选择题、多项选择题、判断题和案例分析题，不仅题型多元化，而且题量很多，从不同角度及层面为学生提供学习资源，同时配有相关参考答案及解析。教材还配备了PPT教学课件，对重点、难点知识通过植入二维码等方式，提供微课、视频讲解等丰富的数字化教学资源，以充分满足学生自主学习的需求。

6. 融入"1+X"证书考核内容

为了提高学生的综合素质，各高校普遍开展了"1+X"证书考核工作，教材在编写过程中融入了智能财税职业技能等级证书的部分考核内容，帮助学生顺利通过智能财税职业技能等级证书考试，获得更多的社会认可。

本书为宁夏回族自治区教育厅新文科研究与改革实践项目"数智时代下财务管理专业建设实践变革"（项目编号：2021140129）的阶段性研究成果。

本书不仅适用于高校经济、管理类专业的学生，还可作为企业经营管理人员、财会人员、税务人员学习和工作的参考书。

本书由宁夏理工学院伊虹教授和辽东学院何霞副教授共同完成，在教材的编写过程中得到了柯小霞教授的大力帮助。编著者在写作过程中参考、借鉴了大量文献资料，在此谨向这些文献资料的作者致以最诚挚的谢意。限于编著者的水平，书中难免有疏漏和不足，希望读者朋友不吝指正。

编著者

2024年1月

目 录

第一章 纳税筹划概述 1
 第一节 纳税筹划的概念与意义 2
 第二节 纳税筹划的成本与收益 5
 第三节 纳税筹划的形式与目标 10
 第四节 纳税筹划的风险与防范 13

第二章 纳税筹划的基础知识 19
 第一节 纳税筹划的原则 20
 第二节 纳税筹划的方法 22
 第三节 纳税筹划的技术 27
 第四节 纳税筹划的步骤 34

第三章 增值税的纳税筹划 40
 第一节 增值税纳税人的纳税筹划 41
 第二节 增值税税率的纳税筹划 47
 第三节 增值税进项税额的纳税筹划 56
 第四节 增值税销项税额的纳税筹划 63
 第五节 农产品加工企业的纳税筹划 67
 第六节 利用增值税优惠政策的纳税筹划 72
 第七节 增值税出口退税的纳税筹划 79

第四章 消费税的纳税筹划 92
 第一节 消费税计税依据的纳税筹划 93
 第二节 消费税税率的纳税筹划 98
 第三节 应税消费品定价的纳税筹划 99
 第四节 自产自用应税消费品的纳税筹划 103
 第五节 应税消费品生产方式选择的纳税筹划 106
 第六节 进出口应税消费品的纳税筹划 109

第五章 企业所得税的纳税筹划 116
 第一节 企业所得税税率的纳税筹划 117
 第二节 收入的纳税筹划 121

第三节　扣除项目的纳税筹划 ································· 128
　　第四节　企业所得税应纳税额的纳税筹划 ····················· 144
　　第五节　利用企业所得税税收优惠政策的纳税筹划 ············· 152

第六章　个人所得税的纳税筹划 ································· 166
　　第一节　个人所得税纳税人的纳税筹划 ······················· 167
　　第二节　居民个人综合所得的纳税筹划 ······················· 168
　　第三节　经营所得的纳税筹划 ······························· 179
　　第四节　其他所得的纳税筹划 ······························· 183
　　第五节　利用个人所得税优惠政策的纳税筹划 ················· 185

第七章　其他税种的纳税筹划 ··································· 192
　　第一节　关税的纳税筹划 ··································· 193
　　第二节　城市维护建设税的纳税筹划 ························· 198
　　第三节　资源税的纳税筹划 ································· 200
　　第四节　土地增值税的纳税筹划 ····························· 202
　　第五节　城镇土地使用税的纳税筹划 ························· 208
　　第六节　房产税的纳税筹划 ································· 210
　　第七节　车船税的纳税筹划 ································· 215
　　第八节　车辆购置税的纳税筹划 ····························· 218
　　第九节　印花税的纳税筹划 ································· 219
　　第十节　契税的纳税筹划 ··································· 225

第八章　企业设立的纳税筹划 ··································· 232
　　第一节　企业设立组织形式的纳税筹划 ······················· 233
　　第二节　企业设立分支机构的纳税筹划 ······················· 236
　　第三节　企业设立地点的纳税筹划 ··························· 239
　　第四节　企业设立注册资本的纳税筹划 ······················· 240

第九章　企业投资融资的纳税筹划 ······························· 245
　　第一节　企业投资的纳税筹划 ······························· 246
　　第二节　企业融资的纳税筹划 ······························· 251

第十章　企业重组清算的纳税筹划 ······························· 258
　　第一节　企业重组的纳税筹划 ······························· 259
　　第二节　企业清算的纳税筹划 ······························· 266

参考文献 ··· 272

第一章

纳税筹划概述

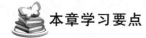 **本章学习要点**

1. 纳税筹划的含义及其与相关概念的区别。
2. 纳税筹划的成本与收益分析。
3. 纳税筹划的形式与目标。
4. 纳税筹划风险的防范。

 案例引入

纳税筹划得到法律的认可

纳税筹划被社会关注和法律认可,从时间上可以追溯到20世纪30年代。最为典型的案例是20世纪30年代发生在英国的一则判例。1935年,英国上议院议员汤姆林爵士针对"税务局长诉温斯大公"一案,对当事人依据法律实现少缴税款的做法作出了法律上的认可,他说:"任何个人都有权安排自己的事业,依据法律这样做可以少缴税。为了保证从这些安排中得到利益……不能强迫他多缴税。"汤姆林爵士的观点赢得了法律界认同,这是第一次对纳税筹划作出法律上的认可。之后,英国、澳大利亚、美国在税收判例中经常援引这一原则精神。

降低税收负担是纳税人的内在需求,随着社会经济的不断发展,纳税筹划日益成为纳税人理财和经营管理活动中不可缺少的一个重要组成部分。纳税人可以通过合理、有效的纳税筹划,实现企业财务管理目标。

第一节 纳税筹划的概念与意义

一、纳税筹划的概念

纳税筹划、税收筹划和税务筹划都是英文 tax planning 的中文翻译,本书采用"纳税筹划"一词,以后不再说明。在对纳税筹划概念的描述中,主要有以下几种比较有代表性的观点。

荷兰国际财政文献局(IBFD)所编写的《国际税收辞典》认为:"纳税筹划是指纳税人通过对经营活动或个人事务活动的安排,实现缴纳最低的税收。"

印度税务专家 N. J. 雅萨斯威在所著的《个人投资和税务筹划》一书中认为:"纳税筹划是纳税人通过对税务活动的安排,充分利用税收法规所提供的包括减免税在内的一切优惠,从而获得最大的税收利益。"

美国南加州大学 W. B. 梅格斯博士在其与他人合著的《会计学》一书中认为:"人们合理而又合法地安排自己的经营活动,使之缴纳可能最低的税款,他们使用的方法可称为纳税筹划。"

我国税务专家唐腾翔在《纳税筹划》一书中认为:"纳税筹划是指在税法规定的范围内,通过对经营、投资、理财活动的事先筹划和安排,尽可能地取得'节税'的税收利益,其要点在于'三性':合法性、筹划性和目的性。"全国注册税务师执业资格考试教材编写组在其编写的

《税务代理实务》中,对纳税筹划的解释采用上述概念。

我国学者盖地在《税务筹划》一书中认为:"税务筹划是纳税人依据所涉及的现行税法(不限一国一地),遵循税收国际惯例,在遵守税法、尊重税法的前提下,运用纳税人的权利,根据税法中的'允许''不允许'及'非不允许'的项目、内容等,对企业组建、经营、投资、筹资等活动进行的旨在减轻税负、有利于财务目标实现的谋划与对策。"

从以上观点可以看出,纳税筹划有广义和狭义之分。狭义的纳税筹划仅指节税,广义的纳税筹划既包括节税,又包括避税、税负转嫁和涉税零风险。本书所述的纳税筹划采用广义的观点。本书认为,纳税筹划是纳税人以降低纳税风险、实现企业价值最大化为目的,在遵守国家税收法律、法规的前提下,对企业的组建、经营、投资、筹资等活动涉及的纳税事项进行事先安排、选择和策划的总称。

二、纳税筹划与相关概念的区别

(一) 纳税筹划与偷税、骗税、抗税和逃税

1. 偷税、骗税、抗税和逃税的概念

(1) 偷税

偷税是指纳税人采取伪造、变造、隐匿、擅自销毁账簿、记账凭证,或者在账簿上多列支出或者不列、少列收入,或者经税务机关通知申报而拒不申报或者进行虚假纳税申报,不缴或者少缴应纳税款的行为。

(2) 骗税

骗税是指纳税人用假报出口等虚构事实或隐瞒真相的方法,经过公开的合法的程序,利用国家税收优惠政策,骗取减免税或者出口退税的行为。

(3) 抗税

抗税是指纳税人以暴力、威胁等方法拒不缴纳税款的行为。

(4) 逃税

逃税有广义和狭义之分。广义的逃税是指纳税人采用各种手段逃避缴纳税款的行为。具体可分为两种:一是采用非法手段少纳或不纳税款的行为,称为"偷税""骗税"或"抗税";二是采用合法手段少纳或不纳税款的行为,称为"避税"。狭义的逃税仅指纳税人采用非法手段少纳或不纳税款的行为,本书采用狭义的概念。

2. 纳税筹划与偷税、骗税、抗税和逃税的区别

(1) 性质不同

纳税筹划是在正确履行纳税义务的前提下进行的,其特点是合法或不违法,而偷税、骗税、抗税和逃税是通过非法手段将应税行为变为非应税行为,直接逃避纳税人需要承担的应税责任,是一种违法甚至犯罪的行为,应该受到法律的制裁。

(2) 使用的手段不同

纳税筹划采取公开或者相对公开的手段,不需要进行修饰和掩盖,以科学理财为手段实现企业的财务目标。偷税、骗税和逃税采用隐蔽的手段达到少缴税款的目的,具有欺诈性。抗税采用暴力、威胁的手段,恶意触犯法律,必将受到法律的严惩。

(3) 承担的责任不同

纳税筹划既然是一种合法或不违法的行为,原则上不会承担法律责任,并理应受到国家

法律的保护和认可。偷税、骗税、抗税和逃税是违法行为,一经查实,除了要给予一定金额的经济处罚外,还要视情节轻重,决定是否追究刑事责任。

(4) 政府的态度不同

偷税、骗税、抗税和逃税行为具有故意性、欺诈性、违法性等特征,使国家税收遭受损失。政府对其持坚决反对和抵制态度,并对此类行为有专门的处罚规定。而对纳税筹划行为,政府一般持支持和鼓励态度。虽然对于避税筹划,政府持不提倡态度,但是相对于偷税、骗税、抗税和逃税行为来说,由于避税行为不违法,政府对其态度要宽松很多。

(二) 纳税筹划与漏税

1. 漏税的概念

漏税是指纳税人并非故意未缴或少缴税款的行为。漏税是由于纳税人不熟悉税收法规和财务制度,或者由于工作粗心大意等原因造成的。对漏税者,税务机关应当责令限期照章补缴所漏税款;逾期未缴的,从漏税之日起,按日加收税款滞纳金。

2. 纳税筹划与漏税的区别

(1) 主观性不同

纳税筹划有明确的目标,是纳税人为实现企业价值最大化,对企业的纳税事项进行事先安排和策划,以减少纳税金额的一种主观行为。而漏税是纳税人一种无意识减少纳税金额的行为,一般是由于纳税人不熟悉税收法规和财务制度,或者由于工作粗心大意等原因造成的。有意识地漏税是一种偷税行为,不属于本书对漏税的界定。

(2) 结果不同

纳税筹划减少的税额是法律认可并允许的。而漏税减少的税额应当限期照章补缴,并从漏税之日起,按日加收税款滞纳金。

三、纳税筹划的意义

在市场经济条件下,作为"经济人"的理性纳税人,都希望以最小的经济代价获得最大的经济利益。通过偷税、骗税和抗税等手段不缴或少缴应纳税款的行为是违法行为,不仅法律不允许,而且会受到法律的制裁。纳税人只能通过纳税筹划减轻自己的税收负担,纳税筹划具有广泛的积极意义。

(一) 纳税筹划有利于提高纳税人的纳税意识

纳税筹划以遵守税法为前提,建立在纳税人对税法有深刻认识和理解的基础上。这就促使纳税人在谋求合法税收利益的驱动下,主动自觉地学习、钻研税法和履行纳税义务,有助于纳税人主动纳税、诚信纳税,提高纳税意识。同时,开展纳税筹划与纳税意识的增强一般具有客观一致性和同步性的关系,是纳税人纳税意识提高到一定阶段的表现。也就是说,进行纳税筹划或纳税筹划搞得好的企业,其纳税意识往往也比较强。

(二) 纳税筹划有利于提升纳税人的竞争力

纳税人是否具有竞争力与其自身的财务管理水平、会计管理水平密不可分。资金、成本、利润是纳税人财务管理和会计管理的三大要素。纳税筹划就是为了实现资金、成本、利润的最优组合,提高纳税人的经济效益,从而提升纳税人的竞争力。纳税人进行纳税筹划离不开会计处理,会计处理是纳税人实现纳税筹划的重要手段,这就要求会计人员熟知会计准则、会计制度,并且熟知现行税收法律、法规,综合考虑会计和税法要求设账、记账、编制财务报告、计税和填报纳税申报表及其附表。其中,会计处理方法的选择是纳税筹划的重要内容。例如,存货的计价方法有先进先出法、加权平均法和个别计价法等。不同的存货计价方法对企业会计利润、应纳税额和纳税期限的影响是不同的,纳税人可以从中选择合适的存货计价方法,以实现少缴税款和延后缴税,降低纳税人的税负,从而提高纳税人的会计管理水平,发挥会计的多重功能,提升纳税人的竞争能力。

(三)纳税筹划有利于维护纳税人自身的合法权益

纳税筹划是纳税人的一项合法权利。我国的税法体系在不断健全和完善,税法的健全和完善伴随着税法的日益庞杂。很多纳税人由于不熟悉税法,对税法研究理解不透,在经营管理活动中,就有可能出现重复纳税,涉税经济活动不优化,税收优惠政策没有用足、用好等问题,甚至缴了不该缴的税款,损害了自身的经济利益。纳税筹划通过对纳税人涉税活动的深入研究、合法操作,可以减少纳税人的纳税金额,增加纳税人的财务利益,维护纳税人自身的合法权益。

(四)纳税筹划有利于不断健全和完善税收制度

一方面,纳税筹划使纳税人对税法的研究更加通透,对税务机关不合理的征税行为会据理力争,这就加强了对税务机关执法行为的监督。同时,为了防止一部分纳税人的恶意筹划,客观上要求税务机关及其工作人员加强税收管理,提高业务水平和综合素质。另一方面,纳税筹划通常是针对税法中未明确规定的行为及税法中的优惠政策进行的,纳税人进行纳税筹划能暴露出税法的不健全和不完善,促使税务机关及时发现现行税法中存在的缺陷和疏漏,依法进行补充和修订,不断健全和完善税收制度。

(五)纳税筹划有利于充分发挥税收的经济杠杆作用

国家根据经济发展状况需要对资源配置、总供给和总需求及收入分配等内容进行调节,通常利用高低税负等来体现国家对产业政策的导向,通过刺激或抑制某些经济活动等方式进行调节,以发挥税收的经济杠杆作用。纳税筹划是纳税人对国家税收法规、政策的反馈,因为纳税人进行纳税筹划时,就是针对税法中的差别待遇,根据税收的各项优惠、鼓励政策,进行投资、融资决策,企业制度改造,产品结构调整等。纳税人进行纳税筹划尽管在主观上是为了减轻资金的税收负担,但客观上是在国家税收杠杆的作用下,逐步走向了优化产业结构和生产力合理布局的道路,体现了国家的产业政策,有利于促进资本的有效流动和资源的合理配置,也有利于经济的持续增长和发展。

第二节 纳税筹划的成本与收益

一、纳税筹划的成本

纳税筹划的成本是指纳税人因进行纳税筹划而增加的支出或放弃的资源。纳税筹划的成本主要包括以下几方面内容。

(一) 新增的制订和执行纳税筹划方案成本

新增的制订和执行纳税筹划方案成本是指纳税筹划方案与原方案相比,其制订和执行成本的增加值。其中,制订和执行成本是指纳税筹划方案在制订和执行过程中所产生的各项支出。

纳税筹划方案的制订和执行成本具体包括:收集和保存与纳税筹划相关信息的耗费;纳税筹划人员因从事与纳税筹划方案制订和执行工作相关的工资、薪金;对纳税筹划人员进行纳税筹划培训的费用;委托税务代理机构进行纳税筹划的全部费用;因按照纳税筹划方案安排生产、经营活动而产生的诸如筹建或改建成本、沟通及协作成本、制订计划成本、谈判成本、监督成本和管理成本等。

(二) 因进行纳税筹划而新增的纳税成本

纳税成本是指纳税人在纳税过程中所发生的直接和间接费用,包括经济、时间等方面的支出。因进行纳税筹划而新增的纳税成本也是一个增加值,是与原纳税方案相比纳税成本的增加值,具体包括以下五个方面。

1. 新增的正常税负

新增的正常税负是指根据新制订的纳税筹划方案按照税法规定计算得出的应纳各项税款总额,比原纳税方案应纳税款总额的增加额,是纳税筹划方案的正常税负,是纳税人必须支付的。纳税筹划并非总是以减少税负为目的,有时为增加收益会同时增加税负,但只要增加的收益大于增加的税负,同样会给纳税人带来经济利益。

2. 新增的办税费用

新增的办税费用是指与原纳税方案相比增加的办税费用。办税费用包括办税人员费用、资料费用、差旅费用、邮件费用、利息等。

3. 新增的税收滞纳金和罚款

新增的税收滞纳金和罚款是指纳税筹划方案被认定为偷税等违法行为而导致的罚款及缴纳的滞纳金。

4. 新增的沟通、协调费用

新增的沟通、协调费用是指为取得税务机关对纳税筹划方案的认可而发生的沟通、协调等方面的支出。

5. 新增的行政复议、行政诉讼费用

新增的行政复议、行政诉讼费用是指因不服税务机关将纳税筹划方案认定为违法行为而产生的行政复议、行政诉讼费用支出等。

(三) 纳税筹划的心理成本

纳税筹划的心理成本是指纳税人因担心纳税筹划失败而产生的与心理焦虑相关的各项损失和支出。

心理成本很难测量,虽然很少有人进行深入研究,但心理成本的高低对纳税筹划事项的正确处理具有重大影响。许多涉税人员在处理纳税筹划事项时,经常会担心筹划不当而产生焦虑或挫折等心理,这种状况将直接影响其工作效率。对心理承受能力较差的人而言,这种心理甚至会影响他们的身体健康,使其付出更大的心理成本作为进行纳税筹划的代价。心理成本的高低取决于纳税筹划的复杂程度、纳税人的心理承受能力、当地税务机关对纳税筹划的态度、政府对税收违法行为的处罚程度等。

（四）纳税筹划的机会成本

纳税筹划的机会成本实际上是纳税筹划的隐性成本，是指纳税人由于采用拟订的纳税筹划方案而放弃其他方案的潜在收益。

纳税筹划过程本身就是一个决策过程，即在众多纳税方案中选择一个最佳方案，但选定一个方案必然要舍弃其他方案。纳税筹划的机会成本在纳税筹划实务中经常被忽视，可能导致纳税筹划结果得不偿失。

（五）纳税筹划的风险成本

纳税筹划的风险成本是指由于纳税筹划风险存在而发生的成本。纳税筹划的风险成本主要包括：纳税人因纳税筹划方案设计失误或实施不当而造成筹划目标落空的经济损失，纳税人因税收政策变化导致纳税筹划方案失败产生的损失，纳税人因企业经营活动变化导致原纳税筹划方案无法实现既定目标而产生的损失，纳税人因税务机关对纳税筹划方案错误认定而产生的损失等。

（六）纳税筹划的非税成本

纳税筹划的非税成本是指纳税人因进行纳税筹划所产生的连带经济行为的经济后果，它是一个内涵丰富的概念，包括可以量化的内容，也包括难以量化的内容。

由于信息不对称的原因，造成隐藏行为和隐藏信息的存在，使得非税成本有时很大，甚至远远超过纳税筹划增加的收益或减少的成本。非税成本是进行纳税筹划时必须考虑的重要因素，非税成本一般难以量化，但如果纳税筹划者未充分认识到非税成本的存在，则纳税筹划策略的有效性将大大降低。

例如，甲企业长期采用避税方式进行纳税筹划，实现少缴税款的目的，经常推迟收入的确认，提前确认成本费用，企业账面形成多年亏损状况，积累了大量的非税成本。这时，企业一主要投资者欲转让其持有的股权，由于甲企业账面长期亏损，几乎没有人愿意购买，个别购买者也出价很低，远远低于股权对应的企业实际价值。此时，企业决策者幡然醒悟，一味追求少缴税，其隐藏的非税成本是巨大的，会导致各种非税成本加起来抵销了企业所享受的节税收益。

上述纳税筹划成本的分类不是非常严格的，有些纳税筹划成本可能同时属于其中的两类或多类。例如，纳税筹划被认定为偷税等违法行为而导致的罚款及缴纳的滞纳金，既属于因进行纳税筹划而新增的纳税成本，也属于纳税筹划的风险成本。

二、纳税筹划的收益

纳税筹划的收益是指纳税人因进行纳税筹划而获得的各种利益。纳税筹划收益主要包括以下几方面内容。

（一）因进行纳税筹划而新增的收入

在数量上，新增的收入等于纳税筹划后企业各项收入大于纳税筹划前各项收入的部分。需要注意的是，这里所说的新增收入均是由纳税筹划活动直接或间接引起的，企业发生的与纳税筹划活动无关的新增收入不包括在其中。

（二）因进行纳税筹划而减少的纳税成本

与纳税筹划成本中新增的纳税成本相对应，纳税成本的减少额主要包括与原纳税方案相比，纳税筹划方案引起的税负减少额、办税费用的节约额及行政罚款的减少额等。其中，税负的减少额是主要部分，是指实施纳税筹划方案的全部税负低于原纳税方案全部税负的差额。

（三）因进行纳税筹划而新增的货币时间价值

因进行纳税筹划而新增的货币时间价值，主要是通过延期纳税来实现的。通过延期纳税使企业当期总资产增加，不仅可以用来清偿债务，而且可以用来进行持续的经营生产。

（四）纳税筹划的非税收益

纳税筹划的非税收益是指纳税人因进行纳税筹划而获得的各种间接经济利益。主要包括以下内容。

1. 涉税零风险筹划给纳税人带来的利益

涉税零风险筹划虽然不能为纳税人带来直接经济利益的增加额，但却能为纳税人创造出一定的间接经济利益。通过实现涉税零风险，一方面有利于纳税人形成较好的纳税信誉，树立良好的纳税人形象，有利于纳税人的经营发展，使纳税人长期受益；另一方面会使税务机关对纳税人形成很好的纳税印象，能够使纳税人获得税务检查及税收优惠政策等方面的宽松待遇。

2. 通过纳税筹划提高纳税人整体管理水平和核算水平而使纳税人增加的收益

纳税筹划是一种高水平的策划活动，企业进行纳税筹划必须聘用高素质的人才，规范自己的财务会计处理，这能够在客观上提高纳税人的管理水平和核算水平，为企业带来收益。

上述纳税筹划收益的分类也不是非常严格的，有些纳税筹划收益可能同时属于其中的两类或多类。

三、纳税筹划的成本与收益分析

纳税人进行纳税筹划是为了获得整体经济利益，而不是某一环节的税收利益，因此纳税人在进行纳税筹划时要进行成本收益分析，以判断在经济上是否可行。纳税筹划的成本与收益分析，是指在纳税筹划方案的制订和执行过程中，要比较纳税筹划方案带来的收益与耗费的成本，只有纳税筹划方案的成本小于获得的收益时，该纳税筹划方案才是可行的。

一般来说，一个纳税筹划方案会涉及很多方面，而且纳税筹划方案的实施会对纳税人以后若干年的生产经营活动产生影响。因此，纳税筹划的成本与收益分析不能仅局限于某个纳税年度，企业应根据自身实际情况，确定比较年限，并考虑货币时间价值。纳税筹划的成本与收益分析具体步骤如下。

（一）提出纳税筹划方案

在进行成本收益分析时，企业应根据具体情况首先提出若干个纳税筹划方案，然后详细地列出每种方案可能发生的全部预期成本和全部预期收益。

（二）确定比较年限

纳税人应根据纳税筹划方案对企业生产经营活动的影响期限，合理确定比较年限，并考虑货币的时间价值。

（三）确定贴现率

纳税人在分析成本与收益时，需要将未来时点的成本与收益换算成现在时点的成本与收益，贴现率的选择是关键。实践中，贴现率的选择存在很多争议，是一项复杂的工作，需要考虑很多因素。一般来说，选择贴现率时应考虑三点：一是社会平均利润率；二是通货膨胀附加率；三是企业的风险报酬率，纳税人可以将三者之和作为贴现率。

（四）计算收益和成本的现值

纳税人将分析期间发生的收益和成本，用收益流和成本流来表示，并使用贴现率对收益和成本的现值进行比较分析。

（五）确定最优纳税筹划方案

纳税人选择最优纳税筹划方案的依据有两个：一是计算出每种方案的净收益；二是计算出每种方案的收益成本比。

具体的计算公式为

$$净收益 = 总收益现值 - 总成本现值$$

$$收益成本比 = \frac{总收益现值}{总成本现值}$$

【例 1-1】

某企业 2023 年年初准备开始实施一项为期 3 年的纳税筹划方案，目前拟订了三个备选方案，分别为甲、乙、丙方案。上述备选方案未来三年的纳税筹划成本和纳税筹划收益情况见表 1-1。该企业制订纳税筹划方案发生纳税筹划成本 4.9 万元，已于年初支付。已知纳税人确定的贴现率为 10%，相关现值系数为 $(P/F,10\%,1)=0.909\ 1$；$(P/F,10\%,2)=0.826\ 4$；$(P/F,10\%,3)=0.751\ 3$；$(P/A,10\%,3)=2.486\ 9$。

表 1-1 某企业纳税筹划方案　　　　　　　　　　　　　单位：万元

年份	甲		乙		丙	
	收益	成本	收益	成本	收益	成本
1	11	10	14	12	18	15
2	14	12	14	12	14	12
3	18	15	14	12	11	10

解析：

（1）分别计算各备选方案纳税筹划收益和成本的现值

甲方案：

收益的现值 $= 11\times(P/F,10\%,1)+14\times(P/F,10\%,2)+18\times(P/F,10\%,3)$
$\qquad = 35.09$（万元）

成本的现值 $= 4.9+10\times(P/F,10\%,1)+12\times(P/F,10\%,2)+15\times(P/F,10\%,3)$
$\qquad = 35.18$（万元）

乙方案：

收益的现值 $= 14\times(P/A,10\%,3)=34.82$（万元）

成本的现值＝4.9＋12×(P/A,10％,3)＝34.74(万元)

丙方案：

收益的现值＝18×(P/F,10％,1)＋14×(P/F,10％,2)＋11×(P/F,10％,3)
　　　　　＝36.20(万元)

成本的现值＝4.9＋15×(P/F,10％,1)＋12×(P/F,10％,2)＋10×(P/F,10％,3)
　　　　　＝35.97(万元)

(2) 确定最优纳税筹划方案

甲方案纳税筹划净收益＝35.09－35.18＝－0.09(万元)

甲方案的收益成本比＝35.09÷35.18＝99.74％

乙方案纳税筹划净收益＝34.82－34.74＝0.08(万元)

乙方案的收益成本比＝34.82÷34.74＝100.23％

丙方案纳税筹划净收益＝36.20－35.97＝0.23(万元)

丙方案的收益成本比＝36.20÷35.97＝100.64％

甲方案的净收益为负数，该方案不可行。乙方案和丙方案的净收益为正数，说明这两个方案均可行。但丙方案的净收益高于乙方案0.15万元(0.23－0.08)，且丙方案的收益成本比也高于乙方案，说明丙方案最优。

第三节　纳税筹划的形式与目标

一、纳税筹划的形式

广义的纳税筹划主要包括四种形式：节税筹划、避税筹划、税负转嫁筹划和涉税零风险筹划。

(一) 节税筹划

节税筹划是指纳税人在不违背税法立法精神的前提下，在国家法律及税收法规许可并鼓励的范围内，采用税法赋予的税收优惠和选择机会，对涉税事项进行策划和安排，通过降低税负实现企业价值最大化。节税筹划具有以下特点。

1. 合法性

节税筹划是以符合税收法规为前提，是在对政府制定的税法进行比较分析后进行的最优化选择，符合国家的立法精神和政策意图，是政府提倡的行为。

2. 政策导向性

税收是调节经营者、消费者行为的一种有效经济杠杆。政府可以根据经营者和消费者谋求最大利润的心态，有意识地通过税收优惠政策，引导经营者和消费者采取符合政策导向的行为。纳税人通过节税最大限度地利用税法中固有的优惠政策来享受其利益，有利于加强税法地位，使政府更加有效地利用税法进行宏观调控，以实现某些经济和社会目的。

(二) 避税筹划

避税筹划是指纳税人在不直接触犯税法的前提下，利用税收法规的空白、漏洞或缺陷，对涉税事项进行策划和安排,通过规避税收来实现企业价值最大化。避税筹划具有以下特点。

1. 非违法性

避税筹划不违背法律本身,但违背了法律的立法精神,遵循"法无明文不为罪"的原则,不符合政府的政策导向和政策意图,是政府不提倡的行为。

2. 危害性

避税筹划的危害性表现为:避税行为直接导致国家税收的减少;避税行为侵犯了税收法律、法规的立法意图,使其公正性、严肃性受到影响;避税行为的出现对于社会公德及道德造成不良侵害,使诚信纳税受到威胁,造成守法经营在市场竞争中处于不利地位。

在纳税筹划实务中,节税筹划与避税筹划往往很难严格划分。因此,本书所述的纳税筹划包括避税筹划。由于避税筹划的手段通常是利用税收法规的空白、漏洞或缺陷,谋取不是立法者本意所期望的税收利益,政府对避税行为一般采取各种反避税措施,通过完善立法等手段杜绝避税行为的发生。从这方面来看,避税筹划促使政府不断完善税收法规,有助于社会经济的进步与发展。

(三)税负转嫁筹划

税负转嫁筹划是指纳税人为了达到减轻税负的目的,通过提高销售价格或压低购进价格等方法,将税负转嫁给购买者或供应者的经济行为。税负转嫁筹划具有以下特点。

1. 主要适用于对流转税的纳税筹划

税负转嫁是在商品流通中通过商品价格变动实现的,税负转嫁后,税负的实际承担者不是直接缴纳税款的纳税人,而是商品的购买者或供应者。只有存在商品流通,才能进行税负转嫁筹划。

2. 属于中性的纳税筹划方式

由于税负转嫁没有影响国家的税收收入,也不违法,政府对此一般持中立态度。税负转嫁筹划受到纳税人的普遍青睐,利用税负转嫁筹划减轻纳税人税收负担,已成为普遍的经济现象。

(四)涉税零风险筹划

涉税零风险筹划是指纳税人通过事先规划,做到会计账目清楚,纳税申报正确,缴纳税款及时、足额,使其一般不会出现任何关于税收方面的处罚,即纳税人处于没有任何纳税风险或风险极小可以忽略不计的状态。涉税零风险筹划具有以下特点。

1. 获取的是间接经济利益

涉税零风险筹划虽然不能直接获取税收上的经济利益,但通过涉税零风险筹划,可以使纳税人避免发生经济损失和信誉损失,有利于企业的长远发展,获得间接经济利益。

2. 是政府倡导的纳税筹划方式

涉税零风险筹划有利于形成良好的税收征纳环境,促进经济和社会的和谐发展,是政府倡导的纳税筹划方式。

二、纳税筹划的目标

纳税筹划的目标是指纳税人通过纳税筹划希望达到的结果,是纳税筹划首先应解决的关键问题。纳税筹划目标的确定,决定了纳税筹划的范围和方向,直接关系到纳税筹划的成败。纳税筹划作为财务管理的一个重要组成部分,它的目标与企业财务管理目标是一致的,现代财务管理以企业价值最大化作为财务管理目标,该目标充分考虑了企业利益相关者和社会责任对企业财务管理目标的影响,考虑了资金的时间价值及风险与报酬的关系,是一种理想的目标定位。

纳税筹划的目标可以分为总体目标和具体目标两个层次。具体目标必须以总体目标为前提,总体目标只有通过对各具体目标的选择才能得以实现。纳税人在进行纳税筹划时应服从和服务于企业价值最大化这一总体目标,在选择纳税筹划方案时应考虑对各具体目标的影响,为了实现纳税筹划的总体目标,需要通过各具体目标的实现来完成。纳税筹划的具体目标概括起来主要包括以下几种。

(一)选择零税负点或低税负点

零税负点主要包括纳税义务的免除和避免成为纳税人,合法选择零税负点避免纳税,可以直接增加税后利益。如果纳税人无法免除纳税义务,应尽量选择低税负点。低税负点又可分为税基最小化、适用税率最低化、减税最大化等具体内容,在法律许可的范围内选择低税负点,可以减少税款支付,增加税后利益。

纳税人选择零税负点或低税负点必须以企业价值最大化这一总体目标为前提,否则零税负点或低税负点就不能成为纳税筹划的具体目标。纳税人在选择零税负点或低税负点时,应充分考虑对企业收入和利润的影响。

(二)选择递延纳税

递延纳税包括递延税基和申请延缓纳税两方面,在法律许可的范围内递延纳税可以取得资金的时间价值。企业选择递延纳税时应注意,在不违反税法和不损害企业市场信誉的前提下,应尽可能延缓现金支付的时间、速度,控制即期现金支付比重,即纳税人通过一定手段将当期应缴纳的税款延缓到以后期间缴纳,以获取资金的时间价值。

纳税人选择递延纳税必须以企业价值最大化这一总体目标为前提,充分考虑递延纳税的机会成本。例如,在减免税期间,如果选择递延纳税需要减少当期应享受的减免税利益,并且减少的减免税利益大于递延纳税的收益,就应当放弃递延纳税的具体目标,选择减免税目标。

(三)选择涉税零风险

涉税零风险是指纳税人通过一定的筹划和安排,使其处于一种涉税零风险状态。企业在进行纳税筹划时可能面临一定的涉税风险。例如,因为纳税筹划方案设计失误造成筹划目标落空,纳税筹划过程中因筹划方式不当需要承担法律责任,由此会给纳税人造成有形或无形的损失,纳税人在进行纳税筹划时必须考虑涉税风险。选择涉税零风险这一纳税筹划具体目标,具有以下作用。

1. 使纳税人避免发生经济损失

虽然涉税零风险筹划不会使纳税人直接获取税收上的好处,但纳税人经过必要的事先筹划,可以避免出现账目不清、纳税不正确的情况,避免遭受税务机关的经济处罚,这种处罚的避免实际上相当于获取了一定经济利益。

2. 使纳税人避免发生信誉损失

如果纳税人被税务机关认定为偷漏税,甚至是犯罪,那么该企业或个人的信誉将会因此遭受严重的损失。即使是由于纳税人对税法的理解不够,导致的账目不清楚或纳税不正确,也会导致纳税人名誉上的损失。另外,偷漏税行为的认定还可能会导致税务机关更加严格的稽查,更加苛刻的纳税申报条件及程序,从而增加企业及个人的纳税申报时间及经济上的成本。例如,某些国家对不同信誉的纳税人采用不同的纳税申报程序,有的国家则在纳税人使用的发票上做文章,这样,别人仅通过发票便能一目了然地知道该企业的信誉,这些规定使得纳税人偷漏税的名誉成本非常大。因此,实现涉税零风险非常重要。

3. 有利于纳税人的长远发展

纳税人通过涉税零风险筹划,不仅可以避免经济上和名誉上的损失,而且可以使企业账目清楚,管理有条不紊,有利于企业的健康发展。账目核算清晰准确,有利于企业进行成本费用控制,避免浪费。纳税申报正确,缴纳税款及时、足额,使税务机关对企业有良好的印象,可以有效降低纳税成本,有利于实现企业的长远发展。

第四节　纳税筹划的风险与防范

纳税人进行纳税筹划必须充分考虑纳税筹划风险,分析纳税筹划风险产生的原因和加强纳税筹划风险防范具有非常重要的意义。

纳税筹划风险是指纳税人在进行纳税筹划过程中,因业务水平的限制和各种不确定因素,导致纳税筹划方案失败,无法实现纳税筹划目标,使企业未来利益遭受损失的可能性。

一、纳税筹划风险产生的原因

(一) 税收政策变化

纳税筹划是利用国家政策合理、合法的节税,在此过程中,若国家政策发生了变化或者企业对税收法律、法规运用得不合理,就可能导致税务筹划的结果偏离企业预期目标,由此产生的风险称为政策性风险。企业纳税筹划的政策性风险包括政策选择风险和政策变化风险。政策选择风险是指企业自认为采取的纳税筹划行为符合一个地区或一个国家的政策要求,但实际上自身的行为却违反了法律、法规,由此会给企业的纳税筹划活动造成一定的损失与危害。政策变化风险是指政府旧政策的不断取消和新政策的不断推出而给企业的纳税筹划活动带来的不确定性,政府制定的一些政策往往具有不定期或较短的时效性。政策的这种不定期性或时效性会使企业的纳税筹划活动产生一定的风险。

(二) 税收行政执法

在实践中,纳税筹划的"合法性"需要得到税务行政部门的确认。在这一"确认"过程中,税务行政执法可能出现偏差,为此企业可能要承担纳税筹划失败的风险,这就是企业纳税筹划行政执法风险。产生纳税筹划行政执法风险的原因众多:首先,由于现行税收法律、法规对具体的税收事项常留有一定的弹性空间,加之税务机关在一定范围内拥有自由裁量权,这些因素可能会使企业在纳税筹划活动中产生一定的风险。其次,税务行政执法人员的素质有高有低,如果法制观念不够强,专业业务技术不够熟练,则可能造成税收政策在执行上出现偏差。最后,由于税务机关内部没有设立专门的税收执法管理机构,致使税收执法监督乏力,严重影响了税收执法的严肃性和透明度,由此会间接地导致企业纳税筹划失败的风险。

(三) 纳税人主观判断能力

纳税人的主观判断能力对纳税筹划的成功具有重要影响,具体来说,如果纳税人的业务素质较高,对税收、财务、会计、法律等方面的政策与业务有较透彻的理解,并且对其掌握程度也较高,那么其纳税筹划成功的可能性就会较高。反之,若纳税人的业务素质较低,对税收、财务、会计、法律等方面的知识没有经过深入系统的学习,那么其纳税筹划失败的可能性会较大,其纳税筹划的风险较大。

(四) 纳税筹划方案设计和执行不当

纳税筹划方案在设计和执行过程中产生的风险,主要包括以下三方面内容。

(1) 纳税筹划方案的制订存在问题,导致其执行结果达不到预期效果产生的纳税筹划风险。

(2) 纳税筹划方案设计合理,但在执行过程中,因相关部门及人员配合和协助不到位,或在执行过程中半途而废而产生的纳税筹划风险。

(3) 纳税筹划方案设计存在问题,且执行过程不恰当导致的纳税筹划失败。

(五) 忽略成本效益原则

因忽略成本效益原则产生的纳税筹划风险,是纳税筹划中最经常出现的风险,通常表现为以下三种形式。

1. 纳税筹划成本超过纳税筹划收益

许多纳税筹划方案在设计时仅考虑了税负的降低,而未考虑为此需要支付的所有相关成本,导致纳税筹划后的净收益小于筹划前的净收益。

2. 单税种纳税筹划成功,综合税负筹划失败

纳税人在经营过程中要涉及流转税、所得税、资源税、财产税和行为目的税等税种。如果纳税人没有从战略的角度全面考虑和把握,只考虑个别税种税负的高低,而未着眼于总体税负的轻重,很容易出现顾此失彼的情况,产生纳税筹划风险。

3. 产生潜在责任和损失

纳税筹划方案的实施虽然能为纳税人带来纳税上的收益,但同时也可能承担较多的其他方面责任或潜在损失,如违约责任、赔偿责任和罚款损失等。

(六) 纳税人经营活动变化

税收贯穿于企业生产经营的全过程,任何纳税筹划方案都是在一定的时间、一定的法律环境下,以一定的企业生产经营活动为载体制订的。企业要获取某项税收利益,必须使企业的生产经营活动的某一方面符合所选择税收政策要求的特殊性,而这些特殊性往往制约着企业经营的灵活性。同时,企业纳税筹划不仅要受到内部管理决策的制约,还要受到外部环境的影响,而外部环境是企业内部管理决策难以改变的。一旦企业预期经营活动发生变化,

企业就会失去享受税收优惠和税收利益的必要特征和条件，导致纳税筹划结果与企业主观预期存在偏差。

二、纳税筹划风险的防范

纳税筹划风险会给纳税人带来各种损失，面对风险，纳税人应当从纳税筹划风险产生的原因入手，采取积极有效的措施加以防范。

（一）关注税收政策变化

目前，我国经济正处于持续发展和经济模式转轨阶段，发展与转轨两大因素要求国家税收政策及时作出调整，以实现不同时期宏观调控目标。近年来，在保持基本稳定、税制总体框架不变的前提下，国家对税收政策细则作出了很多调整。另外，随着税法的不断完善，税务机关的税务管理越来越精细，越来越规范，大大增加了纳税人进行纳税筹划的难度。这就要求纳税筹划人员不仅要时刻关注税收政策的变化，及时系统地学习税收法律、法规、规章、制度，掌握税法的细节变动，建立税务信息资料库，而且要不断研究国家经济发展的特点，及时把握宏观经济发展动态，合理预期税收政策及其变动，科学准确地把握税法精神，确保纳税筹划方案的合法性、合理性、预见性、准确性。

（二）加强与税务机关的沟通、协调

纳税人进行纳税筹划，许多活动是在法律的边缘运作的，纳税筹划人员有时很难准确把握其确切的界限，有些涉税问题在概念的界定上本来就很模糊，且各地具体的税收征管方式也有所不同，税收执法部门拥有较大的自由裁量权。

纳税人应当积极加强与税务机关的交流和沟通，处理好和税务机关的关系，主动适应税务机关的管理，及时争取税务机关的指导，努力寻求税务机关的支持与帮助，树立良好的纳税信誉形象，纳税人可以在实施每一项新的筹划方案时，真诚地向税务机关咨询，获取其批准和认可，以实现企业与税务机关的"双赢"。

（三）提高纳税筹划相关人员的素质

1. 引进高素质的纳税筹划人才

企业在引进财务方面人才时，将应聘人员的纳税筹划知识和能力的考核成绩、职业道德修养及沟通和协调能力，作为人员录取的标准之一。

2. 加强财务人员培训工作

企业要加强对财会人员，特别是从事纳税筹划工作的财务人员培训，使他们较好地掌握税收、会计、财务、法律、企业管理、风险管理等方面的知识，同时加强职业道德教育和沟通、协调能力的培训，使他们既能制订科学、准确的纳税筹划方案，又能正确地组织执行纳税筹划方案，还能有效地对纳税筹划风险进行防范。

（四）加强企业各部门之间的沟通、协助和配合

一方面，在企业管理层的组织下，企业各部门应当定期进行交流，共享各种信息并进行讨论，协调纳税筹划与其他领域的管理活动，分享各自对纳税筹划风险的建议；另一方面，企业应当建立纳税筹划风险责任制，明确各部门和人员的职责，将其风险防范业绩与工资挂钩，以保证纳税筹划风险降到最低。

(五) 不断调整和完善纳税筹划方案

1. 保持纳税筹划方案适度的灵活性

由于纳税人所处的经济环境千差万别,加之税收政策和纳税筹划方案的主客观条件时刻处于变化之中,这就要求在纳税筹划时,根据纳税人的实际情况制订纳税筹划方案,并保持一定的灵活性。

2. 根据变化不断调整和完善纳税筹划方案

纳税人要密切关注企业自身条件和外部条件的变化,当国家调整税法及相关政策,或企业自身经济活动发生变化时,则应及时对纳税筹划方案进行重新审查和评估,更新筹划内容,分散风险,趋利避害。另外,纳税人还要注意国内经济的波动,全球经济的波动,国外税收、金融政策的变化,自然灾害和突发事件等情况对纳税筹划方案的影响。

(六) 贯彻成本效益原则

纳税人在进行纳税筹划时,必须遵循成本效益原则,才能保证纳税筹划目标的实现。任何一项纳税筹划方案的实施,纳税人在获取部分税收利益的同时,必然会为实施该方案付出纳税筹划成本,只有在充分考虑纳税筹划方案中各项成本的前提下,且当纳税筹划成本小于纳税筹划获得的收益时,该项纳税筹划方案才是合理、可行的。

纳税人在选择纳税筹划方案时,不能仅关注个别税种税负的高低,还要着眼于整体税负的轻重;也不能把眼光放在某一时期纳税最少的方案上,而应考虑企业的长期发展战略,选择有利于实现企业价值最大化的纳税筹划方案。

(七) 合理利用税务代理的专业化服务

纳税人可以利用税务代理的专业化服务,将纳税筹划方案外包。但是,纳税人不能盲目地信赖税务代理的专业化服务,在将纳税筹划方案外包出去的同时,企业自身仍要加强对纳税筹划风险的防范,避免外包的纳税筹划失败而产生损失;另外,纳税人应对纳税筹划的复杂程度和纳税筹划人员的专业胜任能力进行科学、合理的评估,确实需要外包的纳税筹划方案就应该外包给税务代理机构,以提高纳税筹划方案的有效性,降低纳税筹划风险。

思 考 题

1. 谈谈你对纳税筹划含义的理解。
2. 纳税筹划有哪几种主要形式?它们之间有什么区别?
3. 涉税零风险筹划可以为企业带来哪些经济利益?
4. 偷税、骗税、抗税、逃税与纳税筹划有哪些区别?
5. 纳税筹划的成本包括哪几方面内容?
6. 纳税筹划的收益包括哪几方面内容?
7. 简述纳税筹划成本与收益分析的具体步骤。
8. 纳税筹划的目标有哪些?
9. 简述纳税筹划风险产生的原因。
10. 纳税人应如何防范纳税筹划风险?

练 习 题

一、单项选择题

1. 纳税筹划的主体是（　　）。
   A. 纳税人　　　　B. 征税对象　　　　C. 计税依据　　　　D. 税务机关
2. 纳税筹划与逃税、抗税、骗税等行为的根本区别是具有（　　）。
   A. 违法性　　　　B. 可行性　　　　C. 非违法性　　　　D. 合法或不违法性
3. 纳税筹划的最高目标是（　　）。
   A. 减轻税收负担　　　　　　　　　B. 实现税后利润最大化
   C. 实现企业价值最大化　　　　　　D. 纳税最少、纳税最晚
4. 企业通过努力来做到账目清楚，纳税申报正确，缴纳税款及时、足额，使其一般不会出现任何关于税收方面的处罚是（　　）的主要形式。
   A. 节税筹划　　　　　　　　　　　B. 避税筹划
   C. 涉税零风险筹划　　　　　　　　D. 税负转嫁筹划
5. 避税筹划的最大特点是它的（　　）。
   A. 违法性　　　　B. 可行性　　　　C. 非违法性　　　　D. 合法性
6. 以下关于纳税筹划表述正确的是（　　）。
   A. 纳税筹划是税务代理机构可以从事的具有签证性的业务内容
   B. 纳税筹划只能在法律许可的范围内进行
   C. 纳税筹划可以在纳税行为发生之前或之后进行
   D. 纳税筹划的最终目的是纳税额的减少
7. 相对节税主要考虑的是（　　）。
   A. 费用绝对值　　　　　　　　　　B. 利润总额
   C. 货币时间价值　　　　　　　　　D. 税率
8. 狭义的纳税筹划是指（　　）。
   A. 节税　　　　B. 节税和避税　　　　C. 避税　　　　D. 逃税
9. 以下说法中正确的是（　　）。
   A. 偷税要追究刑事责任　　　　　　B. 避税是违法的
   C. 节税是一种顺法意识　　　　　　D. 避税是一种顺法意识
10. 下列说法中不正确的是（　　）。
    A. 纳税筹划所取得的收益是合法收益
    B. 纳税筹划所取得的收益是不合法收益
    C. 纳税筹划是企业的正当权利
    D. 纳税筹划是企业的一项财务活动
11. 纳税人由于采用拟订的纳税筹划方案而放弃潜在利益是纳税筹划的（　　）。
    A. 机会成本　　　　B. 风险成本　　　　C. 非税成本　　　　D. 心理成本

二、多项选择题

1. 以下属于纳税筹划主要形式的有（　　）。
   A. 节税筹划　　　　　　　　　　　B. 涉税零风险筹划

C. 税负转嫁筹划 D. 避税筹划
2. 实现纳税风险最小化的好处包括( )。
   A. 可以使纳税人不致遭受税务机关的经济处罚,避免发生不必要的损失
   B. 可以避免企业发生不必要的名誉损失,使企业的品牌和产品更容易为消费者所接受,从而有利于企业的生产经营
   C. 主要是通过达到涉税零风险这一状态来实现的
   D. 使企业的税负最低
3. 纳税筹划成本包括( )。
   A. 风险成本 B. 心理成本
   C. 非税成本 D. 因进行纳税筹划而新增的纳税成本
4. 纳税筹划收益包括( )。
   A. 因进行纳税筹划而新增的收入
   B. 因进行纳税筹划而减少的纳税成本
   C. 因进行纳税筹划而新增的货币时间价值
   D. 由于涉税零风险筹划带给企业的利益
5. 纳税筹划的目标从不同的角度可以分为( )。
   A. 选择零税负点或低税负点 B. 实现税前利润最大化
   C. 选择递延纳税 D. 选择涉税零风险
6. 因进行纳税筹划而新增的纳税成本具体包括( )。
   A. 新增的正常税负 B. 新增的办税费用
   C. 新增的税收滞纳金和罚款 D. 新增的执行费用
7. 下列关于避税筹划的说法正确的有( )。
   A. 利用了税法的空白、漏洞或缺陷 B. 违背了税法的立法精神
   C. 是政府处罚的行为 D. 政府一般采取各种反避税措施加以防范

三、判断题

1. 纳税筹划一般都是在应税行为发生时进行。( )
2. 实现税负最小化的纳税筹划目标通常没有考虑相关的风险。( )
3. 涉税零风险筹划虽然不能为企业带来直接经济利益的增加,但能够为企业创造出一定的间接经济利益。( )
4. 避税筹划不违背法律本身,但违背法律立法精神。( )
5. 推迟纳税时间通过推迟对收入和费用的确认来实现。( )
6. 企业进行税务筹划时,应注意税法的相关规定,避免出现违法筹划行为。( )
7. 因进行纳税筹划而新增的收入,不包括纳税人发生的与纳税筹划活动无关的新增收入。( )
8. 获取资金时间价值最大化的目标是纳税筹划中的最高目标。( )
9. 纳税人最大和最基本的权利,是不需要缴纳比税法规定的更多的税款。( )
10. 纳税筹划是依法进行的,因此纳税筹划没有风险。( )
11. 纳税筹划的具体目标主要是寻求低税负点和延期纳税,纳税筹划有利于促进国家税收制度的不断健全和完善。( )

第二章

纳税筹划的基础知识

 **本章学习要点**

1. 纳税筹划的原则。
2. 纳税筹划的方法。
3. 纳税筹划的技术。
4. 纳税筹划的步骤。

 **案例引入**

错误运用纳税筹划技术造成纳税筹划失败

2023年10月,某房地产开发公司与购房者甲签订商铺买卖合同。合同约定,该房地产开发公司将一处产权面积为50平方米的商铺卖给甲,以每平方米2万元的价格成交(2023年10月,该地段同类型商铺平均销售价格为每平方米3万元),总价为100万元,甲须一次性付清全部价款。在签订商铺买卖合同时,房地产开发公司还要求甲与其下属的一家物业公司签订无租使用该商铺合同,约定从交房之日起8年内,该商铺无偿租赁给物业公司(2023年10月,该地段同样面积商铺的平均租赁价格为每年6.25万元),以抵偿购买商铺的差价。

该房地产开发公司和甲认为,上述行为运用了纳税筹划的抵免技术,购房者甲未收到租赁收入不需要进行纳税申报,房地产开发公司只对涉及的100万元现金流入,以100万元作为计税依据计算缴纳增值税(销售不动产)。

解析:上述行为实质上是购房者甲以放弃一定时期的房屋出租收益换取价格上的优惠,房地产开发公司以名义上价格的优惠,换取了对购房者甲不动产的经营权或使用权。房地产开发公司应根据房屋成交价加优惠额度计算缴纳增值税(销售不动产)及附加,购房者甲应参考市场租赁平均价格缴纳房产税、增值税(现代服务业——不动产经营租赁服务)及附加。

从上述分析可以看出,纳税筹划人员没有真正掌握纳税筹划技术,错误地运用了抵免技术,把不可以抵免的项目进行了抵免,不仅没有给房地产开发公司或购房者甲带来任何税收上的优惠,还会给双方带来纳税筹划风险。若房地产开发企业将优惠后的应税收入作为销售额进行纳税申报,其行为往往会被税务机关根据《中华人民共和国税收征收管理法》第六十三条第一款的规定认定为偷税,不仅会被追缴少缴的税款、滞纳金,而且可能被处以50%以上5倍以下的罚款。

通过本章的学习,可以掌握纳税筹划的原则、方法、技术和具体操作步骤,帮助纳税筹划人员更好地完成纳税筹划工作。

第一节 纳税筹划的原则

一、合法性原则

合法性原则是指纳税人进行纳税筹划时必须严格遵守国家税收法律、法规的规定。合法性原则主要有以下两方面的内容。

(一) 全面、准确理解和掌握国家税收法律、法规

纳税人进行纳税筹划,首先应遵守国家相关法律、法规,这就要求纳税筹划者熟知国家各项法律、法规,掌握法律、法规的变动情况,只有在懂法、知法基础上,才能实施纳税筹划。全面、准确理解和掌握国家税收法律、法规是实施纳税筹划的前提。

(二) 正确运用税法进行纳税筹划

纳税人如果不能将国家税收法律、法规正确用于纳税筹划的实践活动,会使纳税筹划行为演化为偷税、骗税等违法行为,导致纳税风险加大,纳税成本提高,给纳税人带来经济利益的损失。因此,在纳税筹划工作中,不但要熟知税收法律、法规,还应结合企业经济活动的实际,正确运用相关法律、法规。

二、事前性原则

事前性原则是指在纳税人经营行为发生之前对未来将要发生的纳税事项进行预先安排,以获取最大的税收利益。由于税法规定在先,税收法律行为在后;纳税人行为在先,缴纳税款在后,这就为纳税筹划提供了有利条件。纳税人可以在充分了解现行税收法规政策、金融政策、财会制度的基础上,事先对未来的生产经营、投资、筹资等活动进行全面的统筹规划与安排,寻求未来税负相对最轻,经营效益相对最好的决策方案。纳税人在纳税筹划实践中,必须坚持事前性原则,将纳税风险与纳税成本控制在经济业务发生之前,确保纳税筹划有效性的实现。如果事前不进行规划和安排,待纳税行为既成事实,再想减轻税负就不太可能了,纳税筹划也就失去了意义。

三、成本效益原则

成本效益原则是指作出纳税筹划安排要以效益大于成本为原则,即某一方案的预期效益大于其所需成本时,这一方案才可行;否则,应放弃。纳税筹划可以减轻纳税人的税收负担,减少现金流出。但是在实际操作中,许多纳税筹划方案理论上虽然可以降低部分税负,但在实际运作中往往达不到预期效果,其中主要原因是未考虑成本效益原则,使其在降低税收负担、取得节税收益的同时,付出了额外费用,增加了纳税人的其他相关成本。因此,在纳税筹划方案选择上应考虑成本效益原则,只有当选择的纳税筹划方案所得大于支出,该纳税筹划方案才是有效的。

四、整体性原则

纳税筹划的整体性原则是指企业在进行一种税的纳税筹划时,一定要考虑与之相关的其他税种的税负效应,进行整体筹划,综合考量,以实现整体税负最轻,长期税负最轻,防止顾此失彼,以实现企业价值最大化。纳税人进行纳税筹划时,要考量诸多错综复杂的影响因素,这些因素之间有的是相互独立的,有的是相互关联的,而这种关联关系又有两种类型:一种是互补关系;另一种是互斥关系。因此,在确立纳税筹划方案时,要详细判断各个因素的关系及对其他因素的影响程度。只有这样,才能最大限度地实现纳税筹划目标。例如,企业涉及的税种比较多,在进行筹划时,不仅要考虑某一税种的税收负担,还要充分考虑筹划方案中该税种对其他税种的影响,有时独立审视某一税种的筹划方案可能是最佳的,但从企业

整体税负来看却不一定可取,因为个别税种税负的降低,可能会导致其他税种税负的升高,从而引起整体税收成本的增加。这就要求企业管理者在选择确定纳税筹划总体方案时,应将各个税种的不同方案采用多种组合进行综合评估,然后选择整体税负最轻的方案。考虑整体性原则是纳税筹划效益性的关键。

五、风险防范原则

企业纳税风险是企业的涉税行为因未能正确有效地遵守税收法律、法规而导致企业未来利益遭受损失的可能性。由于税收法律、法规的多样性,企业涉税活动的复杂性,以及纳税筹划者对税法的认知程度不同等原因,决定了企业的纳税筹划活动在给纳税人带来税收利益的同时,也蕴藏着一定的纳税风险。由于税法规定在前,纳税筹划在后,税收政策的变化及征纳双方获取税收信息的不对称性,决定了纳税筹划风险是客观存在的。面对纳税筹划风险,纳税筹划者应当未雨绸缪,针对风险产生的原因,采取积极有效的措施,预防和减少纳税风险的发生。

六、协调性原则

(一)与税务机关的沟通、协调

由于征纳双方获得税收信息的不对称性,以及纳税人对税收政策的理解可能存在偏差,因此税务机关对企业纳税筹划成功与否起着关键性的作用。因此,纳税人应与税务机关保持密切的联系和沟通,做好各项协调工作,在某些模糊或新生事物的处理上得到税务机关的认可,以提高纳税筹划的有效性。

(二)与利益相关者的沟通、协调

企业在生产、经营过程中,必然要与相关企业发生大量的涉税往来业务,对这些涉税往来业务的预先安排和处理,直接影响纳税筹划的有效性。因此,企业应与相关企业保持密切的联系和沟通,协调利益相关者的关系,在不损害双方利益的前提下,获得其相应的理解与支持,使企业制订的纳税筹划方案顺利得以实施。

(三)企业各部门的沟通、协调

在纳税筹划方案的制订过程中,企业各部门应进行交流,共享掌握的各种信息,以制订切实可行的纳税筹划方案。在纳税筹划方案的执行过程中,应协调纳税筹划与其他部门的管理活动,明确各部门和人员的职责,以保证纳税筹划方案的有效实施。

第二节　纳税筹划的方法

纳税筹划的方法是指纳税人设计纳税筹划方案时运用的各种操作方式和具体做法。纳税筹划方案的设计主要有以下几种方法。

一、纳税人的筹划

纳税人也称纳税义务人,是指税法规定的直接负有纳税义务的单位和个人,有时也称为纳税主体。国家无论课征什么税,都要由一定的纳税人来承担,税法对每一税种的纳税人都有明确规定。纳税人筹划一般包括以下方法。

(一)选择合理的企业组织形式

依据财产组织形式和法律责任权限,我国企业组织形式包括以下三种。

1. 个人独资企业

个人独资企业是依据《中华人民共和国个人独资企业法》在我国境内设立的,由一个自然人投资,财产为投资人个人所有,投资人以其个人财产对企业债务承担无限责任的经营实体。我国个人独资企业从 2000 年 1 月 1 日起,比照个体工商户的生产、经营所得,只缴纳个人所得税,税率适用五级超额累进税率。

2. 合伙企业

合伙企业是指自然人、法人和其他组织,依照《中华人民共和国合伙企业法》(以下简称《合伙企业法》),在中国境内设立的普通合伙企业和有限合伙企业。其中,普通合伙企业由普通合伙人组成,合伙人对合伙企业债务承担无限连带责任。有限合伙企业由普通合伙人和有限合伙人组成,普通合伙人对合伙企业债务承担无限连带责任,有限合伙人以其认缴的出资额为限对合伙企业债务承担责任。

《合伙企业法》规定,国有独资公司、国有企业、上市公司及公益性的事业单位、社会团体不得成为普通合伙人,因此,我国合伙企业组织形式仅限于私营企业。合伙企业一般无法人资格,不缴纳企业所得税。合伙企业的自然人投资者,比照个体工商户的生产、经营所得,缴纳个人所得税。

3. 公司制企业

公司是指依照《中华人民共和国公司法》在中国境内设立的有限责任公司和股份有限公司。公司是企业法人,有独立的法人财产,享有法人财产权。公司以其全部财产对公司的债务承担责任。有限责任公司的股东以其认缴的出资额为限对公司承担责任;股份有限公司的股东以其认购的股份为限对公司承担责任。我国税法规定,公司制企业以应纳税所得为基础计算、缴纳企业所得税。

纳税人应根据自身的特点,选择合理的企业组织形式,实现纳税筹划目标。

(二)选择合理的分支机构设立方式

分支机构的组织形式主要包括以下两种。

1. 分公司

分公司是指在业务、资金、人事等方面受总公司管辖而不具有法人资格的分支机构。分公司属于分支机构,在法律上、经济上没有独立性,仅是总公司的附属机构。分公司没有自己的名称、章程,没有自己的财产,并以总公司的资产对分公司的债务承担法律责任。分公司流转税在所在地缴纳,发生的利润或亏损要与总公司合并计算缴纳企业所得税。

2. 子公司

子公司是相对于母公司而言的,子公司是指一定数额的股份被母公司控制或依照协议被母公司实际控制、支配的公司。子公司具有独立法人资格,拥有自己的财产,拥有自己的公司名称、章程和董事会,以自己的名义开展经营活动、从事各类民事活动,独立承担公司行为所带来的一切后果和责任。但涉及公司利益的重大决策或重大人事安排,仍要由母公司决定。子公司是独立法人,编制自身的会计报表,企业所得税的计算缴纳独立进行,并有权享受国家赋予的税收优惠政策。

纳税人在选择设立分公司还是子公司时,最主要是从纳税筹划的角度进行分析研究,选择合理的分支机构设立方式。

(三)转变纳税人身份

由于不同纳税人之间存在税负差异,所以纳税人可以通过转变身份,实现合理节税的目的。转变纳税人身份的方法主要包括以下几种。

1. 增值税一般纳税人和小规模纳税人之间的身份转变

纳税人在遵守税法和企业会计准则的前提下,通过分析确定作为哪种纳税人身份税负较低,可以运用合并或分立的方式,进行增值税一般纳税人和小规模纳税人之间的身份转变。

2. 增值税不同性质纳税人身份的转变

对于混合销售业务,纳税人在遵守税法和企业会计准则的前提下,一是运用分立的方式,分解混合销售业务;二是改变不同性质业务对应的销售额所占比重,通过增值税不同性质纳税人身份的转变,实现降低税负的目的。

3. 避免成为某税种的纳税人

纳税人在不违法及合理的前提下,运用各种纳税筹划技术,使企业不符合成为某种纳税人的条件,从而避免某税种税款的缴纳。

二、税负转嫁的筹划

税负转嫁是指纳税人通过各种途径,将应缴税金全部或部分转给他人负担,造成纳税人与负税人不一致的经济现象。

税负转嫁是一种纳税筹划方法,是一种避税方式,主要针对流转税。纳税人是否能成功转嫁税负,关键在于其产品定价是否合理,产品是否被市场所接受。

税负转嫁具有以下三个特征:一是税负转嫁与价格升降紧密联系;二是税负转嫁是各经济主体之间税负的再分配,也是经济利益的一种再分配,其结果必然导致纳税人与负税人不一致;三是税负转嫁是纳税人的一般行为倾向,即纳税人的主动行为。

在市场经济条件下,除了对个人课征的个人所得税不能转嫁外,其他各税种通常均与价格存在一定的关系,均可不同程度地转嫁出去。按照税负转嫁的不同途径,税负转嫁筹划一般包括以下几种方法。

(一)前转

前转是指纳税人将其所纳税款顺着商品流转方向,通过提高商品价格的办法,转嫁给商品的购买者或最终消费者。前转是税负转嫁最典型和最普遍的形式,特别适用于市场紧俏的商品或知名品牌商品。

(二)后转

后转是指纳税人将其所纳税款逆商品流转的方向,以压低购进商品的进价或降低工资、延长工时等方法,向后转移给商品的提供者。

后转一般是在市场供求条件不允许纳税人提高商品销售价格的情况下采用的,税负后转实现的前提条件是供给方提供的商品需求弹性较大，而供给弹性较小。在有些情况下，尽管已实现了税负前转，也仍会再发生后转的现象。

（三）混转

混转又叫散转，是指纳税人将自己缴纳的税款分散转嫁给多方负担。混转是在税款不能完全向前顺转，又不能完全向后逆转时采用，混转并不是一种独立的税负转嫁方式，而是前转与后转的结合。

（四）消转

消转是指纳税人对其所纳税款既不前转，也不后转，而是通过改善经营管理、改进生产技术、提高劳动生产率等措施，降低成本，增加利润，自己消化税收负担，是用降低课税品成本的办法使税负在新增利润中求得抵补的转嫁方式。

三、税收优惠政策的筹划

税收优惠是指政府为了配合国家在一定时期的政治、经济和社会发展总目标，利用税收制度，按预定目的，在税收方面采取的激励和照顾措施，以减轻某些纳税人应履行的纳税义务，补贴纳税人的某些纳税活动或相应的纳税人。国家通过税收优惠政策，可以扶持某些特殊地区、产业、企业和产品的发展，促进产业结构的调整和社会经济的协调发展，是国家干预经济的重要手段之一。利用国家现行的税收优惠政策进行纳税筹划，是纳税筹划方法中最重要的一种。

纳税人利用税收优惠政策进行纳税筹划，必须以遵守国家税法为前提。国家为了鼓励某些特定地区、特种行业、特别企业、新特产品和特殊业务的发展，照顾某些特定纳税人的实际困难，制定了大量的税收优惠政策，纳税人运用税收优惠政策进行纳税筹划，会取得可观的税收利益。我国的税收优惠政策较多，纳税人要想用好税收优惠政策，必须充分了解、掌握国家的税收优惠政策。税收优惠政策的筹划主要包括以下几种。

（一）税收减免

税收减免是指根据国家一定时期的政治、经济、社会政策要求，对生产经营活动中的某些特殊情况给予减轻或免除税收负担的一种税收优惠措施。对应征税款依法减少征收为减税，对应征税款全部免除纳税义务为免税。

1. 税收减免的类型

（1）从减免时间上可分为定期减免和不定期减免

定期减免仅限于在规定的期限内给予减税免税，过期一般不再继续享受减免优惠；不定期减免是对特定的纳税人或特定的征税对象在一定范围内给予的减税免税，没有固定的减免时间限制。

（2）从减免性质上可分为政策性减免、困难减免和一般减免

政策性减免是指配合国家有关政策所给予的减税、免税；困难减免是对纳税人因不可抗力造成纳税有困难而给予的减税、免税；一般减免是指其他一般性的减税、免税。

（3）从与税法的关系上可分为法定减免和非法定减免

法定减免是指税法中明文规定的减税、免税；非法定减免是指税法规定以外的，由行政性法规规定的减税、免税。

2. 税收减免的形式

（1）税基式减免

税基式减免是通过直接缩小计税依据的方式来实现减税、免税，具体包括起征点、免征额、项目扣除及跨期结转等。

① 起征点是征税对象达到一定数额开始征税的起点，征税对象数额未达到起征点的不征税，达到起征点的就全部数额征税。

② 免征额是在征税对象的全部数额中免予征税的数额，免征额的部分不征税，仅就超过免征额的部分征税。

③ 项目扣除是指在征税对象中扣除一定项目的数额，以其余额作为依据计算税额。

④ 跨期结转是将以前纳税年度的经营亏损从本纳税年度经营利润中扣除。

（2）税率式减免

税率式减免是通过直接降低税率的方式实行的减税、免税。具体又包括重新确定税率、选用其他税率、零税率。比如，企业所得税中，对于符合小型微利条件的企业可以适用20%的所得税税率。

（3）税额式减免

税额式减免是指通过直接减少应纳税额的方式实现的减税、免税，具体包括全部免征、减半征收、核定减免率及另定减征额等。

（二）退税

退税是指国家按规定对纳税人已纳税款的退还。优惠退税是税收支出的一种形式，即国家为鼓励纳税人从事或扩大某种经济活动而给予的税款退还。我国目前常用的退税方式包括以下几种。

1. 出口退税

出口退税是国际贸易中通常采用并为各国普遍接受的一种税收措施，其目的在于鼓励各国出口货物的公平竞争。出口退税是指对货物在出口前实际承担的税收负担，按规定予以退还。

2. 先征后返

先征后返又称"先征后退"，是指对按税法规定缴纳的税款，由税务机关征收入库后，再由税务机关或财政部门按规定的程序给予部分或全部退税或返还已纳税款的一种税收优惠，属于退税范畴，先征后返具有严格的退税程序和管理规定。

3. 即征即退

即征即退是指对按税法规定缴纳的税款，由税务机关在征税时部分或全部退还纳税人的一种税收优惠。

采取即征即退政策，与先征后返相比，具有税款返还及时、操作程序简单易行的优点。

（三）税收抵免

税收抵免是指行使居民税收管辖权的国家，在对本国居民纳税人国内外全部所得征税时，允许纳税人就国外已经缴纳的所得税额部分或全部从本国应纳税额中抵扣。税收抵免可以避免国际重复征税。

第三节 纳税筹划的技术

纳税筹划的技术是指纳税人利用不违法、合理的手段尽量少缴纳税款的知识和技巧。纳税筹划的技术可以单独使用，也可以同时使用，在同时使用多种纳税筹划技术时，纳税人要注意各种纳税筹划技术之间的相互影响。

纳税筹划方法研究的是纳税筹划方案设计的着眼点，纳税筹划技术研究的是纳税筹划方案的具体操作手段。纳税人在确定纳税筹划方法的前提下，运用纳税筹划技术进行具体方案的设计，纳税人也可以直接运用纳税筹划技术，对计税依据、税率和纳税期限等税制构成要素进行纳税筹划。

一、减免税技术

减免税是指国家运用税收调节职能，对某些纳税人或征税对象给予的减轻或免除税收负担的一种鼓励或照顾措施。减税是对应征税款减征其中一部分，免税是对应征税款全部予以免征。减免税是税收政策的重要组成部分，是税收制度构成的一个重要因素。

（一）减免税技术的含义

减免税技术是指在不违法及合理的前提下，使纳税人成为减免税人，或使纳税人从事减免税活动，或使征税对象成为减免税对象而少缴税款的纳税筹划技术。

（二）减免税技术的特点

1. 主要针对税额进行纳税筹划

减免税技术通过直接减少应纳税额的方式实现税收减免，主要包括全部免征、减半征收及定额减征等。

2. 适用范围较窄

减免税是对特定纳税人、纳税对象的减免，需要满足特定的条件，这些不是每个纳税人都能或都愿意做到的。因此，减免税技术一般不能普遍适用，运用范围较窄。

3. 技术比较简单

减免税技术减免的应纳税额比较明确，一般不需要经过复杂的计算过程。

（三）减免税技术的运用

1. 减免税必须有税法的明确规定

纳税人必须按照税法规定履行纳税义务，享受税法规定的减免税待遇。

2. 尽量争取更多的减免税待遇和更长的减免税期间

减免税待遇是有严格的条件和期限规定的，纳税人在不违法和合理的条件下，应尽量争取更多的减免税待遇和更长的减免税期间，以获得更好的纳税筹划效果。

3. 根据具体情况选择最优的减免税政策

当遇到减免税政策交叉时，一般不可以两项或几项优惠政策累加执行，纳税人应选择采用其中一项最优惠的减免税政策。

二、分割技术

分割是指把一个纳税人的应税项目分成多个纳税人的应税项目,或者把一个纳税人的应税项目分割成适用不同税种、不同税率和减免税政策的多个部分的应税项目。

我国现行税制规定,对适用不同税种、不同税率和减免税政策的业务应当分别核算,否则,一律按高税率纳税或者不予享受减免税政策。因此,将纳税人的应税所得分割成适用不同税种、不同税率和减免税政策的业务并分别核算也是一种纳税筹划技术。例如,纳税人兼营不同税率的应税消费品,应当分别核算不同税率应税消费品的销售额、销售数量。未分别核算销售额、销售数量的,或将不同税率的应税消费品组成成套消费品销售的,从高适用税率。

(一) 分割技术的含义

分割技术是指在不违法及合理的前提下,使征税对象在两个或更多纳税人之间,或者在适用不同税种、不同税率和减免税政策的多个部分之间进行分割的纳税筹划技术。

(二) 分割技术的特点

1. 主要针对税基进行纳税筹划

分割技术通过对纳税人的应税基数不违法及合理地分割,直接减少应纳税额。

2. 适用范围较窄

一些企业利用分割技术分立为多个小企业,通过分割所得来降低适用税率,或享受有关小型企业的税收优惠,但能够适用分割的项目非常有限,要求的条件也比较苛刻,因此分割技术适用范围较窄。

3. 技术比较复杂

纳税人采用分割技术进行纳税筹划,不仅要考虑税收条款的限制,还要考虑很多非税条件,所以分割技术较为复杂。

(三) 分割技术的运用

1. 注意分割后经济上的合理性

使用分割技术进行纳税筹划,特别要注意所得或财产分割的合理性。例如,将一个企业分为两个企业,以享受小型微利企业较低的所得税税率,还要考虑到分割后经济上的合理性,比如控制力的下降、管理费用的增加、分割的手续比较烦琐等情况。

2. 注意分割的合法性

把一个纳税人的应税项目分割成适用不同税种、不同税率和减免税政策的多个部分的应税项目,其前提是可以分别销售,分别进行会计核算。如果工业企业将一个完整的产品化整为零销售,分别开具发票,分别记账,分别适用不同的税率纳税,则属于偷税行为,纳税人应防止出现违规的偷税行为。

3. 寻求收益最大化

纳税人在合法和合理的情况下,尽量通过分割技术实现节减的税款最大化。

三、扣除技术

(一) 扣除技术的概念

扣除技术是指在不违法及合理的前提下,使扣除额增加而直接节减税额,或调整扣除额在各个应税期的分布而相对节减税额的纳税筹划技术。

在同样收入额的情况下,各项扣除额越大,应税基数就会越小,应纳税额也越少,所节减的税款也就越大。扣除技术一般采用增加扣除项目、提前确认扣除项目等手段。

(二) 扣除技术的特点

1. 可用于绝对收益筹划和相对收益筹划

扣除技术既可对纳税人的应税基数进行纳税筹划,直接减少应纳税额,获得绝对收益;又可通过合理、合法地分配各个应税期的费用扣除和亏损冲抵,增加纳税人的现金流量,起到延期纳税的作用,从而相对减少应纳税额,在这一点上,扣除技术与延期纳税技术有相似之处。

2. 适用范围较大

税法准予扣除的项目、范围和标准,基本上对每个纳税人都是适用的,是对征税对象的一种必要扣除,几乎每个纳税人都可以采用扣除技术进行纳税筹划,该技术被普遍采用,适用范围较大。

3. 技术比较复杂

由于税法对扣除项目的规定复杂多变,因此,采用扣除技术必须掌握所有相关规定,并能根据纳税人具体情况灵活加以运用,操作起来比较复杂。

(三) 扣除技术的运用

1. 实现扣除项目的最多化

纳税人在不违法和合理的情况下,尽量使更多的项目能够得到扣除。在其他条件相同的情况下,扣除的项目越多,应税基数就越小;应税基数越小,应纳税额就越少,因而节减的税款就越多。

2. 实现扣除金额的最大化

纳税人在不违法和合理的情况下,尽量使各项扣除金额最大化。在其他条件相同的情况下,扣除的金额越大,应税基数就越小;应税基数越小,应纳税额就越小,因而节减的税款就越多。

3. 实现扣除期间的最早化

纳税人在不违法和合理的情况下,尽量使各允许扣除的项目在最早的应税期得到扣除。在其他条件相同的情况下,扣除期间越早,早期缴纳的税款就越少,早期的现金净流量就越大,可用于扩大流动资本和进行投资的资金也越多,将来的收益也越多,因而相对节减的税款也就越多。

四、税率差异技术

税率差异是指对不同征税对象适用的税率不同,或者相同的征税对象适用的税率也不同。税率是决定纳税人税负高低的主要因素之一,并且各税种的税率大多存在一定的差异。一般情况下,税率低,应纳税额少,税后收益就多。一个国家的税率差异,往往既要考虑到公平因素,又要考虑到效率因素。

(一) 税率差异技术的含义

税率差异技术是指在不违法及合理的前提下,利用税率的差异直接减少应纳税额的纳税筹划技术。

实行比例税率的税种一般有多种比例税率，对比例税率进行筹划，可以从中寻求最低税率；对于实行累进税率的税种，如个人所得税和土地增值税，其纳税筹划的目的是防止税率爬升；对于实行定额税率的税种，如城镇土地使用税、车船税和资源税等税种，也可以通过纳税筹划取得一定的收益。

（二）税率差异技术的特点

1. 通过寻求最低税率获得绝对收益

纳税人运用税率差异技术，通过寻求最低税率直接减少应纳税额，实现税款的绝对收益。

2. 适用范围较大

由于税率差异普遍存在，每个纳税人都可以根据自身的具体情况在一定范围进行选择，因此，税率差异技术是一种能普遍运用、适用范围较大的纳税筹划技术。

3. 技术比较复杂

采用税率差异技术节减税款，不仅要考虑不同税率差异的影响，有时还要考虑不同应税基数差异的影响，而且应税基数的计算通常比较复杂，计算出结果后还要按一定的方法进行比较，才能知道可以节减的税款金额，因此，税率差异技术较为复杂。

4. 具有相对确定性

税率差异是客观存在的，并且在一定时期是相对稳定的，因此，税率差异技术具有相对的确定性。

（三）税率差异技术的运用

1. 尽量寻求税率最低化

与高税率相比，按低税率缴纳税款就能节减税款，而税率最低化能使纳税筹划的收益最大化。因此要在不违法和合理的情况下，尽量寻求适用税率的最低化。

2. 应与企业的经营活动有机结合

纳税人在企业的设立、投资方向的选择、投资规模的确定等决策活动中，都要充分考虑税率差异的影响。

五、抵免技术

税收抵免是指从应纳税额中扣除税收抵免额，包括避免双重征税的税收抵免和作为税收优惠或奖励的税收抵免。

（一）抵免技术的含义

抵免技术是指在不违法及合理的前提下，使税收抵免额增加的纳税筹划技术。税收抵免额越大，冲抵应纳税额的数额就越大，应纳税额则越少，从而节减的税额就越大。

（二）抵免技术的特点

1. 直接减少纳税人的应纳税款金额

纳税人运用抵免技术，可以直接减少纳税人的应纳税款金额，获得绝对收益。

2. 适用范围较广

抵免技术普遍适用于所有的纳税人，不是只适用于某些特定纳税人的税收政策，因此，抵免技术适用范围较广。

3. 技术比较简单

目前,我国税法规定的可以抵免的项目较少,其计算也比较简单。

(三) 抵免技术的运用

1. 实现抵免项目的最多化

在不违法和合理的情况下,尽量争取更多的抵免项目。在其他条件相同的情况下,抵免的项目越多,冲抵应纳税额的项目也越多,应纳税额就越少,因而节减的税款就越多。

2. 实现抵免金额最大化

在不违法和合理的情况下,尽量使各抵免项目的抵免金额最大化。在其他条件相同的情况下,抵免的金额越大,冲抵应纳税额的金额就越大,应纳税额就越少,因而节减的税款就越多。

3. 实现抵免期间的最早化

纳税人在不违法和合理的情况下,尽量使各允许抵免的项目在最早的应税期得到抵免。在其他条件相同的情况下,抵免期间越早,早期缴纳的税款就越少,可以最大限度地利用资金的时间价值。

六、退税技术

退税是税务机关按规定对纳税人已纳税款的退还。税务机关向纳税人退税的情况一般有:税务机关误征或多征的税款,如税务机关不应征收或错误多征的税款;纳税人多缴纳的税款,如纳税人按期预缴的企业所得税税款超过纳税人应纳企业所得税的金额;出口退税;符合国家退税优惠政策的已纳税款等。

退税技术涉及的退税主要是出口退税和税务机关退还纳税人符合国家退税优惠政策的已纳税款。

(一) 退税技术的含义

退税技术是指在不违法及合理的前提下,使税务机关退还纳税人已纳税款的纳税筹划技术。在已缴纳税款确定不变的情况下,所退税款金额越大,节减的税款也就越多。

(二) 退税技术的特点

1. 减少纳税人实际应负担的应纳税款金额

纳税人运用退税技术,收到的退税款项,减少了纳税人实际应负担的应纳税款金额,获得了绝对收益。

2. 适用范围较小

退税一般只适用于某些特定行为的纳税人,因此,退税技术适用的范围较小。

3. 退税技术有难有易

出口退税技术比较复杂,其他的退税技术较为简单。

(三) 退税技术的运用

1. 实现退税项目的最多化

在不违法和合理的情况下,尽量争取更多的退税待遇。在其他条件相同的情况下,退税的项目越多,退还的已纳税额就越多,因而节减的税款也就越多。

2. 实现退税金额的最大化

在不违法和合理的情况下,尽量使各项目的退税金额最大化。在其他条件相同的情况下,退税额越大,退还的已纳税额就越大,因而节减的税款也就越多。

七、延期纳税技术

延期纳税是指纳税人按照国家有关延期纳税规定延缓一定时期后再缴纳税款。例如,我国税法规定,境外进入免税区的货物,除国家另有规定外,免征增值税和消费税,以后当免税进入保税区的货物运往非保税区时,才照章征收增值税和消费税。从该规定的性质看,它是一种延期纳税。

(一) 延期纳税技术的含义

延期纳税技术是指在不违法及合理的前提下,使纳税人延期缴纳税款而取得相对收益的纳税筹划技术。

因为货币存在时间价值,延期纳税就如同纳税人取得了一笔无息贷款,可以在本期有更多的资金用于投资和再投资,将来可以获得更大的投资收益,或者可以减少企业的筹资成本,相对节减了税款,取得了收益。例如,企业所得税采取"按年计算,分期预缴,年终汇算清缴"的办法征收,企业在预缴中少缴的税款不作为偷税处理。企业可以根据自己的实际情况,确定最佳的预缴方法。

(二) 延期纳税技术的特点

1. 利用货币时间价值相对减少了纳税人应纳税款金额

运用延期纳税技术,纳税人一定时期的应纳税绝对额并没有减少,只是推迟了应纳税款的缴纳,是利用货币时间价值相对节减税款。

2. 适用范围较广

延期纳税技术几乎适用所有的纳税人,适用范围较广。

3. 技术比较复杂

纳税人运用延期纳税技术,需要对纳税人的预期应纳税额进行测算,计算较为复杂,需要考虑的因素较多。

(三) 延期纳税技术的运用

1. 实现延期纳税项目的最多化

在不违法和合理的情况下,尽量争取更多的项目延期纳税。在其他条件(包括一定时期纳税总额)相同的情况下,延期纳税的项目越多,本期缴纳的税款就越少,获取的货币的时间价值也就越高,因而相对节减的税款就越多,纳税筹划的收益就越大。

2. 实现延长期的最长化

在不违法和合理的情况下,尽量争取纳税延长期最长化。在其他条件(包括一定时期纳税总额)相同的情况下,纳税延长期越长,由延期纳税增加的现金流量所产生的收益也将越多,相对节减的税款也就越多。使纳税延长期最长化,可以达到纳税筹划收益的最大化。

八、会计政策选择技术

会计政策是指企业在会计核算时所遵循的具体原则,以及企业所采纳的具体会计处理方法。由于企业经济业务的复杂性和多样化,某些经济业务可以有多种会计处理方法,企业在发生某项经济业务时,应该从允许选用的会计原则和会计处理方法中,选择适合本企业实际情况的会计政策。采用适当的会计政策可以达到减轻税负或延缓纳税的目的。

(一)会计政策选择技术的含义

会计政策选择技术是指在不违法及合理的前提下,采用适当的会计政策以减轻税负或延缓纳税的纳税筹划技术。

会计资料是许多税种确定应纳税额的基础。例如,企业所得税等重要税种的应税基数,往往是根据财务会计核算结果并加以调整计算出来的。对税法没有明确规定的事项,都是按照会计处理结果计算应税所得的。选择不同的会计政策,核算出来的结果也会有所不同,不同的结果会对纳税人的税负产生影响。

(二)会计政策选择技术的特点

1. 技术比较复杂

运用会计政策选择技术要经过复杂的预测和计算,计算出结果后还要按一定的方法进行比较,才能大致掌握可以节减的税额。

2. 适用范围较广

会计政策选择技术适用于所有的纳税人,而不是仅适用于某些特定的纳税人。

3. 受其他因素影响较大

运用会计政策选择技术必须考虑到纳税人实现企业价值最大化的财务管理目标,节减税额的目标必须服从于企业整体发展的需要。例如,上市公司为了实现盈利或保住配股资格,即使多缴纳企业所得税,也会选择有利于增加收入、减少成本费用的会计政策。

(三)会计政策选择技术的运用

1. 注意税前会计利润和应纳税所得额的差异

税前会计利润和应纳税所得额之间存在的差异,分为永久性差异和时间性差异。永久性差异是指某一会计期间,由于会计制度和税法在计算收益、费用或损失时的口径不同,所产生的税前会计利润与应纳税所得额之间的差异。这种差异是由于税法规定与会计准则规定在收入和费用确认的范围和标准不一致所造成的差异,差异在本期发生,不会在以后各期转回。时间性差异是指企业的税前会计利润和应纳税所得额虽然计算的口径一致,但由于二者的确认时间不同而产生的差异。这种差异在某一时期产生后,应按税法规定在当期进行纳税调整,但时间性差异可以在以后一期或若干期内转回,最终使整个纳税期间的税前会计利润和应纳税所得额相一致。因此,会计政策选择技术利用的是时间性差异。

2. 注意税法规定对会计政策选择的限制

税法规定纳税人选择的会计政策及核算方法一经确定,不得随意变更。纳税人因经营情况等原因发生变化,需要变更会计政策及核算方法的,应在下一年度开始时报主管税务机关批准,否则,造成对应纳税额的影响,税务机关有权进行调整。因此,企业应慎重选择会计政策及核算方法。

第四节　纳税筹划的步骤

一、收集信息分析环境

纳税筹划人员只有熟悉纳税人的经营环境、法律环境和政策制度环境，充分了解纳税筹划信息，才能做好纳税筹划工作。

（一）收集纳税筹划外部信息

收集信息是纳税筹划的基础，只有充分掌握了信息，才能进一步展开纳税筹划工作。纳税人是在一定的环境中生存和发展的，外界条件制约着纳税人的经济活动，也影响着经济活动的效果，纳税筹划必须掌握与纳税人相关的外部信息。

1. 税收法规

税收法规是处理国家与纳税人税收分配关系的主要法律规范，包括所有调整税收关系的法律、法规、规章和规范性文件。纳税筹划不能违反税收法规，而且纳税筹划人员必须掌握和认真研究税收法规，找到其中可供纳税筹划利用之处。税收法规随经济情况的变动或为配合国家政策的需要经常进行修正，修正次数较其他法律要频繁得多。因此，纳税人进行纳税筹划时，对税法修正的内容或趋势，必须加以密切关注并适时对筹划方案作出调整，以使自己的行为符合法律规范。

2. 其他政策法规

纳税筹划的内容涉及企业生产经营活动的各个方面，要做到有效运用纳税筹划策略，不仅要了解、熟悉税法，还要熟悉会计法、公司法、经济合同法、证券法等有关法律、法规，只有这样才能分辨什么是违法，什么是不违法，在总体上确保自己的纳税筹划行为的不违法性。全面了解各项法律规定，尤其是熟悉并研究各种法律制度，可以为纳税筹划活动构建安全的环境。

3. 主管税务机关的观点

在理论上，纳税筹划与偷税有着不同的含义，能够严格进行区别。但是在实践中，有时要分辨某一行为究竟是纳税筹划行为，还是偷税行为，却存在一定的困难，通常需要通过税务机关的认定和判断，而这些认定和判断又随主观与客观条件的不同产生不同的结果。因此，任何纳税人在运用纳税筹划时，除了需要精准研究税法及相关法律外，还需要进一步了解税务部门从征税角度对该纳税筹划行为合法性的认定，在反复研讨的基础上作出纳税筹划。否则，一旦被视为偷税行为，就会得不偿失。

（二）收集纳税筹划内部信息

纳税人的自身情况是纳税筹划的出发点，纳税筹划必须掌握纳税人的内部信息。

1. 纳税人的组织形式

不同类型的企业组织形式，其纳税税种、纳税金额、申报办法等会存在不同，了解纳税人的组织形式可以有针对性地进行纳税筹划。在纳税筹划时，除了需要了解纳税人的组织形式，还要了解纳税人内部机构的组成形式。

2. 纳税人的注册地点

不同的注册地点,在地区性税收优惠、宏观税负、避免双重征税等方面的规定可能存在不同,纳税筹划应更好地利用所在地区的税收优惠政策。

3. 纳税人所从事的产业

我国税法体系中对一些行业有税收引导,例如,高新技术企业、环境保护、节能、节水项目等。利用税收优惠政策选择投资相关产业,可以获得更多的税收利益。

4. 纳税人的财务情况

纳税筹划是财务管理的组成部分,必须服从纳税人的整体财务计划,只有全面了解纳税人的真实财务情况,才能制订出适合企业财务状况的纳税筹划方案。

5. 决策者对待风险的态度

纳税筹划作为经济活动必然存在涉税风险,不同类型的决策者对涉税风险的态度不同,有的决策者愿意冒较大的风险节减最多的税款,有的决策者则希望在最小的风险情况下节减税款。了解决策者对风险的态度,可以制订出更符合纳税人要求的纳税筹划方案。

6. 纳税人的税务情况

了解企业以前和目前的税务情况,包括有关纳税申报、所纳税种、纳税金额和税务机关的关系等税务情况,对制订合理的纳税筹划方案有很大的帮助。

(三)分析纳税筹划环境

纳税人在进行纳税筹划方案设计之前,应对收集的纳税筹划信息进行整理和归类,建立企业税收信息资料库,以备今后使用。纳税筹划人员应分析与纳税人相关的行业、部门税收政策和其他政策,了解政府的相关涉税行为,分析政府对纳税筹划中可能涉及的避税活动的态度、政府反避税的主要法规和措施以及政府反避税的运作规程等,分析政府对纳税筹划方案可能作出的行为反应,对具体问题把握不准时,可以咨询税务机关,以增强纳税筹划成功的可能性。

二、确定纳税筹划具体目标

(一)分析纳税人的要求

纳税人对纳税筹划的共同要求都是尽可能多地节减税款,获得税收利益,增加财务收益。但不同纳税人的基本情况及纳税要求会有所不同,在确定纳税筹划具体目标时,要充分考虑纳税人的具体要求,纳税人的意图是纳税筹划活动的出发点。

(二)纳税筹划的具体目标的确定

纳税筹划的最终目标是企业价值最大化,纳税人在确定具体目标时,要综合考虑多方面因素,结合纳税人的要求,确定纳税筹划的具体目标,并以此为基准设计纳税筹划方案。纳税筹划具体目标主要包括以下几种。

(1)实现税负的最小化。

(2)实现税后利润最大化。

(3)获取资金时间价值最大化。

(4)实现纳税风险最小化。

三、制订纳税筹划备选方案

在掌握相关信息和确立纳税筹划具体目标之后,纳税筹划人员应着手设计纳税筹划方案。工作角度不同,具体方案就可能存在差异,因此决策者需要将方案逐一列示,并准备在后续过程中进行选择。

(一)纳税筹划方案的设计角度

设计纳税筹划方案可以从以下两个不同的角度进行。

1. 围绕税种进行纳税筹划

针对税种进行纳税筹划,如企业所得税的纳税筹划、增值税的纳税筹划、个人所得税的纳税筹划。这种设计角度简单明了,但在实际工作中,对于税收问题,很少单纯出现一个税种,而是多个税种同时出现,需要统筹考虑,否则会顾此失彼。

2. 围绕经营活动进行纳税筹划

针对经营活动进行纳税筹划,如投资活动的纳税筹划、销售活动的纳税筹划、分配活动的纳税筹划等。这种设计角度综合考虑了经营活动的多种因素和可能涉及的各个税种,具有全局观念,但设计工作比较复杂,对纳税筹划人员的业务素质要求较高。

在实际操作中,一般将两种方法混合使用,可以收到较好的纳税筹划效果。

(二)纳税筹划方案的设计步骤

纳税筹划方案的设计一般按照以下几个步骤:首先,对涉税问题进行认定,即涉税项目的性质,涉及哪些税种;其次,对涉税问题进行分析,即涉税项目的发展态势、引发后果、纳税筹划空间大小、需解决的关键问题等;最后,设计多种备选方案,即针对涉税问题,设计若干可选方案,包括涉及的经营活动、财务运作和会计处理等配套方案。

四、选择确定最优纳税筹划方案

在多种备选方案制订出来之后,需要对备选方案进行筛选,选择一个最佳方案。

(一)确定最优纳税筹划方案应考虑的因素

确定最优纳税筹划方案应考虑以下因素。

(1)方案的节税金额或带来的财务收益金额。

(2)方案的执行成本。

(3)方案是否便于执行。

(4)方案的风险大小。

(二)确定最优纳税筹划方案应进行的分析

纳税筹划方案是多种筹划技术的组合运用,方案列示后必须进行一系列的分析,主要包括以下几个方面。

1. 合法性分析

纳税筹划的首要原则是合法性原则,任何纳税筹划方案都必须在不违法的前提下进行。因此,选择最优纳税筹划方案首先要进行合法性分析,以规避法律风险。

2. 可行性分析

纳税筹划方案的实施需要多方面的条件,企业必须对方案的可行性作出评估,这种评估包括实施时间的选择、人员素质,以及对未来趋势的预测。

3. 目标分析

每种设计方案都会产生不同的纳税结果,这种纳税结果是否符合企业的既定目标,是筹划方案选择的基本依据。因此,必须对方案进行目标分析,优选确定最优方案。目标分析还包括评价纳税筹划的合理性,防止纳税筹划的片面性影响企业整体策略。在对备选方案逐项分析之后,纳税筹划人员可能会获取新的信息,并以此对原有纳税筹划方案进行调整,同时继续规范分析过程。

通过上述分析方法,对备选方案进行分析、比较和评估后,从中选择一个最优方案。

五、纳税筹划方案的实施与反馈

纳税筹划方案选定之后,经管理部门批准,即进入实施阶段。纳税人应当按照选定的纳税筹划方案,对自己的纳税人身份、组织形式、注册地点、所从事的产业、经济活动,以及会计处理等作出相应的处理和改变,并同时记录纳税筹划方案的收益。

在纳税筹划方案实施过程中,要密切关注信息反馈,及时监控出现的问题,如国家税收政策有所调整、相关人员操作不当、纳税筹划方案出现漏洞等,这些差异要及时反馈给纳税筹划人员,使其对纳税筹划方案进行改进。在纳税筹划方案实施后,要不断对实施情况和结果进行跟踪,对纳税筹划方案进行绩效评价,考核其经济效益和最终效果。

思 考 题

1. 纳税筹划应遵循哪些原则?有何特点?
2. 纳税筹划的方法有哪几种?
3. 税收优惠政策的形式有哪些?
4. 如何实现税负转嫁的纳税筹划?
5. 如何进行纳税人的纳税筹划?
6. 纳税筹划技术有哪些?它们的特点是什么?
7. 如何运用各种纳税筹划技术?
8. 简述纳税筹划的步骤。

练 习 题

一、单项选择题

1. 企业在从事经营活动或投资活动之前,就应当把税收作为影响最终成果的一个重要因素来设计和安排,这属于纳税筹划的(   )原则。

    A. 风险性   B. 事前性   C. 目的性   D. 协作性

2. 以下不是纳税筹划原则的是(   )。

    A. 合法性原则   B. 风险防范原则   C. 稳健性原则   D. 整体性原则

3. (   )是把征税对象的数额按绝对数额标准划分为若干等级,每个等级由低到高规定相应的税率。

    A. 定额税率   B. 比例税率   C. 超额累进税率   D. 超率累进税率

4. （　　）原则是指作出纳税筹划安排要以效益大于成本为原则，即某一方案的预期效益大于其所需成本时，这一方案才可行。
　　A. 合法性　　　　B. 成本效益　　　　C. 收益性　　　　D. 风险防范
5. 税负转嫁的筹划通常需要借助（　　）来实现。
　　A. 价格　　　　B. 税率　　　　C. 纳税人　　　　D. 计税依据

二、多项选择题
1. 纳税筹划的原则包括（　　）等。
　　A. 整体性原则　　B. 事前性原则　　C. 目的性原则　　D. 稳健性原则
2. 税收减免的形式主要包括（　　）。
　　A. 税基式减免　　B. 税率式减免　　C. 定额式减免　　D. 税额式减免
3. 税收优惠政策的形式主要有（　　），这些都对纳税筹划具有引导作用。
　　A. 税收减免　　B. 退税　　　　C. 税收抵免　　D. 延期纳税
4. 税负转嫁的基本形式有（　　）。
　　A. 前转　　　　B. 后转　　　　C. 混转　　　　D. 消转
5. 税率差异技术的特点包括（　　）。
　　A. 获得相对收益　　　　　　　B. 适用范围大
　　C. 技术比较简单　　　　　　　D. 具有相对确定性
6. （　　）的适用范围较窄。
　　A. 分割技术　　　　　　　　　B. 减免税技术
　　C. 抵免技术　　　　　　　　　D. 延期纳税技术
7. 纳税筹划的具体目标主要有（　　）。
　　A. 实现税负最小化　　　　　　B. 实现税前利润最大化
　　C. 实现纳税风险最小化　　　　D. 获取资金时间价值最大化
8. 转变纳税人身份的方法主要包括（　　）。
　　A. 成为某税种的纳税人
　　B. 避免成为某税种的纳税人
　　C. 增值税一般纳税人和小规模纳税人之间的身份转变
　　D. 增值税不同性质纳税人身份的转变
9. 税基式减免是通过直接缩小计税依据的方式来实现减税、免税，具体包括（　　）。
　　A. 起征点　　B. 免征额　　　C. 项目扣除　　D. 跨期结转
10. 纳税人的自身情况是纳税筹划的出发点，纳税筹划必须掌握纳税人的内部信息有（　　）。
　　A. 税务情况　　　　　　　　　B. 财务情况
　　C. 组织形式　　　　　　　　　D. 决策者对待风险的态度
11. 确定最优纳税筹划方案应考虑的因素有（　　）。
　　A. 方案的节税金额　　　　　　B. 方案带来的财务收益金额
　　C. 方案的执行成本　　　　　　D. 方案的风险大小
12. 税收减免从性质上可以分为（　　）。
　　A. 政策性减免　　B. 困难减免　　C. 定期减免　　D. 一般减免

三、判断题
1. 纳税人可以根据自身情况,合理选择会计政策,不需要税务机关批准。（ ）
2. 税负转嫁是纳税筹划的一种特殊形式,它只能在一定的条件和范围内(供求弹性)采用。（ ）
3. 延期纳税技术比较简单,适用范围广,纳税人应积极采用。（ ）
4. 税负转嫁的关键在于其产品定价是否合理,产品是否能被市场所接受。（ ）
5. 纳税人在同时使用多种纳税筹划技术时,可以获得纳税筹划收益的叠加。（ ）
6. 在理论上,纳税筹划与偷税有着不同的含义,能够严格进行区别,因此在实践中,纳税筹划方案不需要通过税务机关的认定和判断。（ ）

第三章

增值税的纳税筹划

本章学习要点

1. 增值税纳税人和税率的纳税筹划。
2. 进项税额和销项税额的纳税筹划。
3. 农产品加工企业的纳税筹划。
4. 增值税优惠政策和出口退税的纳税筹划。

案例引入

增值税纳税筹划无处不在

最近，A工业企业（增值税一般纳税人）的材料采购员小张遇到如下问题：他负责采购的甲材料一直由市内一家企业供货，该企业也属于增值税一般纳税人。最近因A企业生产规模扩大，这家材料供应企业不能及时、足额供货；而另外一家企业（属于增值税小规模纳税人）能够供货，可以提供增值税专用发票并愿意适当降价，小张想知道价格降到多少合适。几乎与此同时，另一个业务员小王遇到相反的问题：其采购的乙材料一直由市内一家企业供货，该企业属于增值税小规模纳税人，能够开具增值税专用发票。同样因为A企业生产规模扩大的原因，乙材料供应企业也不能及时供货。另外一家增值税一般纳税人企业能够供货，但要求提高价格。小王想知道价格提高多少企业不亏。他们把问题汇报给财务经理，财务经理要求纳税筹划人员提供一个简明的换算公式，以供采购员迅速判断合适的购货对象。

通过上述案例可以看出，增值税纳税筹划无处不在，有时还需要纳税筹划人员提供简明的换算公式。通过本章的学习，可以掌握增值税纳税筹划的技巧和方法。

增值税采用税款抵扣制，允许纳税人抵扣购进货物、劳务、服务、无形资产、不动产所支付或者负担的增值税额，避免了重复征税的弊端，在世界众多国家得到广泛推广，具有其他流转税无法比拟的优越性。

增值税作为一种流转税，具有税负转嫁的特性，一般情况下，供求双方都要负担一定的增值税税负。另外，现行增值税税制的一些规定，如关于小规模纳税人和一般纳税人的界定，以及增值税税收优惠政策等内容，均为增值税纳税筹划提供了可能和空间。

第一节　增值税纳税人的纳税筹划

在中华人民共和国境内销售货物、劳务、服务、无形资产、不动产的单位和个人，为增值税纳税人。根据增值税应税销售额的多少和会计核算是否健全，增值税纳税人分为一般纳税人和小规模纳税人两类。增值税一般纳税人的税率包括：13％、9％、6％，并允许抵扣进项税额；小规模纳税人增值税征收率为3％，国务院另有规定的除外，并不得抵扣进项税额。上述规定，为小规模纳税人与一般纳税人进行纳税筹划提供了可能性。

一、增值税纳税人的认定

为了便于增值税的征收和管理,我国将增值税纳税人按会计核算水平和经营规模分为一般纳税人和小规模纳税人,分别采取不同的增值税计税方法。

(一)小规模纳税人的认定

1. 小规模纳税人登记的标准

小规模纳税人是指年应征增值税销售额在500万元及以下,并选择不向主管税务机关办理增值税一般纳税人资格登记的增值税纳税人。

年销售额是指纳税人在连续不超过12个月或四个季度的经营期内累计应征增值税销售额,包括纳税申报销售额、稽查查补销售额、纳税评估调整销售额。其中,纳税申报销售额是指纳税人自行申报的全部应征增值税销售额,包括免税销售额和税务机关代开发票销售额。

销售服务、无形资产或者不动产有扣除项目的纳税人,其应税行为年应税销售额按未扣除之前的销售额计算。增值税小规模纳税人偶然发生的转让不动产的销售额,不计入应税行为年应税销售额。

2. 特殊规定

年应税销售额超过小规模纳税人标准的其他个人按小规模纳税人纳税;年应税销售额超过小规模纳税人标准但不经常发生应税行为的单位和个体工商户,以及非企业性单位、不经常发生应税行为的企业,可选择按照小规模纳税人纳税。

(二)一般纳税人资格的认定

(1)年应税销售额超过财政部、国家税务总局规定的小规模纳税人标准的,除另有规定外,应当向主管税务机关申请一般纳税人资格认定。

(2)年应税销售额未超过财政部、国家税务总局规定的小规模纳税人标准及新开业的纳税人,但会计核算健全,能够提供准确税务资料的,可以向主管税务机关申请办理一般纳税人资格登记的增值税纳税人。

(3)除国家税务总局另有规定外,纳税人一经登记为一般纳税人后,不得转为小规模纳税人。

二、两类纳税人的税负比较

税负就是税收负担率,是用实际缴纳的税费除以计税依据。增值税是价外税,在进行纳税筹划分析时,方案的现金净流量更能反映增值税业务的全貌,在进行纳税人身份选择时,仅比较增值税税负是不够的,必须根据现金净流量加以分析。

(一)两类纳税人不含税销售额相同情况下的税负比较

两类纳税人不含税销售额相同的情况下,小规模纳税人的税负高于一般纳税人,原因在于一般纳税人和小规模纳税人对进项税额的处理不同。一般纳税人支付的进项税额可以抵扣销项税额,抵减当期应纳税额,而小规模纳税人支付的进项税额只能计入成本。下面分两种情况研究一般纳税人和小规模纳税人的税负。

1. 购进环节支付价款一致的情况

【例 3-1】

甲商业企业为一般纳税人,从一般纳税人 A 处购进货物,取得增值税专用发票注明价款 20 000 元,增值税 2 600 元;之后将其全部售出,开具增值税专用发票注明价款 30 000 元,增值税 3 900 元。乙商业企业为小规模纳税人,从一般纳税人 A 处购入与甲企业相同的货物,取得增值税专用发票注明价款 20 000 元,增值税 2 600 元,之后将其售出,开具普通发票注明价款 30 000 元,增值税 900 元。

要求:计算甲、乙企业的税负及现金净流量,通过比较税负与现金净流量的关系,分析此情况下通过税负比较是否能真实反映应纳增值税情况。

解析: 甲企业应纳税情况如下。

购货成本=20 000 元,进项税额=2 600 元

销售收入=30 000 元,销项税额=3 900 元

应纳增值税金额=3 900−2 600=1 300(元)

增值税税负=1 300÷30 000=4.33%

现金净流量=(30 000+3 900)−(20 000+2 600)−1 300=10 000(元)

乙企业应纳税情况如下。

购货成本=20 000+2 600=22 600(元)

销售收入=30 000 元,应纳增值税=900 元

增值税税负=900÷30 000=3%

现金净流量=(30 000+900)−(20 000+2 600)−900=7 400(元)

税负与现金净流量比较:虽然甲企业的税负高于乙企业,但甲企业的现金净流量大于乙企业的现金净流量 2 600 元(10 000−7 400)。原因是乙企业作为小规模纳税人,其支付的进项税额只能计入成本,不能抵减应纳税额。

结论:增值税一般纳税人与小规模纳税人购进环节支付价款一致,并按相同的不含税价格售出,即使一般纳税人的税负高于小规模纳税人,但一般纳税人取得的现金净流量却大于小规模纳税人,此时比较税负不能反映纳税人增值税业务的真实情况。

2. 购进环节取得成本一致的情况

【例 3-2】

接例 3-1,假设其他条件不变,乙企业从小规模纳税人 B 处购进与甲企业相同的货物,取得普通发票共支付价税合计金额 20 000 元,之后将其售出,开具普通发票注明价款 30 000 元,增值税 900 元。

要求:计算乙企业的税负及现金净流量,通过比较税负与现金净流量的关系,分析此情况下通过税负比较是否能真实反映应纳增值税情况。

解析:

购货成本=20 000 元

销售收入=30 000 元,应纳增值税=900 元

增值税税负=900÷30 000=3%

现金净流量＝(30 000＋900)－20 000－900＝10 000(元)

税负与现金净流量比较：虽然甲企业的税负高于乙企业，但甲企业的现金净流量等于乙企业的现金净流量，均为 10 000 元。原因是甲、乙企业的购货成本与不含税销售额完全一致。

结论：增值税一般纳税人与小规模纳税人购进环节取得成本一致，并按相同不含税价格售出，即使一般纳税人的税负高于小规模纳税人，但一般纳税人取得的现金净流量却等于小规模纳税人，此时比较税负不能反映纳税人增值税业务的真实情况。

通过以上两种情况分析可以看出，在两类纳税人不含税销售额相同的情况下，一般纳税人的现金净流量大于或等于小规模纳税人的现金净流量，小规模纳税人的真实税负高于一般纳税人。原因在于，一般纳税人缴纳的税款是其收到的销项税额抵减进项税额后的余额，整个增值税业务对现金净流量的影响为零，理论上说，一般纳税人的税负为零。因此，用不含税销售额计算税负，一般纳税人与小规模纳税人不具有可比性。

(二) 两类纳税人含税销售额相同情况下的税负比较

【例3-3】

接例 3-1，假设其他条件不变，乙企业购货支付的金额与甲企业相同，之后将其售出，开具普通发票共收到价税合计金额 33 900 元。

要求：计算乙企业的税负及现金净流量，通过比较税负与现金净流量的关系，分析此情况下通过税负比较是否能真实反映应纳增值税情况。

解析：

购货成本＝20 000＋2 600＝22 600(元)

销售收入＝33 900÷(1＋3%)＝32 912.62(元)

应纳增值税金额＝32 912.62×3%＝987.38(元)

增值税税负＝987.38÷32 912.62＝3%

现金净流量＝33 900－22 600－987.38＝10 312.62(元)

税负与现金净流量比较：乙企业的现金净流量大于甲企业的现金净流量 312.62 元(10 312.62－10 000)，且甲企业的税负高于乙企业。

结论：增值税一般纳税人与小规模纳税人按相同含税价格销售，税负高的现金净流量就低，此时比较税负可以反映纳税人增值税业务的真实情况。

在进行增值税纳税人身份选择的纳税筹划时，通过比较税负采用的销售额只能是含税销售额，即在纳税人收到相同金额销售款的情况下进行。

三、利用税负无差别点选择纳税人身份

税负无差别点是指纳税人在某一条件下，作为一般纳税人和小规模纳税人的税负相同。具体做法如下。

(一) 利用增值率进行纳税筹划

通过计算作为一般纳税人和小规模纳税人税负相同时的增值率，选择增值税纳税人身份。

1. 增值率的计算

(1) 一般纳税人用含税销售额反映的税负

一般纳税人应纳税额＝含税增值额÷(1＋增值税税率)×增值税税率

一般纳税人的税负＝[含税增值额÷(1＋增值税税率)×增值税税率]÷含税销售额

＝含税增值率÷(1＋增值税税率)×增值税税率

(2) 小规模纳税人用含税销售额反映的税负

小规模纳税人应纳税额＝含税销售额÷(1＋征收率)×征收率

小规模纳税人的税负＝[含税销售额÷(1＋征收率)×征收率]÷含税销售额

＝征收率÷(1＋征收率)

(3) 计算含税销售额税负无差别点的增值率

当两者税负相等时，即税负无差别，此时：

含税增值率÷(1＋增值税税率)×增值税税率＝征收率÷(1＋征收率)

税负无差别点的增值率＝征收率×(1＋增值税税率)÷(1＋征收率)÷增值税税率

当增值税税率13%时：

税负无差别点的增值率＝3%×(1＋13%)÷(1＋3%)÷13%＝25.32%

这一计算结果表明，对适用增值税税率13%的纳税人来说，当增值率为25.32%时，选择作为一般纳税人与小规模纳税人的税负是相同的；当增值率低于25.32%时，小规模纳税人的税负重于一般纳税人；而当增值率高于25.32%时，一般纳税人的税负重于小规模纳税人。

同样方法可以计算出当增值税税率为9%、6%，小规模纳税人征收率为3%时的税负无差别点的增值率，见表3-1。

表3-1 税负无差别点的增值率

一般纳税人税率	小规模纳税人征收率	税负无差别点的增值率
13%	3%	25.32%
9%	3%	35.28%
6%	3%	51.46%

【例3-4】

甲为新开业的商业零售企业，购进和销售的产品增值税税率均为13%。预计年销售额可达到640万元，购进商品金额预计为400万元，均为含税金额。

要求：为该零售企业纳税人身份的选择作出纳税筹划方案。

解析：纳税筹划前，由于该企业预计年增值税的应税销售额为640万元，按小规模纳税人换算为不含税销售额为621.36万元[640÷(1＋3%)]，超过小规模纳税人标准(500万元)，应认定为增值税一般纳税人。

该企业全年应纳增值税＝640÷(1＋13%)×13%－400÷(1＋13%)×13%＝27.61(万元)

该企业实际增值率＝(640－400)÷640＝37.5%，大于税负无差别点的增值率25.32%，此时，一般纳税人的税负高于小规模纳税人的税负，应该选择成为小规模纳税人。

纳税筹划方案：将该零售企业设立为两个独立核算的企业，各自预计含税销售额为320万元，则低于小规模纳税人标准，两个独立核算的企业可以选择作为小规模纳税人纳税。

纳税筹划后，设立的两个独立核算的企业按小规模纳税人纳税。

两个企业应纳增值税额＝320÷（1＋3％）×3％＋320÷（1＋3％）×3％＝18.64（万元）

纳税筹划后少纳增值税＝27.61－18.64＝8.97（万元）

结论：当增值率高于税负无差别点时，预计销售额高于小规模纳税人标准，通过分立的方法，使分立后设立的企业满足小规模纳税人标准，以达到降低企业税负的目的。同理，当增值率低于税负无差别点时，预计销售额达不到一般纳税人标准，可以通过合并的方法，使合并后设立的企业满足一般纳税人标准；也可以通过做到会计核算健全，能够提供准确税务资料，申请按一般纳税人纳税，以达到降低企业税负的目的。

2. 运用增值率选择纳税人身份的条件

纳税人应用增值率进行增值税纳税人身份选择的前提条件是，购销业务的增值率在确定纳税人身份前就能准确预测，并且购销货物的增值税税率一致。运用增值率选择纳税人身份主要适用于商业零售企业，由于零售产品一般市场价格比较统一，且购买者更关注购买时支付的全部价款。

（二）利用进项税额占含税销售额比重进行纳税筹划

一般纳税人的增值税税率包括13％、9％、6％三种，企业的进项税额对应的增值税税率也是多种的；从小规模纳税人处取得增值税专用发票也可以抵扣进项税额；另外有些进项税额是通过计算确定的。由于很难满足购销业务增值税税率一致的要求，利用增值率进行纳税筹划的做法适用情况较少。因此，利用进项税额占含税销售额的比重，选择纳税人身份更科学、合理。

1. 进项税额占含税销售额比重的计算

（1）一般纳税人用含税销售额和进项税额反映的税负

税负＝［含税销售额÷（1＋增值税税率）×增值税税率－进项税额］÷含税销售额
　　＝增值税税率÷（1＋增值税税率）－进项税额占含税销售额比重

（2）小规模纳税人用含税销售额反映的税负

税负＝［含税增值额÷（1＋征收率）×征收率］÷含税销售额
　　＝征收率÷（1＋征收率）

（3）计算税负无差别点的进项税额占含税销售额比重

当两者税负相等时，即税负无差别，此时：

增值税税率÷（1＋增值税税率）－进项税额占含税销售额比重＝征收率÷（1＋征收率）

进项税额占含税销售额比重＝增值税税率÷（1＋增值税税率）－征收率÷（1＋征收率）

当增值税税率13％时：

进项税额占含税销售额比重＝13％÷（1＋13％）－3％÷（1＋3％）＝8.59％

这一计算结果表明，对适用增值税税率13％的纳税人来说，当进项税额占含税销售额比重为8.60％时，选择作为一般纳税人与小规模纳税人的税负是相同的；当进项税额占不含税销售额比重高于8.60％时，小规模纳税人的税负重于一般纳税人；当进项税额占不含税销售额比重低于8.60％时，一般纳税人的税负重于小规模纳税人。

同样方法可以计算出当增值税税率为9%、6%,小规模纳税人征收率为3%时的进项税额占含税销售额的比重,见表3-2。

表 3-2　进项税额占含税销售额的比重

一般纳税人税率	小规模纳税人征收率	税负无差别点的进项税额占含税销售额比重
13%	3%	8.60%
9%	3%	5.34%
6%	3%	2.75%

2. 运用进项税额占含税销售额比重选择纳税人身份的条件

纳税人应用进项税额占含税销售额比重进行增值税纳税人身份选择的前提条件是,进项税额占含税销售额比重在确定纳税人身份前就能准确预测。

四、利用税负无差别点进行纳税筹划应注意的问题

1. 销售额稳定且符合纳税筹划条件

纳税主体的应税销售额应在税法规定的一般纳税人销售额标准附近,可以通过在临界点上下进行调节,或者通过对纳税主体的分割或合并满足税法规定的标准;纳税主体的经营状况比较稳定,在可预见的期间内不会有太大的波动。

2. 纳税筹划取得的收益大于纳税筹划增加的成本时,纳税筹划才是可行的

纳税人的合并或分拆是需要成本的。纳税人一经认定为一般纳税人后,不得转为小规模纳税人。分拆一般纳税人企业需要将原企业注销,重新设立两个或两个以上新企业,只有当纳税筹划取得的收益大于纳税筹划增加的成本时,纳税筹划才是可行的。

3. 企业应根据主要销货对象的要求选择纳税身份

如果纳税人的销售对象主要是一般纳税人,对方需要取得增值税专用发票进行增值税的抵扣,那么纳税人应该取得一般纳税人身份。但是,如果纳税人的销售对象主要是个人或不需要增值税专用发票抵扣进项税额的购货方,小规模纳税人采用3%的征收率,含税销售价格较低,对他们更有吸引力。另外,小规模纳税人核算简单,可以减少税收工作的投入,且其纳税风险较低。

4. 小规模纳税人享受的其他优惠政策

(1) 对增值税小规模纳税人可以在50%的税额幅度内减征资源税、城市维护建设税、房产税、城镇土地使用税、印花税(不含证券交易印花税)、耕地占用税和教育费附加、地方教育附加。

(2) 自2023年1月1日至2023年12月31日,对月销售额10万元以下(含本数)的增值税小规模纳税人,免征增值税。

第二节　增值税税率的纳税筹划

增值税一般纳税人的税率包括13%、9%、6%,税率的多样性为增值税税率的纳税筹划提供了空间。

一、增值税税率与征收率的相关规定

我国增值税采用比例税率形式。对一般纳税人主要采用的是税率,对小规模纳税人采用的是征收率。

(一)增值税税率

1. 基本税率

增值税的基本税率为13%,适用于纳税人销售或者进口货物(适用9%低税率的除外)、提供加工修理修配劳务、提供有形动产租赁服务。

2. 低税率

增值税低税率有9%和6%两档。

(1)一般纳税人销售或者进口下列货物,税率为9%:农产品(含粮食)、自来水、暖气、石油液化气、天然气、食用植物油、冷气、热水、煤气、居民用煤炭制品、食用盐、农机、饲料、农药、农膜、化肥、沼气、二甲醚、图书、报纸、杂志、音像制品、电子出版物。

(2)一般纳税人提供交通运输、邮政、基础电信、建筑、不动产租赁服务,销售不动产,转让土地使用权,税率为9%。

(3)一般纳税人提供增值电信服务、金融服务、现代服务(租赁除外)、生活服务,销售土地使用权以外的无形资产,税率为6%。

3. 零税率

(1)纳税人出口货物,税率为零,国务院另有规定的除外。

(2)境内单位和个人跨境销售国务院规定范围内的服务、无形资产,税率为零。

(二)增值税征收率

小规模纳税人采用征收率计征增值税,一般纳税人采用简易计税方法时,也适用征收率计征增值税。

1. 小规模纳税人适用征收率的情况

(1)小规模纳税人销售货物、加工修理修配劳务、服务、无形资产,征收率为3%。

(2)小规模纳税人(除其他个人外,下同)销售自己使用过的固定资产,减按2%征收率征收增值税;小规模纳税人销售自己使用过的除固定资产以外的物品,按3%的征收率征收增值税。

(3)小规模纳税人销售、出租不动产,征收率为5%。

2. 一般纳税人销售货物适用征收率的情况

(1)一般纳税人销售自产下列货物,可按简易办法依照3%征收率计算缴纳增值税,不得抵扣进项税额:

① 县级及县级以下小型水力发电单位生产的电力;

② 建筑用和生产建筑材料所用的砂、土、石料;

③ 以自己采掘的砂、土、石料或其他矿物连续生产的砖、瓦、石灰(不含黏土实心砖、瓦);

④ 用微生物、微生物代谢产物、动物毒素、人或动物的血液或组织制成的生物制品;

⑤ 自来水;

⑥ 商品混凝土（仅限于以水泥为原料生产的水泥混凝土）；

⑦ 属于增值税一般纳税人的单采血浆站销售非临床用人体血液。

一般纳税人选择简易办法计算缴纳增值税后，36个月内不得变更。

（2）一般纳税人销售货物属于下列情形之一的，暂按简易办法依照3%征收率计算缴纳增值税：

① 寄售商店代销寄售物品（包括居民个人寄售的物品在内）；

② 典当业销售死当物品；

③ 经国务院或国务院授权机关批准的免税商店零售的免税品。

（3）一般纳税人销售自己使用过的不得抵扣且未抵扣进项税额的固定资产，按照简易办法依照3%征收率减按2%征收增值税。

（4）纳税人销售旧货，按照简易办法依照3%征收率减按2%征收增值税。旧货是指进入二次流通的具有部分使用价值的货物（含旧汽车、旧摩托车和旧游艇），但不包括自己使用过的物品。

3. 一般纳税人销售服务适用征收率的情况

（1）一般纳税人发生下列应税行为，可按简易办法依照3%征收率计算缴纳增值税，不得抵扣进项税额：

① 公共交通运输服务；

② 经认定的动漫企业为开发动漫产品提供的动漫设计、制作等服务及在境内转让动漫版权等动漫服务；

③ 电影放映服务、仓储服务、装卸搬运服务、收派服务和文化体育服务；

④ 以纳入营改增试点之日前取得的有形动产为标的物提供的经营租赁服务；

⑤ 在纳入营改增试点之日前签订的尚未执行完毕的有形动产租赁合同。

（2）一般纳税人提供下列建筑服务，选择适用简易计税方法，按3%征收率计算应纳税额：

① 以清包工方式提供的建筑服务；

② 为甲供工程提供的建筑服务；

③ 为建筑工程老项目提供的建筑服务。

（3）一般纳税人销售下列不动产，选择适用简易计税方法，按5%征收率计算应纳税额：

① 销售其2016年4月30日前取得（不含自建）的不动产；

② 销售其2016年4月30日前自建的不动产；

③ 房地产开发企业中的一般纳税人，销售自行开发的房地产老项目。

（4）一般纳税人提供不动产经营租赁服务，选择适用简易计税方法征收率的相关规定：

① 一般纳税人出租其2016年4月30日前取得的不动产，可以选择适用简易计税方法，按照5%的征收率计算应纳税额；

② 公路经营企业中的一般纳税人收取试点前开工的高速公路的车辆通行费，可以选择适用简易计税方法，减按3%的征收率计算应纳税额；

③ 一般纳税人收取试点前开工的一级公路、二级公路、桥、闸通行费，可以选择适用简易计税方法，按照5%的征收率计算缴纳增值税。

（5）一般纳税人提供劳务派遣服务，可以选择差额纳税，按照简易计税方法依5%的征收率计算缴纳增值税。

(三) 适用税率的特殊规定

1. 兼营

纳税人兼营销售货物、劳务、服务、无形资产、不动产,适用不同税率或者征收率的,应当分别核算适用不同税率或者征收率的销售额;未分别核算的,从高适用税率。

2. 混合销售行为

一项销售行为如果既涉及服务又涉及货物,为混合销售。从事货物的生产、批发或者零售的单位和个体工商户的混合销售行为,按照销售货物缴纳增值税;其他单位和个体工商户的混合销售行为,按照销售服务缴纳增值税。

二、通过合同类型的选择进行纳税筹划

(一) 变更合同类型不影响含税销售额的纳税筹划

增值税一般纳税人的税率包括13%、9%、6%三种,对于变更合同类型不影响含税销售额的,纳税人可以通过变更合同类型,选择适用较低增值税税率的方法进行纳税筹划。

【例3-5】

甲物流公司为增值税一般纳税人,运输收入占营业收入的50%以上,不满足增值税加计抵扣政策。现将3台大型装卸设备,以每月32万元的价格出租给客户乙公司,租期半年,租金为192万元,乙公司还需临时从甲公司聘用4名操作人员,4人半年的工资为34万元。上述工资和租赁费由乙公司一起支付给甲公司,由甲公司向聘用员工发放工资。

要求:为上述业务作出纳税筹划方案。

解析:纳税筹划前,双方签订的合同为租赁合同,提供有形动产租赁服务,适用13%的增值税税率,收取的代发工资属于价外费用,应并入销售额。

甲公司的销售额=(192+34)÷(1+13%)=200(万元)

甲公司应确认的增值税销项税额=200×13%=26(万元)

纳税筹划方案:甲物流公司将租赁合同变为异地作业合同,由甲物流公司派遣4名操作人员并支付工资34万元,为客户乙公司提供装卸作业,并收取226万元(192+34)装卸作业费。

纳税筹划后,由于装卸劳务属于现代服务业应税劳务,适用6%的增值税税率。

甲公司的销售额=226÷(1+6%)=213.21(万元)

甲公司应确认的增值税销项税额=213.21×6%=12.79(万元)

纳税筹划后少缴增值税=26-12.79=13.21(万元)

结论:如果纳税人能够通过变更合同类型改变业务性质,在不改变含税销售额的情况下,将适用较高税率的合同变更为适用较低税率的合同,可以实现纳税筹划的目标,该方法主要适用于经营租赁服务。

(二) 变更合同类型影响含税销售额的纳税筹划

变更合同类型而不改变含税销售额的情况,在实际中很少发生,大部分情况是含税销售额会因合同类型的变化而发生变化,这时候就需要根据具体情况进行分析,通过比较方案的

现金净流量或税前利润,确定纳税筹划方案。

【例 3-6】

某水路运输企业为增值税一般纳税人,适用一般计税方法计算应纳增值税。现有一笔运输业务,可以采用以下三种合同类型完成。合同类型一,提供光租业务,不配备操作人员,不承担运输过程中发生的任何费用,收取租金 226 万元,无可以抵扣的进项税额;合同类型二,提供程租业务,完成这笔运输业务需要发生各种支出 210 万元,共收取程租收入 436 万元,预计可以取得进项税额 20 万元;合同类型三,提供期租业务,完成这笔运输业务需要发生固定支出 101 万元,共收取期租收入 327 万元,预计可以取得进项税额 8 万元。

要求:通过纳税筹划分析,为该企业选择应签订的合同类型。

解析: 合同类型一,提供光租业务,双方签订的合同为租赁合同,提供有形动产租赁服务,适用 13% 的增值税税率。

应纳增值税 $= 226 \div (1+13\%) \times 13\% = 26$(万元)

现金净流量 $= 226 - 26 = 200$(万元)

税前利润 $= 226 \div (1+13\%) = 200$(万元)

合同类型二,提供程租业务,双方签订的合同为运输合同,提供运输服务,适用 9% 的增值税税率。

应纳增值税 $= 436 \div (1+9\%) \times 9\% - 20 = 16$(万元)

现金净流量 $= 436 - 210 - 16 = 210$(万元)

税前利润 $= 436 \div (1+9\%) - (210-20) = 210$(万元)

合同类型三,提供期租业务,双方签订的合同为运输合同,提供运输服务,适用 9% 的增值税税率。

应纳增值税 $= 327 \div (1+9\%) \times 9\% - 8 = 19$(万元)

现金净流量 $= 327 - 101 - 19 = 207$(万元)

税前利润 $= 327 \div (1+9\%) - (101-8) = 207$(万元)

通过以上分析可以看出,比较现金净流量和比较税前利润的结果是一样的,在确定纳税筹划方案时可以根据具体情况选择决策指标,本案例比较现金净流量更简便。

纳税人在考虑各种合同类型时,首先要保证各种合同类型能够使纳税人取得相同的现金流入,本案例的相同现金流入为 226 万元。在扣除相关支出取得现金流入相同的情况下,应纳增值税的多少,是确定纳税筹划方案的关键。应纳增值税的多少直接影响根据其计提的城市维护建设税和教育费附加,由于它们对现金净流量的影响方向相同,因此为了简化纳税筹划方案的确定,在此不予考虑。

合同类型的确定:合同类型二比合同类型一多获得现金净流量 10 万元(210-200),合同类型二比合同类型三多获得现金净流量 3 万元(210-207),通过比较三种合同类型的现金净流量,该公司应签订提供程租业务的合同,该合同类型最优。

风险提示: 纳税人提供水路运输的程租和期租服务时,相对于光租服务,要承担一定的经营风险,纳税人在决策时应予以考虑。

结论: 一项业务如果能够通过多种合同类型完成,可以通过比较各种合同类型下的现金净流量或税前利润,选择最佳纳税筹划方案。

三、通过计税方法的选择进行纳税筹划

增值税一般纳税人通常按照一般计税方法缴纳增值税,即当期应纳税额等于销项税额减去进项税额。如果一般纳税人符合规定条件,也可以选择适用简易计税方法计算缴纳增值税。

为了避免因"营改增"而增加企业税收负担,税法对一般纳税人为建筑工程老项目提供的建筑服务;一般纳税人销售其2016年4月30日前取得(不含自建)的不动产及2016年4月30日前自建的不动产,房地产开发企业中的一般纳税人销售自行开发的房地产老项目;一般纳税人出租其2016年4月30日前取得的不动产等情况,规定可以选择适用简易计税方法。由于这些业务在"营改增"之前发生,基本没有可以抵扣的进项税额,一般纳税人都会选择适用简易计税方法纳税。随着时间的推移,上述情况会越来越少,下面研究一般纳税人选择计税方法,主要针对因业务特点可以选择计税方法的情况。这些纳税人可以根据自身的实际情况选择适当的计税方法,以降低其应纳增值税税额。在操作中可以借鉴增值税纳税人身份选择的做法,利用无差别点分析进行计税方法的选择。

(一)利用税负无差别点的增值率选择计税方法

借鉴一般纳税人和小规模纳税人税负相同时增值率的计算思路和方法,通过计算采用增值税税率计算的应纳增值税和采用简易征收率计算的应纳增值税税负相同的增值率,选择计税方法。

税负无差别点的增值率=征收率×(1+增值税税率)÷(1+征收率)÷增值税税率×100%

当增值税税率为13%,简易征收率为3%时:

税负无差别点的增值率=3%×(1+13%)÷(1+3%)÷13%×100%=25.32%

当增值税税率为9%时,简易征收率为3%时:

税负无差别点的增值率=3%×(1+9%)÷(1+3%)÷9%×100%=35.28%

纳税人可以通过计算实际增值率,与上述两种情况税负无差别点的增值率进行比较,选择增值税的计税方法。

(二)利用进项税额占含税销售额比重选择计税方法

借鉴一般纳税人和小规模纳税人税负相同时进项税额占含税销售额比重的计算思路和方法,通过计算采用增值税税率用含税销售额和进项税额反映的税负与简易征收率税负相同时的进项税额占含税销售额的比重,选择计税方法。

进项税额占含税销售额的比重=增值税税率÷(1+增值税税率)− 征收率÷(1+征收率)×100%

当增值税税率为13%,简易征收率为3%时:

税负无差别点的进项税额占含税销售额的比重=[13%÷(1+13%)−3%÷(1+3%)]×100%=8.59%

当增值税税率为9%,简易征收率为3%时:

税负无差别点的进项税额占含税销售额的比重=[9%÷(1+9%)−3%÷(1+3%)]×100%=5.34%

纳税人可以通过计算实际进项税额占含税销售额的比重,将其与上述两种情况税负无

差别点的进项税额占含税销售额的比重进行比较,选择增值税的计税方法。

(三) 通过比较具体税额选择计税方法

利用无差别点分析进行计税方法的选择,要求两种计税方法含税销售额及购销业务的增值税税率一致,或者要求两种计税方法含税销售额一致及进项税额能够准确估计,上述条件在实践中很难满足,纳税人可以通过比较两种计税方法具体应纳税额,选择确定计税方法。

1. 两种计税方法含税销售额一致的纳税筹划

【例3-7】

某县级小型水力发电企业为增值税一般纳税人,每年可以收取电费824万元(含税价),一直选择采用简易计税方法计算缴纳增值税(计税方法计税已超过3年)。该企业计划购置一套发电设备更换现有设备,设备从一般纳税人处购置,不含税价款为300万元。预计该企业未来业务稳定,经测算每年可以抵扣的进项税额为55万元。

要求:通过纳税筹划分析,确定该企业购置设备后应选择的增值税计税方法。

解析:由于该企业采用简易计税方法计税已经超过3年,购置设备当年可以申请变更计税方法。假设购置设备当年变更为一般计税方法,计算应纳增值税。

不含税销售额=824÷(1+13%)=729.20(万元)

购置设备当年应纳增值税=729.20×13%-300×13%-55=0.80(万元)

假设购置设备后仍采用简易计税方法:

每年应纳增值税=824÷(1+3%)×3%=24(万元)

计税方法的确定:一般计税方法比采用简易计税方法少纳增值税=24-0.80=23.20(万元)。该企业购置设备当年应选择一般计税方法。

结论:对于采用简易计税方法计税的一般纳税人,其当年发生可以取得较多进项税额的情况,如果一般计税方法应纳增值税低于简易计税方法应纳增值税,其采用简易计税方法已经超过3年,可以在当年申请变更计税方法。

【例3-8】

接例3-7,已知该企业在此次更换设备后的未来3年,需要重新更换发电设备,假设其他条件不变。

要求:通过纳税筹划分析,确定该企业未来3年应选择的增值税计税方法。

解析:一般纳税人选择简易计税方法计算缴纳增值税后,36个月内不得变更。选择计税方法时应分析两种计税方法未来3年应纳增值税。

一般计税方法未来三年应纳增值税=(729.20×13%-300×13%-55)
+(729.20×13%-55)+(729.20×13%-55)
=80.40(万元)

简易计税方法未来三年应纳增值税=824÷(1+3%)×3%×3=72(万元)

计税方法的确定:简易计税方法比一般计税方法少纳增值税=80.40-72=8.40(万元)。该企业购置设备后的未来3年应选择的一般计税方法。

结论:对于可以选择简易计税的增值税一般纳税人,在选择计税方法时,应比较两种计税方法未来3年应纳增值税,再决定选择计税方法。

2. 两种计税方法含税销售额不一致的纳税筹划

在选择计税方法时,有时计税方法会影响含税销售额的多少。这时候就需要根据具体情况进行分析,通过比较方案的现金净流量或税前利润,确定纳税筹划方案。

【例 3-9】

甲建筑公司为增值税一般纳税人,承建一装修工程,若采用清包工方式,则共收取工程款 103 万元。若采用全包方式,应采用一般计税方法,需要支付各种材料费 224 万元,为保证相同收入应收取工程款 327 万元,所用材料均能取得增值税专用发票,材料适用的增值税税率为 13%。

要求:通过纳税筹划分析,确定该公司应选择的增值税计税方法。

解析:采用简易计税方法:

应纳增值税 = $103 \div (1+3\%) \times 3\% = 3$(万元)

现金净流量 = $103 - 3 = 100$(万元)

采用一般计税方法:

应纳增值税 = $327 \div (1+9\%) \times 9\% - 224 \div (1+13\%) \times 13\% = 1.23$(万元)

现金净流量 = $327 - 224 - 1.23 = 101.77$(万元)

计税方法的确定:一般计税方法比采用简易计税方法少纳增值税 = $3 - 1.23 = 1.77$(万元);一般计税方法比采用简易计税方法增加现金净流量 = $101.77 - 100 = 1.77$(万元)。甲公司应选择一般计税方法纳税。

风险提示:增值税一般纳税人要慎重选择增值税的计税方法。税法规定,一般纳税人选择简易计税方法计算缴纳增值税后,36 个月内不得变更。纳税人不仅要考虑对当前应纳税额的影响,还要考虑对未来 3 年应纳税额的影响。

3. 两种计税方法计税销售额不一致的纳税筹划

一般纳税人提供劳务派遣服务,采取一般计税方法,以取得的全部价款和价外费用为销售额,按 6% 的增值税税率计算应纳税额;采取简易计税方法,可以选择差额纳税,以取得的全部价款和价外费用,扣除代用工单位支付给劳务派遣员工的工资、福利和为其办理社会保险及住房公积金后的余额为销售额,按照简易计税方法依 5% 的征收率计算缴纳增值税。

【例 3-10】

某劳务派遣公司为一家新开业的公司,登记为增值税一般纳税人。开业之初需要购买各种办公设施和用品,预计全年可以取得进项税额 60 万元,该公司的收入全部来源于劳务派遣服务收入,预计全年销售额为 1 590 万元(含税),扣除代用工单位支付给劳务派遣员工的工资、福利和为其办理社会保险及住房公积金后的余额为销售额 630 万元(含税)。公司开业后各年业务基本稳定,但之后每年能取得的进项税额预计为 10 万元。

要求:为该劳务派遣公司作出纳税筹划方案。

解析:该劳务派遣公司的收入全部为劳务派遣服务收入,主业属于现代服务业,若采用一般计税方法,满足进项税额按 5% 加计抵扣的政策。

比较开业第一年两种计税方法应纳增值税。

采用一般计税方法应纳增值税＝1 590÷(1＋6％)×6％－60－60×5％＝27(万元)
采用简易计税方法应纳增值税＝630÷(1＋5％)×5％＝30(万元)
比较开业一年后两种计税方法应纳增值税。
采用一般计税方法应纳增值税＝1 590÷(1＋6％)×6％－10－10×5％＝79.5(万元)
采用简易计税方法应纳增值税＝630÷(1＋5％)×5％＝30(万元)

纳税筹划方案：该公司开业第一年应采用一般计税方法，可以少缴增值税3万元(30－27)；开业一年后的各年应选择简易计税方法，每年可以少缴增值税49.5万元(79.5－30)。

结论：对于劳务派遣公司，由于选择简易计税方法可以采用差额计税，一般应选择简易计税方法。但对设立之初或当年能取得大量进项税额的，可以通过测算应纳增值税额，确定计税方法。但要考虑简易计税方法只有采用36个月后，才能申请变更为一般计税方法。

四、混合销售行为适用税率的纳税筹划

(一) 通过增加较低税率项目的销售额，选择适用低税率

税法规定混合销售行为只按一个税率征收增值税，而具体按货物还是服务项目征收增值税，取决于纳税人的主营业务。如果企业能够改变纳税人的主营业务，就可以改变纳税人应按货物还是服务项目计算应纳增值税。这种方法主要适用于混合销售额货物与服务项目的销售额比重较接近的情况，纳税人通过控制货物及服务销售额所占比例，来选择按货物还是服务项目适用的税率缴纳增值税。

纳税人通过增加税率较低项目的销售额，使混合销售适用低税率，以降低纳税人的税负。

(二) 通过分立方式分别按各自适用的税率缴纳增值税

如果税率较高项目的销售额所占比重远远大于税率较低项目的销售额所占比重，则无法通过控制货物和服务所占比例来选择适用较低税率。这时，混合销售行为应选择分别适用税率的纳税筹划方法，分别按各自适用的税率计算缴纳增值税。

【例3-11】

某公司为增值税一般纳税人，主要生产高科技产品，在销售自产产品的同时负责技术指导。该公司全年实现含税销售额9 040万元，其中技术指导费为2 260万元，由于技术指导费所占比重较小，该混合销售行为按销售货物适用的税率缴纳增值税。全年可以抵扣的进项税额为650万元。

要求：为该公司混合销售业务作出纳税筹划方案。

解析：企业在销售自产产品的同时负责技术指导的行为属于混合销售行为，销售产品适用13％的增值税税率，技术指导属于现代服务业，适用6％的增值税税率。在进行纳税筹划前，由于该公司的混合销售行为，统一按13％的税率计算缴纳增值税。

应纳增值税税额＝9 040÷(1＋13％)×13％－650＝390(万元)

纳税筹划方案：该公司应设立一个独立法人的技术服务公司，将技术服务业务与货物销售业务分开，分别核算产品的销售收入和技术指导的服务收入，分别按各自适用的税率计算确认增值税销项税额。

纳税筹划后，将技术服务业务与货物销售业务分开核算，分别按各自适用的税率计税。

应纳增值税税额=(9 040-2 260)÷(1+13%)×13%+2 260÷(1+6%)×6%-650
=257.92(万元)

纳税筹划后少纳税额=390-257.92=132.08(万元)

结论:对于税率较高项目的销售额所占比重较大的混合销售行为,应选择分别适用税率的纳税筹划方法,可以有效降低税负。

五、兼营行为适用税率的纳税筹划

兼营行为是指纳税人的经营范围包括销售货物、劳务、服务、无形资产或者不动产中的两项或多项业务,但是销售货物、劳务、服务、无形资产或不动产不同时发生在同一项销售行为中。纳税人销售货物、劳务、服务、无形资产或者不动产适用不同税率或者征收率的,应当分别核算适用不同税率或者征收率的销售额;未分别核算的,从高适用税率或征收率。

兼营销售行为的纳税筹划,是将不同税率货物或劳务的销售额分别核算,避免出现从高适用税率的情况,增加企业的税收负担。

第三节 增值税进项税额的纳税筹划

进项税额是指纳税人购进货物、劳务、服务、无形资产、不动产所支付或者负担的增值税额,进项税额可以直接抵减纳税人当期应纳增值税。

一、取得合法有效的增值税扣税凭证

增值税进项税额的抵扣必须符合两个条件:一是购进业务必须取得增值税扣税凭证;二是购进业务必须用于增值税应税项目。

(一)准予抵扣进项税额的规定

(1)从销售方取得的增值税专用发票(含税控机动车销售统一发票)上注明的增值税额。

(2)从海关取得的海关进口增值税专用缴款书上注明的增值税额。

(3)纳税人购进农产品,按下列规定抵扣进项税额:

① 纳税人购进农产品,取得一般纳税人开具的增值税专用发票或海关进口增值税专用缴款书的,以增值税专用发票或海关进口增值税专用缴款书上注明的增值税额为进项税额;

② 从按照简易计税方法依照3%征收率计算缴纳增值税的小规模纳税人处取得增值税专用发票的,以增值税专用发票上注明的金额和9%的扣除率计算进项税额;

③ 取得(开具)农产品销售发票或收购发票的,以农产品销售发票或收购发票上注明的农产品买价和9%的扣除率计算进项税额;

④ 纳税人购进用于生产销售或委托加工13%税率货物的农产品,按照10%的扣除率计算进项税额;

⑤ 根据《农产品增值税进项税额核定扣除试点实施办法》(财税〔2012〕38号)的有关规定,部分行业的农产品采用核定扣除。

(4) 从境外单位或者个人购进服务、无形资产、不动产,自税务机关或者扣缴义务人取得的解缴税款的完税凭证上注明的增值税额。

(5) 收费公路通行费可抵扣进项税额。

① 纳税人支付的道路通行费,按照收费公路通行费增值税电子普通发票上注明的增值税额抵扣进项税额;

② 纳税人支付的桥、闸通行费,暂凭取得的通行费发票上注明的收费金额按照下列公式计算可抵扣的进项税额:

桥、闸通行费可抵扣进项税额＝桥、闸通行费发票上注明的金额÷(1＋5%)×5%

(6) 纳税人购进国内旅客运输服务可抵扣进项税额。

纳税人未取得增值税专用发票的,暂按照以下规定确定进项税额:

① 取得增值税电子普通发票的,为发票上注明的税额;

② 取得注明旅客身份信息的航空运输电子客票行程单的,为按照下列公式计算进项税额:

航空旅客运输进项税额＝(票价＋燃油附加费)÷(1＋9%)×9%

③ 取得注明旅客身份信息的铁路车票的,为按照下列公式计算的进项税额:

铁路旅客运输进项税额＝票面金额÷(1＋9%)×9%

④ 取得注明旅客身份信息的公路、水路等其他客票的,按照下列公式计算进项税额:

公路、水路等其他旅客运输进项税额＝票面金额÷(1＋3%)×3%

(二) 增值税扣税凭证的相关规定

(1) 增值税扣税凭证,是指增值税专用发票、海关进口增值税专用缴款书、农产品收购发票、农产品销售发票和完税凭证。

(2) 纳税人凭税收缴款凭证抵扣进项税额的,应当具备书面合同、付款证明和境外单位的对账单或者发票。资料不全的,其进项税额不得从销项税额中抵扣。

(3) 纳税人取得的增值税扣税凭证不符合法律、行政法规或者国家税务总局有关规定的,其进项税额不得从销项税额中抵扣。

二、供应商选择的纳税筹划

对于小规模纳税人来说,无论是从增值税一般纳税人处购进业务取得增值税专用发票,还是从小规模纳税人处购进业务取得普通发票,都不能抵扣进项税额。因此,小规模纳税人在选择供应商时,主要考虑购进业务含税价格的高低,即选择支付价款最低的供应商。供应商选择的纳税筹划主要针对一般纳税人进行。

增值税一般纳税人在选择供应商时,从可以抵扣进项税额的角度考虑,应尽量选择一般纳税人作为供应商,但小规模纳税人在销售同样业务收取的款项通常要比一般纳税人低,所以,一般纳税人在选择供应商时,要综合考虑上述两方面情况。

一般纳税人发生购进业务时,可以选择不同纳税身份的供应商,主要包括以下三种类型:一是从一般纳税人处购进业务并取得增值税专用发票;二是从小规模纳税人处购进业务,并取得税率为3%的增值税专用发票;三是从小规模纳税人处购进业务取得普通发票。

在分析选择供应商时,既要考虑不同供应商提供的进项税额不同,对增值税应纳税额产生的影响,以及对以增值税为计税依据计提的城市维护建设税和教育费附加的影响;又要考虑不同供应商提供货物的成本不同,对获利能力和现金流量产生的影响。综合考虑上述情况,可以采用下列方法进行纳税筹划。

(一) 比较从不同供应商处购进业务实现的利润情况

以企业利润最大化作为纳税筹划目标,即分析从不同供应商处购进业务实现的利润情况,对于同一企业,比较净利润和比较税前利润的结果是一样的。为了简化纳税筹划分析内容,本书以税前利润为比较对象,通过比较税前利润选择购货对象。

【例 3-12】

甲公司为增值税一般纳税人,适用增值税税率为 13%,适用的城市维护建设税税率为 7%,教育费附加率为 3%。甲公司现在需要采购一批原材料,在同样质量和服务的前提下,有以下三种方案可供选择。

方案一 从一般纳税人 A 公司处购买,每吨含税价格 11 300 元,A 公司适用增值税税率为 13%,并能取得增值税专用发票;

方案二 从小规模纳税人 B 公司处购买,该小规模纳税人能够开具税率为 3% 的专用发票,每吨含税价格 10 300 元;

方案三 从个体工商户 C 处购买,每吨含税价格 9 800 元,出具普通发票。

甲公司以此原材料生产的产品每吨不含税销售价格为 20 000 元,增值税税额为 2 600 元,发生的相关费用对纳税筹划不产生影响,本题不予考虑。

要求:通过纳税筹划分析,为甲公司选择最佳购货对象。

解析:计算每一方案的税前利润,具体计算过程如下。

方案一 从一般纳税人 A 公司处购买。

应纳增值税 = 2 600 − 11 300 ÷ (1+13%) × 13% = 1 300(元)

应纳城市维护建设税与教育费附加 = 1 300 × (7%+3%) = 130(元)

税前利润 = 20 000 − 11 300 ÷ (1+13%) − 130 = 9 870(元)

方案二 从小规模纳税人 B 公司处购买。

应纳增值税 = 2 600 − 10 300 ÷ (1+3%) × 3% = 2 300(元)

应纳城市维护建设税与教育费附加 = 2 300 × (7%+3%) = 230(元)

税前利润 = 20 000 − 10 300 ÷ (1+3%) − 230 = 9 770(元)

方案三 从个体工商户 C 处购买。

应纳增值税 = 2 600 元

应纳城市维护建设税与教育费附加 = 2 600 × (7%+3%) = 260(元)

税前利润 = 20 000 − 9 800 − 260 = 9 940(元)

购货对象的确定:从上述计算结果可以看出,方案三最优。虽然方案三应纳增值税、城市维护建设税与教育费附加最多,但由于购货成本最低,实现的税前利润最多,综合结果是最优的。

(二) 比较从不同供应商处购进业务现金净流量的情况

将购货企业现金净流量最大化作为纳税筹划目标,即分析从不同购货对象处购货实现的现金净流量情况,选择购货对象。

【例 3-13】

仍以例 3-12 为研究对象,计算每一方案的现金净流量,具体计算过程如下。

方案一　从一般纳税人 A 公司处购买。

应纳增值税＝2 600－11 300÷(1＋13％)×13％＝1 300(元)

应纳城市维护建设税与教育费附加＝1 300×(7％＋3％)＝130(元)

现金净流量＝20 000＋2 600－11 300－1 300－130＝9 870(元)

方案二　从小规模纳税人 B 公司处购买。

应纳增值税＝2 600－10 300÷(1＋3％)×3％＝2 300(元)

应纳城市维护建设税与教育费附加＝2 300×(7％＋3％)＝230(元)

现金净流量＝20 000＋2 600－10 300－2 300－230＝9 770(元)

方案三　从个体工商户 C 处购买。

应纳增值税＝2 600 元

应纳城市维护建设税与教育费附加＝2 600×(7％＋3％)＝260(元)

现金净流量＝20 000＋2 600－9 800－2 600－260＝9 940(元)

最佳购货对象的确定:从上述计算结果可以看出,方案三最优。虽然方案三应纳增值税、城市维护建设税与教育费附加最多,但由于购货成本最低,实现现金净流量最多。

通过以上分析,可以看出两种分析方法的计算结果是相同的。原因是在购货与销货过程中,收入对应着现金的流入,成本对应着现金的流出,作为税费的城市维护建设税与教育费附加也对应着现金的流出。因此,计算利润和计算现金净流量的结果是一样的。另外,增值税作为价外税,不影响损益,其收到的销项税额减去可以抵扣的进项税额的差额,为应交增值税金额,对利润和现金净流量的影响为零。因此,在实际工作中可以选取其中任何一种方法进行分析,得出的结论是相同的。在纳税筹划中,可以分别计算各购货对象对应的税前利润或现金净流量。但上述计算方法工作量较大,还可以寻求一种比率,通过比率分析简化购货对象的选择。

(三)利用不同供应商利润无差别点的购进成本比率进行纳税筹划

1. 各种情况下税前利润的表达式

在计算税前利润时需要考虑购销差额的影响,因应纳增值税而计提的城市维护建设税与教育费附加的影响,对可能发生的其他相关费用因对各种购进情况影响相同,可以不予考虑。税前利润的表达公式如下:

税前利润＝不含税销售额－购进成本－城市维护建设税与教育费附加

在实际工作中,一般情况下购销业务的增值税税率是一致的,主要研究这种情况下的比率,其他情况可以通过计算税前利润或现金净流量的方法进行比较,确定购货对象。

(1) 从一般纳税人处购进,并能取得增值税专用发票

税前利润＝不含税销售额－购进成本－(不含税销售额－购货成本)
　　　　　×增值税税率×(城市维护建设税税率＋教育费附加率)

(2) 从小规模纳税人处购进,并取得税率为 3％的专用发票

税前利润＝不含税销售额－购进成本－(不含税销售额×增值税税率
　　　　　－购货成本×征收率)×(城市维护建设税税率＋教育费附加率)

(3) 从小规模纳税人处购进,取得普通发票

税前利润＝不含税销售额－购进成本－(不含税销售额×增值税税率)

×(城市维护建设税税率＋教育费附加率)

2. 不同供应商利润无差别点的购货成本比率汇总表

假设城市维护建设税税率为7%,教育费附加率为3%,分别将三种购进对象的指标代入上式,计算出不同供应商利润无差别点的购进成本(不含税)比率(计算过程略)。计算结果见表3-3。

表3-3　不同购货对象利润无差别点的购货成本比率汇总表

购货对象类型	13%税率的增值税专用发票	9%税率的增值税专用发票	6%税率的增值税专用发票	3%税率的增值税专用发票
3%增值税专用发票	1.010 1	1.006 0	1.003 0	
3%增值税普通发票	1.013 2	1.009 1	1.006 0	1.003 0

解析:仍以例3-12为研究对象,分别计算不同购货对象的购货成本比率,与利润无差别点的购货成本比率进行比较,选择最佳购货对象,具体计算过程如下。

A公司购进成本与B公司购货成本的比率＝10 000÷10 000＝1＜1.010 1

因此,从A公司购货利润高于B公司,方案一优于方案二。

A公司购货成本与C个体户购货成本的比率＝10 000÷9 500＝1.052 6＞1.013 2

因此,从A公司购货利润低于B公司,方案三优于方案一。

综合分析上述结果,方案三最优。

引入案例解析

A工业企业(增值税一般纳税人)的材料采购员小张,可以运用不同购货对象利润无差别点的购货成本比率确定可接受的价格,如果购进材料适用13%的增值税税率,确定从小规模纳税人处购货,小规模纳税人的购货成本应是一般纳税人的0.99(1÷1.010 1),低于此价格便可以接受;同理,如果购进材料适用13%的增值税税率,业务员小王可以确定从一般纳税人处购货,一般纳税人的购货成本应是小规模纳税人的1.010 1,价格提高到此价位企业不亏。

利用供应商利润无差别点的购货成本比率进行纳税筹划,方法简单、易行,尤其在要求企业快速作出购货决策时非常方便。但是,该方法不能提供每一方案的具体获利情况,企业在作出决策后,可以通过计算各方案的税前利润或现金净流量,对纳税筹划结果进行验证,为决策者提供更多的财务信息。

三、进项税额确认时点的纳税筹划

增值税是对增值额征税,但在实际工作中增值额很难计算,因此,我国增值税的计算采用间接计算法。增值税一般纳税人采用购进扣税法,其销售货物或者提供应税劳务,应纳税额为当期销项税额抵扣当期进项税额后的余额。购货与销货时点的确认,直接影响当期的进项税额和销项税额。虽然进项税额与销项税额确认的时点对整体应纳增值税不产生影

响,但通过纳税筹划使企业推迟销项税额的确认,尽早抵扣进项税额,会为企业带来货币时间价值收益,实现相对节税目标。

(一) 尽早认证抵扣凭证,以获取资金时间价值收益

虽然增值税一般纳税人取得2017年1月1日及以后开具的增值税专用发票、海关进口增值税专用缴款书、机动车销售统一发票、收费公路通行费增值税电子普通发票,取消认证确认、稽核比对、申报抵扣的期限。但企业在取得抵扣凭证后应尽快进行认证,以便及时抵扣销项税额,以获取资金的时间价值收益。另外,如果抵扣凭证存在问题,尽早认证抵扣凭证还可以及时发现问题,采取补救措施,以降低企业的涉税风险。

(二) 改直接收款方式为分期收款方式购买货物

在现实工作中,很多销售方为了尽早收到销货款,会在合同中约定全额收到购货款后,再向购货方开具发票。这样,整笔采购业务的抵扣时间都会延迟到最后。

【例 3-14】

甲企业12月份将从乙企业购进原材料一批,价值2 000万元,适用增值税税率13%。合同约定采取直接收款结算方式,因购货金额较大,甲企业在收到货物时先向乙企业支付1 000万元货款,乙企业全额收到剩余购货款后,再向甲企业开具增值税专用发票。甲企业因资金紧张,预计6个月后才支付剩余货款,取得增值税专用发票。

要求:为甲企业的购货业务作出纳税筹划方案。

解析:甲企业购货业务采用直接收款方式结算,只有在支付全部货款后才能取得增值税专用发票,造成前期支付的货款无法取得与之对应的进项税额,会出现提前纳税垫付税款的情况。

纳税筹划方案:甲企业应采用分期收款方式购买货物,约定支付每期购货款后,销售方按照付款金额开具发票。按照分期收款方式购买货物,甲企业在收到货物时支付1 000万元,乙企业应按收款金额开具增值税专用发票,甲企业可以取得130万元(1 000×13%)的进项税额,使12月份少纳增值税130万元,延期纳税可以使甲企业获取货币时间价值收益。

四、进项税额转出的纳税筹划

我国增值税实行的是购进扣税法,一般纳税人可以在销项税额中抵扣进项税额。如果购进时已抵扣的进项税额,发生不符合税法规定抵扣条件的,就必须作进项税额转出处理。但是,经济现状的复杂性决定了转出的标准和范围都有选择的余地,而这种选择余地使进项税额转出存在一定的纳税筹划空间。

1. 固定资产、无形资产和不动产用于简易计税方法计税项目、免征增值税项目、集体福利或者个人消费的进项税额抵扣筹划

一般纳税人购进固定资产、无形资产和不动产用于简易计税方法计税项目、免征增值税项目、集体福利或者个人消费,其进项税额不得在销项税额中抵扣的情形,仅指专用于上述项目固定资产、无形资产和不动产。如果既用于增值税应税项目(不含免征增值税项目),也用于非增值税应税项目、免征增值税项目、集体福利或个人消费,则发生的进项税额可以抵扣。因此,企业应避免购置专门用于上述项目的固定资产、无形资产和不动产。

2. 非正常损失进项税额转出的筹划

非正常损失的购进货物,以及相关的加工修理修配劳务和交通运输服务,其发生的进项税额不能抵扣销项税额;非正常损失的在产品、产成品所耗用的购进货物(不包括固定资产)、加工修理修配劳务和交通运输服务,其发生的进项税额不能抵扣销项税额;非正常损失的不动产,以及该不动产所耗用的购进货物、设计服务和建筑服务,非正常损失的不动产在建工程所耗用的购进货物、设计服务和建筑服务,其发生的进项税额不能抵扣销项税额。

非正常损失是指因管理不善造成被盗、丢失、霉烂变质,以及因违反法律法规造成货物或者不动产被依法没收、销毁、拆除的情形。由于经济现状的复杂性,决定非正常损失的确定有一定的选择余地。例如,纳税人发生的材料损耗,如果是正常损耗,则进项税额不需要转出;企业可以只把税法列举的情况作为界定非正常损失的标准,对发生的火灾损失、产品超过保质期的损失等,不作非正常损失处理。

3. 一般纳税人兼营免税项目进项税额的筹划

一般纳税人兼营免税项目应分别核算,免税项目对应的进项税额不可以抵扣。对于无法划分不得抵扣进项税额的,通常是按免税项目销售额占总收入之比,计算总进项税额中需要转出的部分。上述规定可以使纳税人根据自身利益最大化的原则选择转出较少进项税额的方法,从而形成纳税筹划空间。

【例3-15】

某制药厂既生产适用13%增值税税率的抗菌类药物,也生产免征增值税的药品。某年度该厂抗菌类药物的不含税销售额为4 000万元,免税药品的不含税销售额为1 000万元。全年购进货物的增值税进项税额为400万元。该制药厂对进项税额没有进行严格的划分。按照销售收入百分比来计算生产免税药品应转出的进项税额。该厂经过测算,发现免税药品耗用的原材料占销售收入的比重大大低于应税药品,销售收入1 000万元的免税商品耗用原材料的进项税额只有50万元。

要求:为该药厂确认可以抵扣的进项税额作出纳税筹划方案。

解析:纳税筹划前,该制药厂按照销售收入百分比来计算应转出的进项税额。

进项税额转出=400×1 000÷(4 000+1 000)=80(万元)

可以抵扣的进项税额=400-80=320(万元)

纳税筹划方案:该药厂应对免税药品和应税药品分开核算,因为销售收入1 000万元的免税商品耗用原材料的进项税额只有50万元。

进行纳税筹划后,分别核算免税药品和应税药品耗用原材料对应的进项税额,则实际转出的进项税额由80万元减少到50万元。

可以抵扣的进项税额=400-50=350(万元)

纳税筹划后增加的可以抵扣的进项税额=350-320=30(万元)

结论:当免税商品的增值税进项税额占全部商品增值税进项税额的比例与免税商品销售额占全部商品销售额的比例相等时,分开核算与合并核算在税收上没有差别。当免税商品的增值税进项税额占全部商品增值税进项税额的比例小于免税商品销售额占全部商品销售额的比例时,分开核算比较有利;反之,合并核算比较有利。这一原理同样适用于购进项目用于简易计税项目、用于集体福利或者个人消费、发生非正常损失等进项税额转出的情形。

第四节　增值税销项税额的纳税筹划

纳税人应缴纳增值税数额的多少和缴纳时间的先后，主要取决于纳税人销售收入的实现时间和实现方式。税法对各种销售方式和销项税额确认时点的税务处理分别作出了不同的规定，这些规定为纳税人进行纳税筹划提供了广阔的空间和法律依据。

一、销售方式选择的纳税筹划

纳税人在销售活动中，为了达到促销的目的，会采用多种销售方式。纳税人应根据税法对不同销售方式纳税的规定进行纳税筹划。

（一）折扣方式销售的纳税筹划

折扣方式主要包括折扣销售和销售折扣。其中，折扣销售即商业折扣，是销货方在销售货物或应税劳务时给予购货方的价格优惠，是仅限于货物价格的折扣；销售折扣即现金折扣，是销售方为了鼓励购货方在信用期限内尽快付款而给予的折扣，现金折扣是一种附有条件的让利销售方式。

1. 折扣销售（商业折扣）按折扣后的净额开具发票

折扣销售即商业折扣，是销货方在销售货物或应税劳务时给予购货方的价格优惠，是仅限于货物价格的折扣。税法规定，纳税人采取折扣方式销售货物，如果销售额和折扣额在同一张发票上分别注明的，可按折扣后的销售额征收增值税；如果将折扣额另开发票，不论其在财务上如何处理，均不得从销售额中减除折扣额。另外，纳税人采取折扣方式销售货物，销售额和折扣额在同一张发票上的"金额"栏分别注明的，可按折扣后的销售额征收增值税。未在同一张发票"金额"栏注明折扣额，而仅在发票的"备注"栏注明折扣额的，折扣额不得从销售额中减除。

从上述规定可以看出，税法对可以扣除的折扣额在发票上的列示要求非常严格。由于折扣销售的成交价格是确定的，即折扣额在交易时已经确定，为了避免开具发票的不规范导致不可以扣除的情况发生，企业可以按照折扣后的净额开具发票，避免出现不必要的麻烦。

2. 改变销售折扣（现金折扣）方式

销售折扣即现金折扣，是销售方为了鼓励购货方在信用期限内尽快付款而给予的折扣。销售折扣本质上是企业的一种融资行为，属于财务费用的范畴，销售折扣实际发生时计入财务费用，不得从销售额中扣减。企业可以通过改变合同内容实现纳税筹划目的。

【例 3-16】

某企业为增值税一般纳税人，增值税税率为 13%。销售产品一批，售价 10 000 万元，产品已经发出，合同约定的付款期为一个月。为了尽早收到货款，给予对方的付款条件为 2/10,1/20,n/30。根据税法的规定，销售折扣（现金折扣）的折扣额不得从销售额中扣除，因此，企业应按 10 000 万元的销售额计算增值税销项税额。销项税额＝10 000×13%＝1 300（万元）。如果对方在 10 天内付款，按照合同约定将给予 2% 的折扣。

要求：为该企业销售折扣业务作出纳税筹划方案。

解析：由于销售折扣（现金折扣）的折扣额不得从销售额中扣除，如果对方在10天内付款，企业虽然不能全额收到款项，但增值税销项税额也不可以抵减。企业在进行纳税筹划时，改变销售折扣（现金折扣）方式，即签订直接收款方式销售货物的合同。约定收到销售款再确认增值税纳税义务发生。

纳税筹划方案为：签订直接收款方式销售货物的合同，合同约定销售方将产品的售价定为9 800万元，在取得销售款时再向购买方开具增值税专用发票，确认增值税纳税义务发生；合同约定付款期为10天，每超过付款期10天，加收100万元延期付款罚息，最长付款期为30天，在实际收到货款时按照实际收款金额开具发票。

如果对方在10天内付款，依据合同约定按9 800万元开具增值税专用发票，销项税额＝9 800×13％＝1 274（万元），可以减少应纳税额26万元（1 300－1 274）。如果对方在第30天付款，企业可以按照合同约定收取200万元延期付款罚息，并按照实际收款金额即售价10 000万元开具发票。这样既实现了企业尽早收款的目的，又可以避免多纳税的风险，且上述做法符合相关法律的规定。

（二）多种销售方式选择的纳税筹划

1. 企业经常采用的销售方式分析

（1）以旧换新。指纳税人在销售新货物的同时，有偿收购购买者旧货的销售方式。纳税人采取以旧换新方式销售货物的（金银首饰除外），应按新货物的同期销售价格确定销售额并计算增值税，不得从销售额中减除旧货的收购价款。

（2）还本销售。指企业销售货物后，在一定期限内将全部或部分销货款一次或分次无条件退还给购货方的一种销售方式。纳税人采取还本销售方式销售货物的，不得从销售额中扣减还本支出。

（3）"买一赠一"，也叫"随货赠送"。指企业经常采用的一种促销手段，即在销售主货物的同时附送从货物，顾客在购买主货物的同时也获赠了从货物。在实际工作中，税务机关往往要求企业按《增值税暂行条例实施细则》的相关规定做视同销售处理，同时确认对应的销项税额。

2. 通过比较各种销售方式的现金净流量进行纳税筹划

比较不同销售方式的优劣，应该综合考虑各种因素，既要考虑应纳的增值税，又要考虑对收益的影响。在纳税筹划时，在不存在非付现项目的情况下，分析利润和分析现金净流量其计算结果是一致的。在多种销售方式选择的纳税筹划中，比较各方案的现金净流量更直观、简单。

【例3-17】

甲商场为增值税一般纳税人，增值税税率为13％，城市维护建设税税率为7％，教育费附加率为3％，商品的销售毛利率为30％。该商场为了扩大销售，设计了三种促销方式：一是商品八折销售（直接按折扣后的净额开具发票）；二是购买价值1 000元的商品，赠送价值200元的商品；三是购物满1 000元，返回200元现金。（以上价格均为含税价）

要求：通过纳税筹划分析，为该商场选择最佳销售方式。

解析：这三种销售方式都向顾客让利200元，只是让利的方式不同，在纳税筹划时，可以比较各销售方式的现金净流量,具体分析如下。

方案一　商品八折销售,价值1 000元的商品售价800元。

商品成本=1 000×(1−30%)=700(元)

应纳增值税=[800÷(1+13%)−700÷(1+13%)]×13%=11.50(元)

应纳城市维护建设税与教育费附加=11.50×(7%+3%)=1.15(元)

现金净流量=800−700−11.50−1.15=87.35(元)

方案二　购买价值1 000元的商品,赠送价值200元的商品,赠送商品按视同销售处理。

赠送商品成本=200×(1−30%)=140(元)

应纳增值税=[(1 000+200)÷(1+13%)−(700+140)÷(1+13%)]×13%=41.42(元)

应纳城市维护建设税与教育费附加=41.42×(7%+3%)=4.14(元)

现金净流量=1 000−840−41.42−4.14=114.44(元)

方案三　购物满1 000元,返回200元现金,不得从销售额中扣减返现支出200元。

应纳增值税=[1 000÷(1+13%)−700÷(1+13%)]×13%=34.51(元)

应纳城市维护建设税与教育费附加=34.51×(7%+3%)=3.45(元)

现金净流量=800−700−34.51−3.45=62.04(元)

促销方式的确定:在上述三个方案中,采用方案二进行促销,其取得的现金净流量最多,对商场最为有利,方案二为该商场应选择的促销方式。

二、降低计税销售额的纳税筹划

增值税虽然采用税款抵扣制,但支付的款项给自然人,则一般无法取得增值税专用发票,这种情况企业的税收负担将大大提高,纳税人应采用合理的方法进行纳税筹划。

【例3-18】

甲公司为一保洁用品生产企业,增值税一般纳税人,生产的产品适用13%的增值税税率。该公司主要采用直销方式销售产品,已取得国家颁发的《直销经营许可证》。与直销员签订的直销合同内容如下:公司通过直销员向消费者销售商品,直销员按公司指定的价格向消费者收取款项,直销员将款项上交公司后,公司按上交款项的15%支付直销员的佣金。预计全年直销员上交的收入为22 600万元,公司支付给直销员的佣金3 390万元,公司可以取得的进项税额900万元,由于直销员取得佣金只能向公司开具增值税普通发票,公司的增值税税负较高。

要求:为甲公司的直销业务作出纳税筹划方案。

解析:根据规定:①直销企业先将货物销售给直销员,直销员再将货物销售给消费者,直销企业的销售额为其向直销员收取的全部价款和价外费用,直销员将货物销售给消费者时应按照现行规定缴纳增值税;②直销企业通过直销员向消费者销售货物,直接向消费者收取货款,直销企业的销售额为其向消费者收取的全部价款和价外费用。

纳税筹划前,公司通过直销员向消费者销售商品,直销员上交的收入22 600万元为销售额。

应纳增值税=22 600÷(1+13%)×13%−900=1 700(万元)

纳税筹划方案:公司应当与直销员签订如下内容的直销合同。公司先将货物销售给直销员,直销员再按规定的价格将货物销售给消费者。

纳税筹划后,该公司的销售额为其向直销员收取的全部价款和价外费用。在不改变公司和直销员收入的前提下,该公司的销售额应为 19 210 万元(22 600－3 390)。纳税筹划后应纳税情况:

应纳增值税＝19 210÷(1+13%)×13%－900＝1 310(万元)

纳税筹划后少纳增值税＝1 700－1 310＝390(万元)

结论:对于直销业务,直销企业先将货物销售给直销员,直销员再将货物销售给消费者,可以有效降低直销企业的税负。

风险提示:直销员销售货物需要缴纳增值税,其计税依据为向消费者收取的全部价款和价外费用,不再只是实际收到的佣金。上述做法会增加直销员的税负,但对于销售能力较低的直销员,可以享受增值税起征点的税收优惠,通常不需要缴纳增值税。另外,直销员作为自然人,其销售货物按3%的征收率缴纳增值税。

三、销项税额确认时点的纳税筹划

(一) 销项税额的确认时点

增值税纳税义务发生的时间,为销项税额的确认时点,具体规定如下。

1. 应税销售行为纳税义务发生时间的一般规定

(1) 纳税人发生应税销售行为,其纳税义务发生时间为收讫销售款项或者取得索取销售款项凭据的当天;先开具发票的,为开具发票的当天。

收讫销售款项,是指纳税人发生应税销售行为过程中或者完成后收到款项。

取得索取销售款项凭据的当天,是指书面合同确定的付款日期;未签订书面合同或者书面合同未确定付款日期的,为应税销售行为完成的当天或不动产权属变更的当天。

(2) 进口货物,为报关进口的当天。

(3) 增值税扣缴义务发生时间为纳税人增值税纳税义务发生的当天。

2. 应税销售行为纳税义务发生时间的具体规定

(1) 采取直接收款方式销售货物,不论货物是否发出,均为收到销售款或者取得索取销售款凭据的当天。

(2) 采取托收承付和委托银行收款方式销售货物,为发出货物并办妥托收手续的当天。

(3) 采取赊销和分期收款方式销售货物,为书面合同约定的收款日期的当天;无书面合同的或者书面合同没有约定收款日期的,为货物发出的当天。

(4) 采取预收货款方式销售货物,为货物发出的当天,但生产销售生产工期超过12个月的大型机械设备、船舶、飞机等货物,为收到预收款或者书面合同约定的收款日期的当天。

(5) 委托其他纳税人代销货物,为收到代销单位的代销清单或者收到全部或者部分货款的当天;未收到代销清单及货款的,为发出代销货物满180天的当天。

(6) 销售劳务,为提供劳务同时收讫销售款或者取得索取销售款项凭据的当天。

(7) 纳税人发生除将货物交付其他单位或者个人代销和销售代销货物以外的视同销售货物行为,为货物移送的当天。

(8) 纳税人提供租赁服务采取预收款方式的,其纳税义务发生时间为收到预收款的当天。

(9) 纳税人从事金融商品转让的,为金融商品所有权转移的当天。

(10) 纳税人发生视同销售服务、无形资产或者不动产情形的,其纳税义务发生时间为服务、无形资产转让完成的当天或者不动产权属变更的当天。

(二) 销项税额确认时点的纳税筹划方法

1. 在遵守税法规定的前提下,收到购货款后再确认收入的实现

在现实工作中,很多销售方为了扩大销售,经常采用赊销的方式,在没有收到销货款的情况下,将货物发送给购货方。按照税法规定,采取赊销和分期收款方式销售货物,纳税义务发生时间为书面合同约定的收款日期的当天;无书面合同或书面合同没有约定收款日期的,为货物发出的当天。销货企业经常在没有收到销货款的情况下,按照税法的规定需要确认收入的实现,计算增值税销项税额,出现垫付税款的情况。

企业在进行销项税额确认时点的纳税筹划时,可以根据增值税纳税义务发生时间的具体规定进行纳税筹划。

企业在进行纳税筹划时,具体做法为:与购货方签订直接收款方式的销货合同,合同约定只有在取得销售款时再向对方开具增值税专用发票,确认增值税纳税义务发生。这样,销货单位在没有收到货款的情况下,不向购货方开具发票,可以避免出现垫付税款的情况。

2. 对滞销的商品,避免采用委托代销方式

很多企业为了打开滞销商品的销售渠道,经常采用委托代销的方式进行销售。税法规定,委托其他纳税人代销货物,为收到代销单位的代销清单或者收到全部或部分货款的当天;未收到代销清单及货款的,为发出代销货物满180天的当天。

由于滞销商品销售时间较长,销货企业经常在没有收到销货款的情况下,发出的代销货物已满180天,按照税法的规定需要确认增值税销项税额,出现垫付税款的情况。

企业在进行纳税筹划时,具体做法为:可以变委托代销方式为收到购货款后再确认收入实现的直接收款方式。

第五节 农产品加工企业的纳税筹划

农产品作为社会生活最主要的产品,我国在税收政策上赋予了一系列的税收优惠政策和特殊规定。在增值税核算中,有关农产品的相关政策规定主要包括以下内容。

购进农产品,除取得增值税专用发票或者海关进口增值税专用缴款书外,按照农产品收购发票或者销售发票上注明的农产品买价和9%(或10%)的扣除率计算进项税额。进项税额计算公式如下:

$$进项税额 = 买价 \times 扣除率$$

农业生产者销售的自产农产品免征增值税。农业生产者销售的自产农业产品是指直接从事植物的种植、收割和动物的饲养、捕捞的单位和个人销售的《农业产品征税范围注释》所列的自产农业产品;对上述单位和个人销售的外购农产品,以及单位和个人外购农产品生产、加工后销售的仍然属于《农业产品征税范围注释》所列的农业产品,不属于免税的范围,应当按照规定税率征收增值税。上述规定为农产品加工企业提供了纳税筹划空间。

一、利用自产农产品进行深加工的纳税筹划

利用自产农产品进行深加工的企业,由于生产农产品的环节进项税额较少,深加工后的农产品已经不属于《农业产品征税范围注释》所列的自产农产品,导致这种类型的企业税负较高。

【例 3-19】

某蓝莓公司为增值税一般纳税人,主要经营蓝莓的生产、加工和销售,下设蓝莓种植基地、蓝莓加工车间和产品销售部。基地生产的蓝莓一部分直接出售,另一部分移送到加工车间,由加工车间生产出蓝莓饮料、蓝莓果酱等蓝莓制品,然后由销售部进行产品销售。公司实行统一核算,经过深加工的蓝莓制品不属于《农业产品征税范围注释》所列的农业产品,适用13%的增值税税率。由于该企业实施种植、加工、销售一条龙经营,主要生产环节几乎没有对外协作,种植环节可以抵扣的进项税额为40万元,蓝莓加工过程中取得进项税额50万元,全年销售蓝莓制品取得收入3 000万元(不含税价)。

要求:为该公司农产品经营业务作出纳税筹划方案。

解析:纳税筹划前,该企业实施种植、加工、销售一条龙经营。

该企业全年应纳增值税=3 000×13%-(40+50)=300(万元)

增值税税负率=300÷3 000×100%=10%

纳税筹划的法律依据:由于农业生产者销售自产农产品免征增值税,一般纳税人购进农产品,如果用于生产销售或委托加工13%税率的货物,可以按照农产品收购发票或者销售发票上注明的农产品买价和10%的扣除率计算进项税额。

纳税筹划方案:该公司应将蓝莓种植基地分离出来,设立为独立核算的法人单位,这样就变成种植公司和蓝莓制品加工销售公司(简称蓝莓制品公司)两个法人单位。

纳税筹划后,种植公司销售给蓝莓制品公司的蓝莓为免税农产品,增值税税负为0。而蓝莓制品公司从种植公司购进的免税农产品可以按照买价和10%的扣除率计算进项税额。假设种植公司全年销售给蓝莓制品公司的蓝莓为2 000万元。

全年应纳增值税=3 000×13%-2 000×10%-50=140(万元)

增值税税负率=140÷3 000×100%=4.67%

纳税筹划后少纳增值税=300-140=160(万元)

结论:利用自产农产品进行深加工的企业,应将自产业务与深加工业务分离,分别设立两个法人单位,可以有效降低增值税税负。

风险提示:种植公司向蓝莓制品公司销售蓝莓的行为,属于关联交易,应注意税法对关联方交易价格的规定,应采用市场价格进行交易,避免产生纳税风险。另外,分立为两个法人单位,办理工商登记需要增加一些费用,只要节约的税款大于增加的费用,该纳税筹划方法就是可行的。

二、收购农产品加工程度的纳税筹划

农产品加工企业,应收购经过初加工仍属于《农业产品征税范围注释》所列的免税初级农产品,这样可以增加可抵扣进项税额。免税的初级农业产品,是指通过简单的晒干、

腌制、切片等粗略的方式制成的农业产品,这类农产品享受与未加工农产品同样的税收政策。

【例 3-20】

某食品厂为增值税一般纳税人,主要生产各种罐头,适用13%的增值税税率。在生产杏仁罐头时,有以下两个生产方案可供选择。方案一:从农业生产者手中收购没有去壳的杏核120万元,先将杏核去壳加工成杏仁,发生人工及制造费用40万元;然后将杏仁进一步加工成杏仁罐头,全年销售杏仁罐头取得收入200万元(不含税)。方案二:企业不进行杏仁的生产,直接从农业生产者手中收购已经去壳的杏仁,收购价格为160万元,该企业将收购的杏仁直接加工成杏仁罐头,本年度销售杏仁罐头取得收入200万元(不含税)。

要求:通过纳税筹划分析,为该企业选择最优的农产品收购方案。

解析:

方案一 收购没有去壳的杏核。

应纳增值税税额=200×13%−120×10%=14(万元)

增值税税负率=14÷200×100%=7%

方案二 收购已经去壳的杏仁。

根据《农业产品征税范围注释》的规定,属于农产品的园艺植物是指可供食用的果实,如水果、果干(如荔枝干、桂圆干、葡萄干等)、干果、果仁、果用瓜(如甜瓜、西瓜、哈密瓜等),以及胡椒、花椒、大料、咖啡豆等。经冷冻、冷藏、包装等工序加工的园艺植物,也属于本货物的征税范围。因此,农业生产者销售自产的杏仁仍为免税农产品,该杏仁用于生产13%税率的罐头,可以按照农产品收购发票或者销售发票上注明的农产品买价和10%的扣除率计算进项税额。

应纳增值税税额=200×13%−160×10%=10(万元)

增值税税负率=10÷200×100%=5%

收购方案的确定:方案二比方案一节约税款金额4万元(14−10),应采用方案二。

结论:企业收购经过初加工仍然属于税法《农业产品征税范围注释》所列的免税农产品,可将加工费转入收购成本,使可以抵扣的进项税额增大,降低了增值税税负。

三、设立农产品生产部门的纳税筹划

由于农产品的价格受市场影响较大,经常发生波动。一些农产品加工企业为了稳定原材料价格和提高产品的市场竞争力,在企业发展到一定规模的情况下,会设立农产品生产部门,为企业提供原材料。农产品加工企业设立农产品生产部门时,应与原企业初加工部门合并为一个法人单位,因为初加工的农产品仍属于免税农产品,可以有效降低企业税负。

【例 3-21】

某肉食加工企业从事肉制品加工销售业务,下设生猪屠宰车间和火腿肠等熟制品加工车间。企业将收购的生猪屠宰后,加工成火腿肠等熟制品销售,生猪屠宰成本和火腿肠等熟制品的加工成本的比例为1∶2。产品在当地占有较大的市场份额,为了企业的长远发展,也为了降低原材料成本,实现原材料自给,企业决定投资设立一生猪饲养基地,有以下两个设立方案可供选择。方案一：新设独立核算的生猪饲养基地，原企业组织结构不变。新设生猪饲养基地每年为肉食加工厂提供生猪价值5 000万元，肉食加工厂全年实现销售9 000万元（不含税价）。方案二：调整组织结构，新设立的生猪饲养基地与生猪的屠宰车间合并为一个纳税单位，而将加工火腿肠等熟制品的车间独立为一个纳税单位。合并企业每年提供鲜肉价值6 000万元，肉食加工厂全年实现销售9 000万元（不含税价）。

要求：通过纳税筹划分析，为该企业选择农产品生产部门的设立方案。

解析：

方案一　新设独立核算的生猪饲养基地。

应纳增值税税额＝9 000×13％－5 000×10％＝670（万元）

增值税税负率＝670÷9 000×100％＝7.44％

方案二　新设立的生猪饲养基地与生猪的屠宰车间合并为一个纳税单位。

根据《农业产品征税范围注释》的规定，属于农产品的兽类、禽类和爬行类动物的肉产品，包括整块或者分割的鲜肉、冷藏或者冷冻肉、腌渍肉、兽类、禽类和爬行类动物的内脏、头、尾、蹄等组织。因此，合并后的单位为农业生产者，销售的鲜肉为免税农产品，该鲜肉用于生产13％税率的火腿肠等熟制品头，可以按照农产品收购发票或者销售发票上注明的农产品买价和10％的扣除率计算进项税额。

应纳增值税税额＝9 000×13％－6 000×10％＝570（万元）

增值税税负率＝570÷9 000×100％＝6.33％

农产品生产部门设立方案的确定：方案二比方案一节约税款100万元（670－570），应采用方案二。

结论：通过调整组织结构，将生猪饲养基地与生猪的屠宰车间合并为一个纳税单位，合并后的单位为农业生产者，销售的鲜肉为免税农产品，企业收购经过初加工仍然属于税法注释所列的免税农产品，将生猪屠宰加工成本计入鲜肉成本，可以抵扣的进项税额增大，降低了增值税税负。

四、购进农产品价格的纳税筹划

农产品加工企业在购进农产品时，既可以购进农业生产者销售的自产农产品，按照农产品收购发票或者销售发票上注明的农产品买价和9％（或10％）的扣除率计算进项税额，也可以购进一般纳税人销售的非自产农产品，取得的增值税专用发票上列示的税额为进项税额。由于购进渠道不同，导致在支付相同购货价款的情况下，对应的进项税额和采购成本均不同，上述不同为纳税筹划提供了条件。

【例3-22】

某冷鲜肉加工企业，主要业务是将收购的生猪经过屠宰、切割加工成冷鲜肉后，销售给各大超市，全年的生猪购进量很大。假设该企业现在需要购进一批生猪，有两个方案可供选择。

方案一　从当地生猪养殖者手中购进其自产的生猪，购进价格为80 000元。

方案二　从生猪经销商手中购进同样数量和质量的生猪，也需要80 000元，取得的增值税专用发票上列示价款73 394.50元、税额6 605.50元。

该企业以此为原材料加工的冷鲜肉全部销售给各大超市，取得销售收入90 000元，增值税销项税额 8 100 元,加工生猪的费用对增值税应纳税额不产生影响,在进行纳税筹划时不予考虑。假设城市维护建设税税率为 7%,教育费附加率为 3%。

要求:通过纳税筹划分析,为该企业选择最优的农产品购进方案。

解析:

(1) 分析方法一如下。比较两个方案的现金净流量。

方案一　现金流入量＝90 000＋8 100＝98 100(元)。

现金流出量:

支付的购货价款＝80 000 元

应纳的增值税＝8 100－80 000×9%＝900(元)

应纳城市维护建设税与教育费附加＝900×(7%＋3%)＝90(元)

现金流出量合计＝80 000＋900＋90＝80 990(元)

现金净流量＝98 100－80 990＝17 110(元)

方案二　方案二和方案一的现金流入量相同＝90 000＋8 100＝98 100(元)。

现金流出量:

支付的购货价款＝80 000 元

应纳的增值税＝8 100－6 605.50＝1 494.50(元)

应纳城市维护建设税与教育费附加＝1 494.50×(7%＋3%)＝149.45(元)

现金流出量合计＝80 000＋1 494.50＋149.45＝81 643.95(元)

现金净流量＝98 100－81 643.95＝16 456.05(元)

农产品购进方案的确定:方案一比方案二的现金净流量多 653.95 元(17 110－16 456.05),应采用方案一。

(2) 分析方法二如下。比较两个方案的税前利润额。

由于税前利润高的方案其净利润也高,所以为了突出重点,不考虑企业所得税的影响,只比较税前利润即可。

方案一　销售收入＝90 000 元。

成本税费:

成本＝80 000－80 000×9%＝72 800(元)

应纳城市维护建设税与教育费附加＝900×(7%＋3%)＝90(元)

税前利润＝90 000－72 800－90＝17 110(元)

方案二　销售收入＝90 000 元。

成本税费:

成本＝73 394.50 元

应纳城市维护建设税与教育费附加＝1 494.50×(7%＋3%)＝149.45(元)

税前利润＝90 000－73 394.50－149.45＝16 456.05(元)

农产品购进方案的确定:方案一比方案二的税前利润多 653.95 元(17 110－16 456.05),应采用方案一。

通过以上分析可以看出,两种分析方法的计算结果是相同的。原因是在购货与销货过程中,收入对应着现金的流入,成本对应着现金的流出,作为税费的城市维护建设税与教育费附加也对应着现金的流出。因此,计算利润和计算现金净流量的结果是一样的。另外,增值税作为价外税,不影响损益,其收到的销项税额减去可以抵扣的进项税额的差额,为应交的增值税金额,对利润和现金净流量的影响为零。因此,在实际工作中可以选取其中任何一种方法进行分析,得出的结论是相同的。

第六节　利用增值税优惠政策的纳税筹划

一、增值税的税收优惠

(一)《增值税暂行条例》规定的免税项目

(1) 农业生产者销售的自产农产品;
(2) 避孕药品和用具;
(3) 古旧图书(指向社会收购的古书和旧书);
(4) 直接用于科学研究、科学试验和教学的进口仪器、设备;
(5) 外国政府、国际组织无偿援助的进口物资和设备;
(6) 由残疾人组织直接进口供残疾人专用的物品;
(7) 销售自己使用过的物品。自己使用过的物品,是指其他个人自己使用过的物品。

(二) 增值税起征点的规定

1. 增值税起征点的适用情况

个人发生应税行为的销售额未达到增值税起征点的,免征增值税;达到起征点的,全额计算缴纳增值税。

增值税起征点不适用于登记为一般纳税人的个体工商户。

2. 增值税起征点的幅度规定

(1) 按期纳税的,为月销售额 5 000~20 000 元(含本数);
(2) 按次纳税的,为每次(日)销售额 300~500 元(含本数)。

起征点的调整由财政部和国家税务总局规定。

3. 增值税小规模纳税人起征点的规定

自 2023 年 1 月 1 日至 2023 年 12 月 31 日,对月销售额 10 万元以下(含本数)的增值税小规模纳税人,免征增值税。

其他个人,采取一次性收取租金形式出租不动产取得的租金收入,可在对应的租赁期内平均分摊,分摊后的月租金收入未超过 10 万元的,免征增值税。

(三)"营改增"通知及有关部门规定的税收优惠政策

1. 免征增值税项目

(1) 托儿所、幼儿园提供的保育和教育服务;
(2) 养老机构提供的养老服务;
(3) 残疾人福利机构提供的育养服务;
(4) 婚姻介绍服务;
(5) 殡葬服务;

(6) 残疾人员本人为社会提供的服务;

(7) 医疗机构提供的医疗服务;

(8) 从事学历教育的学校提供的教育服务;

(9) 学生勤工俭学提供的服务;

(10) 农业机耕、排灌、病虫害防治、植物保护、农牧保险及相关技术培训业务,家禽、牲畜、水生动物的配种和疾病防治;

(11) 纪念馆、博物馆、文化馆、文物保护单位管理机构、美术馆、展览馆、书画院、图书馆在自己的场所提供文化体育服务取得的第一道门票收入;

(12) 寺院、宫观、清真寺和教堂举办文化、宗教活动的门票收入;

(13) 行政单位之外的其他单位收取的符合规定条件的政府性基金和行政事业性收费;

(14) 财政部国家税务总局规定的其他免征增值税项目。

2. 增值税即征即退

(1) 一般纳税人销售其自行开发生产的软件产品,按13%税率征收增值税后,对其增值税实际税负超过3%的部分实行即征即退政策;

(2) 一般纳税人提供管道运输服务,对其增值税实际税负超过3%的部分实行增值税即征即退政策;

(3) 经人民银行、银监会或者商务部批准从事融资租赁业务的试点纳税人中的一般纳税人,提供有形动产融资租赁服务和有形动产融资性售后回租服务,对其增值税实际税负超过3%的部分实行增值税即征即退政策;

(4) 对安置残疾人的单位和个体工商户,符合规定条件的,实行由税务机关按纳税人安置残疾人的人数,限额即征即退增值税的办法。

3. 扣减增值税规定

(1) 退役士兵创业就业;

(2) 重点群体创业就业。

(四) 税额抵减的规定

增值税纳税人初次购买增值税税控系统专用设备支付的费用,可凭购买增值税税控系统专用设备取得的增值税专用发票,在增值税应纳税额中全额抵减(抵减额为价税合计额),不足抵减的可结转下期继续抵减。

增值税纳税人缴纳的技术维护费,可凭技术维护服务单位开具的技术维护费发票,在增值税应纳税额中全额抵减,不足抵减的可结转下期继续抵减。技术维护费按照价格主管部门核定的标准执行。

增值税一般纳税人支付的上述两项费用在增值税应纳税额中全额抵减的,其增值税专用发票不作为增值税抵扣凭证,其进项税额不得从销项税额中抵扣。

(五) 进项税额加计抵减的规定

自2023年1月1日至2023年12月31日,允许生产、生活性服务业纳税人按照当期可抵扣进项税额加计5%抵减应纳税额。

2023年1月1日至2023年12月31日,允许生活性服务业纳税人按照当期可抵扣进项税额加计10%,抵减应纳税额。

(六)其他有关减免税的规定

(1) 纳税人兼营免税、减税项目的,应当分别核算免税、减税项目的销售额;未分别核算销售额的,不得免税、减税。

(2) 纳税人销售货物或者劳务适用免税规定的,可以放弃免税,依照规定缴纳增值税。放弃免税后,36个月内不得再申请免税。纳税人提供服务同时适用免税和零税率规定的,优先适用零税率。

(3) 安置残疾人单位既符合促进残疾人就业增值税优惠政策条件,又符合其他增值税优惠政策条件的,可同时享受多项增值税优惠政策,但年度申请退还增值税总额不得超过本年度内应纳增值税总额。

二、设立可以享受减免增值税的企业

纳税人在投资设立企业时,在条件允许的情况下可以设立享受减免增值税的企业,既可以实现降低企业税负的目标,也可以实现国家鼓励扶持发展特定企业的目的。

【例3-23】

某个体工商户主要针对农民开展购销业务,主要业务包括:一是从农民手中收购农产品销售;二是购进农膜、种子、化肥、农药等再销售给农民。全年销售额400万元(不含税),交纳增值税12万元(400×3%)。

要求:为该个体工商户经营业务作出纳税筹划方案。

解析:依照《中华人民共和国农民专业合作社法》的规定设立和登记的农民专业合作社,执行下列优惠政策:一是对农民专业合作社销售本社成员生产的农业产品,视同农业生产者销售自产农业产品免征增值税;二是增值税一般纳税人从农民专业合作社购进的免税农业产品,可按9%(或10%)的扣除率计算抵扣增值税进项税额;三是对农民专业合作社向本社成员销售的农膜、种子、种苗、化肥、农药、农机,免征增值税;四是对农民专业合作社与本社成员签订的农业产品和农业生产资料购销合同,免征印花税。

纳税筹划方案:该个体工商户可以依照《农民专业合作社法》的相关规定,设立农民专业合作社,将与其开展购销业务的农民全部纳入农民专业合作社。成立农民专业合作社后,该个体工商户从农民手中收购农产品销售,符合"对农民专业合作社销售本社成员生产的农业产品,视同农业生产者销售自产农业产品免征增值税"的规定;购进农膜、种子、化肥、农药等再销售给农民,符合"对农民专业合作社向本社成员销售的农膜、种子、种苗、化肥、农药、农机,免征增值税"的规定。

纳税筹划后,该个体工商户成立农民专业合作社,上述购销业务均为免税业务,该个体工商户全年少缴增值税12万元,节约的税款可以扩大经营规模,有利于农民专业合作社的发展、壮大。

三、增值税起征点的纳税筹划

(一)小规模纳税人起征点的纳税筹划

小规模纳税人发生应税行为月销售额未超过10万元的,免征增值税;超过10万元的,全额计算缴纳增值税。这为销售额超过10万元且临近10万元的小规模纳税人提供了纳税筹划空间。

【例 3-24】

某汽车维修企业为小规模纳税人,月销售额一般在 10 万元左右,本月共取得销售收入 106 000 元(含税),假设城市维护建设税税率为 7%,教育费附加率为 3%。

要求:为该企业作出纳税筹划方案。

解析:

(1) 通过比较现金净流量进行纳税筹划

纳税筹划前,该企业的销售额=106 000÷(1+3%)=102 912.62(元),超过 10 万元,应当缴纳增值税。

应纳增值税=102 912.62×3%=3 087.38(元)

应纳城市维护建设税和教育费附加=3 087.38×(7%+3%)=308.74(元)

现金净流量=106 000−3 087.38−308.74=102 603.88(元)

纳税筹划方案:企业适当降低收费标准,收取 103 000 元(含税)的销售收入。

纳税筹划后,该企业的销售额=103 000÷(1+3%)=100 000(元),未超过 10 万元,不需要缴纳增值税,现金净流量即为含税销售收入。

纳税筹划后增加现金流入量=103 000−102 603.88=396.12(元)

(2) 通过计算小规模纳税人起征点销售额禁区进行纳税筹划

通过以上分析可以看出,小规模纳税人起征点存在销售额临界点,在临界点区间,纳税人销售额大于 103 000 元(含税),缴纳增值税及城市维护建设税和教育费附加后的现金净流量却少于 103 000 元。

以 103 000 元(含税)为临界点,小于 103 000 元则不交增值税,大于或等于 103 000 元,企业需要缴纳增值税及城市维护建设税和教育费附加,现将需要缴税的销售额设定为 X 元,计算临界点的销售额。

$X - X \div (1+3\%) \times 3\% \times (1+7\%+3\%) = 103\,000$

则:$X = 106\,409.23$

本例中该企业本月共取得销售收入 106 000 元(含税),正好处以临界点的销售价格之下。因此,通过纳税筹划适当降低销售额,使销售额处以起征点之下,享受免征增值税的税收优惠,可以有效增加企业现金净流量,即增加了企业的利润。

结论:小规模纳税人起征点含税销售额禁区为 103 000~106 409.23 元。小规模纳税人要么获取低于 103 000 元的含税销售额,获取免征增值税的优惠政策;要么获取高于 106 409.23 元含税销售额,使得增加的收入足以弥补缴纳的税费。

风险提示:2023 年 1 月 1 日至 2023 年 12 月 31 日小规模纳税人减按 1% 的税率缴纳增值税;适用 3% 预征率的预缴增值税项目,减按 1% 预增率预缴增值税。2022 年 1 月 1 日至 2024 年 12 月 31 日,对增值税小规模纳税人、小型微利企业和个体工商户可以在 50% 的税额幅度内减征资源税、城市维护建设税、房产税、城镇土地使用税、印花税(不含证券交易印花税)、耕地占用税和教育费附加、地方教育附加。企业在进行纳税筹划时,要根据当时的具体税收优惠政策进行,避免产生纳税筹划风险。

(二) 个人起征点的纳税筹划

【例 3-25】

李某具有水暖维修技能,是一名自由职业者,未办理税务登记或临时税务登记。因业务水平较高,主要为宾馆、洗浴中心提供水暖维修服务,经测算平均每月可以提供服务 10 次,每次维修收入 3 000 元,并提供税务机关代开发票,李某每月收入基本维持在 30 000 元左右。

要求:为李某提供的水暖维修服务作出纳税筹划方案。

解析:未办理税务登记或临时税务登记的个人,发生应税行为的起征点分别为:①按期纳税的,为月销售额 5 000~20 000 元(含本数);②按次纳税的,为每次(日)销售额 300~500 元(含本数)。李某无论是按次还是按月纳税,其收入均超过起征点。因此,其取得的收入需要全额纳税。

纳税筹划前,李某未办理税务登记,取得的维修收入超过了起征点。

每月应纳增值税=30 000÷(1+3%)×3%=873.79(元)

纳税筹划方案:李某办理税务登记,注册登记为小规模纳税人的个体工商户,选择按月纳税。

纳税筹划后,由于李某每月收入 30 000 元远远低于 10 万元的起征点,每月可以少纳增值税 873.79 元,还可以少缴根据增值税应纳税额计提的城市维护建设税税率和教育费附加。

结论:对那些发生增值税应税行为收入较高的个人,通过办理税务登记,成为小规模纳税人,可以享受更高的起征点,以有效降低其税负。

四、享受即征即退优惠政策相关企业的纳税筹划

(一) 购买业务的纳税筹划

纳税人享受增值税即征即退优惠政策,不影响增值税计算抵扣链条的完整性。纳税人按规定核算即征即退的销售额、进项税额、应纳税额、应退税额,即征即退正常进行纳税申报后,再向主管税务机关提交资料申请办理退税。

下面以软件企业为例,研究其购买业务的纳税筹划。根据规定,增值税一般纳税人销售其自行开发生产的软件产品,按 13%税率征收增值税后,对其增值税实际税负超过 3%的部分实行即征即退政策。即征即退税额=当期软件产品增值税应纳税额-当期软件产品销售额×3%。

【例 3-26】

某公司为一软件开发生产企业,预计全年销售自行开发生产的软件产品价值 20 000 万元(不含税),外购货物和应税劳务成本 10 000 万元(不含税)。企业在进行纳税筹划时有两个方案可供选择,方案一:从一般纳税人处采购全部货物和应税劳务,均能取得增值税专用发票,需要支付价税合计金额 11 300 万元(10 000+10 000×13%);方案二:从小规模纳税人处采购全部货物和应税劳务,均能取得增值税专用发票,需要支付价税合计金额 10 300 万元(10 000+10 000×3%)。

要求：通过纳税筹划分析，为该企业选择最佳购货方案。
解析：在计算应退还增值税的基础上，比较各购货方案的现金净流量。
方案一　从一般纳税人处采购。
应纳增值税＝20 000×13％－10 000×13％＝1 300（万元）
应退还增值税＝1 300－20 000×3％＝700（万元）
现金净流量＝(20 000＋20 000×13％)－11 300－1 300＋700＝10 700（万元）
方案二　从小规模纳税人处采购。
应纳增值税＝20 000×13％－10 000×3％＝2 300（万元）
应退还增值税＝2 300－20 000×3％＝1 700（万元）
现金净流量＝(20 000＋20 000×13％)－10 300－2 300＋1 700＝11 700（万元）
购货对象的确定：方案二比方案一增加的现金流入量＝11 700－10 700＝1 000（万元）。应采用方案二。

结论：软件开发生产企业无论从哪里购货，最终实际缴纳的增值税是相同的，真正影响企业现金净流量的是企业取得的退税额，而退税额的大小取决于企业可以抵扣的进项税额。因此，选择供货价格较低，提供较少抵扣进项税额的小规模纳税人作为供应商，可以增加退税额，取得更多的政府补助，获得更多的现金流入量，增加企业的利润总额。上述纳税筹划方法，同样适用其他税负超过规定比率，享受增值税即征即退的企业。

（二）嵌入式软件产品定价的纳税筹划

嵌入式软件产品是指嵌入在硬件设备中的系统软件和应用软件，广泛应用在数字控制设备和消费类电子产品中。由于嵌入式软件产品一般都是同硬件一同销售，所以税法规定：增值税一般纳税人，对随同计算机网络、计算机硬件、机器设备等一并销售的软件产品，应当分别核算销售额。如果未分别核算或核算不清，按照计算机网络或计算机硬件及机器设备等的适用税率征收增值税，不予退税。因此，嵌入式软件产品定价纳税筹划的前提为，企业分别核算计算机硬件及设备和嵌入式软件产品的销售额。

嵌入式软件产品的销售额直接影响增值税退税额，税务机关按下列公式计算嵌入式软件产品的销售额，然后确认即征即退税额，并办理退税。

$$\text{当期嵌入式软件产品销售额} = \text{当期嵌入式软件产品与计算机硬件、机器设备销售额合计} - \text{当期计算机硬件、机器设备销售额}$$

计算机硬件、机器设备销售额应按照下列顺序确定：
（1）按纳税人最近同期同类货物的平均销售价格计算确定。
（2）按其他纳税人最近同期同类货物的平均销售价格计算确定。
（3）按计算机硬件、机器设备组成计税价格计算确定。
　计算机硬件、机器设备组成计税价格＝计算机硬件、机器设备成本×(1＋10％)
即
征即退税额＝当期嵌入式软件产品销售额×13％－当期嵌入式软件产品可抵扣进项税额
　　　　　－当期嵌入式软件产品销售额×3％

【例3-27】
某企业为工业自动化产品生产企业，其生产的变频柜中内含自行开发的嵌入式软件，该企业分别核算变频柜与嵌入式软件的销售额,假设该企业本月销售变频柜一批,销售额共计500万元。由于该企业和其他企业近期没有同类变频柜的市场价格,企业在报价时有三个方案可供选择。一是变频柜的销售额为210万元,嵌入式软件的销售额为290万元;二是变频柜的销售额为220万元,嵌入式软件的销售额为280万元;三是变频柜的销售额为230万元,嵌入式软件的销售额为270万元。已知变频柜的生产成本为200万元,嵌入式软件可抵扣的进项税额为18万元。

要求:通过纳税筹划分析,为该企业确定产品定价方案。

解析:

方案一　变频柜的销售额为210万元。

按照税法规定,由于该企业和其他企业近期没有同类变频柜的市场价格,应计算变频柜的组成计税价格。

变频柜组成计税价格$=200×(1+10\%)=220$(万元),该企业申报的变频柜销售额210万元,低于该金额。如果采用企业申报的价格,会增加嵌入式软件的销售价格,不利于税款的征收。因此,税务机关会采用组成计税价格作为变频柜的销售额。

嵌入式软件销售额$=500-[200×(1+10\%)]=280$(万元)

即征即退税额$=280×13\%-18-280×3\%=10$(万元)

方案二　变频柜的销售额为220万元,与税务机关采用的组成计税价格一致,可以采用企业申报的价格。

即征即退税额$=280×13\%-18-280×3\%=10$(万元)

方案三　变频柜的销售额为230万元。

变频柜的销售额为230万元,实际成本利润率$=(230-200)÷200=15\%$,高于10%,按企业申报的价格确定嵌入式软件的销售价格有利于税收。

即征即退税额$=270×13\%-18-270×3\%=9$(万元)

产品定价方案的确定:方案一、方案二优于方案三,可以增加退税额$=10-9=1$(万元),但方案一容易被税务机关认定为价格明显偏低,因此,采用方案二更好。

结论:企业在对嵌入式软件定价时,在合理的前提下,降低计算机硬件、机器设备的销售额,尽量增加嵌入式软件的销售价格,以实现更大的退税额。

风险提示:企业在进行嵌入式软件产品定价的纳税筹划时,应注意税务机关会定期对纳税人的生产(或采购)成本等进行重点检查,审核纳税人是否如实核算成本及利润。对于嵌入式软件产品销售额偏高、成本或利润计算明显不合理的,会及时予以纠正,涉嫌偷骗税的,将移交税务稽查部门处理,企业应注意防范纳税筹划风险。

五、放弃减免税的纳税筹划

纳税人销售货物或者劳务适用免税规定的,可以放弃免税,依照规定缴纳增值税。放弃免税后,36个月内不得再申请免税。纳税人放弃减免税往往是基于购买方的意愿。

(一) 小规模纳税人放弃免税的纳税筹划

【例3-28】

某螺丝生产企业为小规模纳税人,其生产的产品主要销售给大型制造企业,购买方大部分为一般纳税人,因企业享受免税待遇,按规定只能开具免税普通发票。购买企业对此不太满意,提出可以支付税款要求企业开具增值税专用发票。

要求: 为该企业作出纳税筹划方案。

解析: 增值税小规模纳税人适用3%征收率应税销售收入免征增值税的,应按规定开具免税普通发票。纳税人选择放弃免税并开具增值税专用发票的,应开具征收率为3%的增值税专用发票。

纳税筹划方案:企业应根据购货对象的需要决定是否放弃免税。如果购买方需要增值税专用发票,企业应选择放弃免税并开具增值税专用发票,向对方收取对应的税款,并按3%的征收率开具增值税专用发票。

(二) 一般纳税人销售自己使用过的不得抵扣且未抵扣进项税额放弃减免税的纳税筹划

一般纳税人销售自己使用过的不得抵扣且未抵扣进项税额的固定资产,按照简易办法依照3%征收率减按2%征收增值税,不得开具增值税专用发票。

对于购买上述类型固定资产的一般纳税人,如果需要增值税专用发票抵扣进项税额,销售方应放弃减免税优惠,按照简易办法依照3%的征收率缴纳增值税,并可以开具增值税专用发票。

从购销双方整体税负来看,放弃减免税后,销售方缴纳的增值税,购买方作为进项税额可以全额抵扣,整体税负为0;而享受减免税销售方需要按2%缴纳增值税,而购买方无法抵扣进项税额,整体税负为2%。

第七节 增值税出口退税的纳税筹划

对出口货物、劳务和跨境应税行为已承担或应承担的增值税和消费税等间接税实行退还或者免征,是国际通行的惯例。

一、增值税出口退税的相关政策

我国根据本国的实际,采取出口退税与免税相结合的政策。目前,我国的出口货物、劳务和跨境应税行为的增值税税收政策分为出口免税并退税、出口免税不退税、出口不免税也不退税三种形式。纳税筹划主要针对免税并退税政策进行。

(一) 出口免税并退税的适用范围

1. 出口免税并退税的一般货物

生产企业自营出口或委托外贸企业代理出口的自产货物;有出口经营权的外贸企业收购后直接出口或者委托其他外贸企业代理出口的货物。货物应满足下列条件:

(1) 必须是属于增值税、消费税征税范围的货物。

(2) 必须是报关离境的货物。

(3) 必须是财务上作销售处理的货物。

(4) 必须是出口收汇并已核销的货物。

2. 出口免税并退税的特定货物

(1) 对外承包工程公司运出境外用于对外承包项目的货物。
(2) 对外承接修理修配业务的企业用于对外修理修配的货物。
(3) 外轮供应公司、远洋运输供应公司销售给外轮、远洋国轮而收取外汇的货物。
(4) 企业在国内采购并运往境外作为在国外投资的货物。

3. 出口免税并退税的劳务

对外提供加工修理修配劳务,是指对进境复出口货物或从事国际运输的运输工具进行的加工修理修配。

4. 出口免税并退税的服务、无形资产

一般纳税人提供适用零税率的服务和无形资产适用免税并退税。

(二) 增值税出口退税率

1. 退税率的一般规定

出口货物退税率是指出口货物的退税比率。除财政部和国家税务总局根据国务院决定而明确的增值税出口退税率外,出口货物的退税率为其适用税率。

2. 出口应税服务的退税率

应税服务的退税率为应税服务适用的增值税税率。

3. 退税率的特殊规定

(1) 外贸企业购进按照简易办法征收的出口货物、从小规模纳税人购进的出口货物,其退税率分别为简易办法实际执行的征收率、小规模纳税人征收率。
(2) 出口企业委托加工修理修配货物,其加工修理修配费用的退税率,为出口货物的退税率。
(3) 适用不同退税率的货物劳务,应分开报关、核算并申报退(免)税,未分开报关、核算或划分不清的,从低适用退税率。

(三) 增值税退(免)税办法

1. 免抵退税办法

(1) 生产企业出口自产货物和视同自产货物及对外提供加工修理修配劳务,以及列名的生产企业出口非自产货物,免征增值税,相应的进项税额抵减应纳增值税额(不包括适用增值税即征即退、先征后退政策的应纳增值税额),未抵减完的部分予以退还。
(2) 境内的单位和个人提供适用增值税零税率的服务、无形资产,如果属于适用增值税一般计税方法的,生产企业实行"免、抵、退"税办法,外贸企业直接将服务、自行研发的无形资产出口,视同生产企业连同其出口货物统一实行"免、抵、退"税办法。

2. 免退税办法

(1) 不具有生产能力的出口企业(以下称外贸企业)或其他单位出口货物劳务,免征增值税,相应的进项税额予以退还。
(2) 适用增值税一般计税方法的外贸企业外购服务、无形资产出口实行免退税办法。
出口货物退(免)税是国际贸易中通常采用并为各国普遍接受的一种税收措施,其目的在于鼓励各国出口货物的公平竞争。纳税人应充分运用出口退税的各种优惠政策,做好出口退税的纳税筹划工作。

由于应税服务的退税率与应税服务适用的增值税税率一致,提供的跨境应税服务一般都是直接进行的,几乎没有纳税筹划空间。增值税出口退税的纳税筹划主要针对货物展开。

二、货物出口方式选择的纳税筹划

(一) 我国货物的出口方式及出口退税计算方法

1. 我国货物的出口方式

目前,我国企业出口货物主要有自营出口、委托代理出口和买断出口三种方式。自营出口是由出口企业自己办理出口业务,出口货物定价与出口业务有关的一切国内外费用,以及佣金支出、索赔、理赔等均由出口企业决定和负担,出口企业直接办理出口退税,并享有出口退税收入;代理出口是指货物出口企业委托代理企业办理货物出口业务;买断出口是指生产企业将货物卖给外贸企业,再由外贸企业办理货物出口和出口退税。

2. 出口退税的计算

(1) "免、抵、退"税的计算方法

生产企业自营或委托外贸企业代理出口的自产货物,除另有规定外,增值税一律实行免、抵、退税管理办法。"免、抵、退"税的含义:"免"是指免征本企业出口环节的增值税;"抵"是指企业出口货物、劳务及服务所耗用的原材料、零部件、燃料、动力等所含应予退还的进项税额,抵顶内销货物劳务及服务的应纳税额;"退"是指生产企业出口货物、劳务及服务在当月内应抵顶的进项税额大于应纳税额时,对未抵顶完的部分予以退税。其计算公式如下。

① 当期应纳税额的计算

当期应纳税额=当期销项税额-(当期进项税额-当期不得免征和抵扣的税额)
   -上期留抵税额

当期不得免征和抵扣的税额=出口货物离岸价×外汇人民币折合率
   ×(出口货物征税率-出口货物退税率)
   -当期不得免征和抵扣税额抵减额

当期不得免征和抵扣税额抵减额=免税购进原材料价格×(出口货物征税率
   -出口货物退税率)

② 当期免抵退税额的计算

当期免抵退税额=出口货物离岸价×外汇人民币折合率×出口货物退税率
   -当期免抵退税额抵减额

当期免抵退税额抵减额=当期免税购进原材料价格×出口货物退税率

③ 当期应退税额和免抵税额的计算

当期期末留抵税额≤当期免抵退税额,则

当期应退税额=当期期末留抵税额

当期免抵税额=当期免抵退税额-当期应退税额

当期期末留抵税额>当期免抵退税额,则

当期应退税额=当期免抵退税额

当期免抵税额=0

当期期末留抵税额为当期增值税纳税申报表中"期末留抵税额"。

④ 当期免税购进原材料价格包括当期国内购进的无进项税额且不计提进项税额的免税原材料的价格和当期进料加工保税进口料件的价格,其中当期进料加工保税进口料件的价格为组成计税价格。

当期进料加工保税进口料件的组成计税价格＝当期进口料件到岸价格＋海关实征关税＋海关实征消费税

(2) "先征后退"的计算方法

外贸企业及实行外贸企业财务制度的工贸企业收购货物出口,实行"先征后退"的计算方法,其出口销售环节免税。先征,是指外贸企业收购货物在支付货款的同时也支付了生产经营该商品的生产企业已纳的增值税税款;后退,是指货物出口后按收购成本和退税率计算退税额退还给外贸企业,征退税之差计入企业成本。

外贸企业收购一般纳税人货物出口,应依据购进出口货物增值税专用发票上所列明的买价和退税率计算退税。其计算公式为

应退税额＝购进出口货物时取得的增值税专用发票上所列明的买价×退税率

(3) 两种退税计算方法的比较

由于外贸企业出口货物采取先征后退计算方法,生产企业自营(或委托)出口采用免、抵、退税计算方法。因此,生产企业自营(或委托)出口与将货物销售给外贸企业,再由外贸企业办理出口即买断出口,两种出口方式采用的退税计算方法不同,对企业的税负也会产生不同影响。当征收率等于退税率时,自营(或委托)出口与通过关联外贸企业出口,企业的增值税税负相同。当征收率大于退税率时,自营(或委托)出口与通过关联外贸企业出口,企业的增值税税负存在差异。

(二) 出口产品所耗材料全部来自国内的纳税筹划

生产企业生产的产品,如果其当期投入料件全部来自国内,其生产的产品既可以采用自营出口或委托代理出口,也可以先销售给外贸企业,再由外贸企业买断出口。生产企业自营(或委托)出口采用免、抵、退税计算方法。外贸企业买断出口由其计算退税款,但需要考虑生产企业和外贸企业的整体税负。

【例 3-29】

甲生产企业采购国内原材料生产的产品全部用于出口,本月自营出口产品价款为 1 130 万元,本月可以抵扣的进项税额为 90 万元,增值税税率为 13%,产品出口退税率为 9%,无上期留抵税额。假设不考虑城市维护建设税和教育费附加对增值税业务的影响。

要求:为甲企业出口退税业务作出纳税筹划方案。

解析:纳税筹划前,甲企业采用自营出口方式,采用免、抵、退税政策,应退增值税计算如下。

当期免抵退税不得免征和抵扣税额＝1 130×(13%－9%)＝45.2(万元)

当期应纳税额＝0－(90－45.2)＝－44.8(万元),即当期期末留抵税额 44.8 万元

免抵退税额＝1 130×9%＝101.7(万元)

当期期末留抵税额≤当期免抵退税额,则

当期应退税额＝当期期末留抵税额＝44.8万元

当期免抵税额＝101.7－44.8＝56.9(万元)

通过以上计算可以看出,甲企业出口业务可以取得出口退税金额44.8万元,相当于税负为－44.8万元,但远低于可以享受的免抵退税额101.7万元。

纳税筹划方案:甲企业采用买断出口方式,通过投资设立关联外贸企业的方法,先将产品以不含税价为1 000万元销售给关联外贸企业,开具的增值税专用发票注明价款1 000万元,增值税130万元,外贸企业再以1 130万元的价格出口。

纳税筹划后,相关增值税计算如下:

外贸企业应退增值税税额＝1 000×9％＝90(万元)

甲企业应纳增值税税额＝1 000×13％－90＝40(万元)

甲企业和外贸公司的整体税负＝－90＋40＝－50(万元)

通过纳税筹划,甲企业取得纳税筹划收益5.2万元(50－44.8)。

结论:生产企业自产的出口产品,其所耗材料全部来自国内,生产企业采用买断出口的方式,通过将自产产品销售给关联外贸企业,再由外贸企业出口产品,有利于减轻双方整体的增值税税负。

【例 3-30】

接例3-29,若其他条件不变,甲企业先将产品以不含税价为800万元销售给关联外贸企业,开具的增值税专用发票注明价款800万元,增值税104万元,外贸企业再以1 130万元的价格出口。

要求: 为甲企业出口退税业务作出纳税筹划方案。

解析: 在产品出口价格一定的情况下,降低销售给关联外贸企业产品的价格,有关增值税的计算如下:

外贸企业应退增值税税额＝800×9％＝72(万元)

甲企业应纳增值税税额＝800×13％－90＝14(万元)

甲企业和外贸公司的整体税负＝－72＋14＝－58(万元)

通过以上计算可以看出,降低销售给外贸企业产品价格,与原纳税筹划方案比较,甲企业多获得税收利益8万元(58－50)。

结论:生产企业采用买断出口方式进行纳税筹划时,在将产品销售给关联外贸企业时,在合理价格范围内,通过压低销售价格可以获得更多的纳税筹划利益。

三、国外料件加工复出口的纳税筹划

(一)国外料件加工复出口的贸易方式

企业发生国外料件加工复出口业务,可采用以下三种贸易方式,出口退税分别按免、抵、退税办法和免税办法处理。

1. 自营进口

将国外料件正常报关进口,缴纳进口环节的关税、增值税和消费税,加工复出口后再申请退还增值税或消费税。

2. 进料加工

进料加工是指进口料件由经营企业付汇进口，制成品由进口企业外销出口的加工贸易。

进料加工业务进口料件一般是免征增值税的，出口时免税进口料件这部分对应的进项税额是不存在退还的，所以我们在计算免抵退税时，要计算一个免抵退税额不得免征和抵扣税额的抵减额。我国对进料加工实行退税而非免税政策。

3. 来料加工

来料加工是指进口料件由外商提供，即不需付汇进口，也不需用加工费偿还，制成品由外商销售，经营企业收取加工费的加工贸易。

在来料加工方式下，来料加工出口货物免征增值税；加工企业取得的工缴费收入免征增值税；出口货物所耗用的国内货物所支付的进项税额不得抵扣，转入生产成本，其国内配套的原材料的已征税款也不予退税。即来料进口及成品生产环节均予以免税，不实行退税。

(二) 国外料件加工复出口货物的纳税筹划

国外料件采用自营进口方式，与从国内购进没有差别，其在海关缴纳的增值税可以作为进项税额抵扣，出口退税的做法与出口产品所耗材料全部来自国内一致。国外来料加工复出口货物的纳税筹划主要针对进料加工和来料加工展开。

1. 出口货物的征税率与其退税率相等时的纳税筹划

【例 3-31】

甲生产企业为出口外向型企业，生产的产品全部为出口产品。其生产的产品需要耗用国外的某些料件，可以采用进料加工和来料加工两种方式完成出口业务。本月出口货物的销售额折合人民币1 000万元；出口货物耗用的保税进口料件金额为300万元，本月可以抵扣的进项税额为90万元，增值税税率13%，产品出口退税率也为13%，无上期留抵税额。

要求：通过分析进料加工和来料加工对增值税的影响，为甲企业出口退税业务选择加工方式。

解析：

一是采用进料加工方式。

当期应纳税额 = 0 − 90 = −90（万元），即当期期末留抵税额90万元

当期免抵退税额抵减额 = 300 × 13% = 39（万元）

当期免抵退税额 = 1 000 × 13% − 39 = 91（万元）

当期期末留抵税额 ≤ 当期免抵退税额，则

当期应退税额 = 当期期末留抵税额 = 90万元

当期免抵税额 = 91 − 90 = 1（万元）

采用进料加工方式，可以取得90万元的出口退税款。

二是采用来料加工方式。

来料加工出口货物免征增值税；加工企业取得的工缴费收入免征增值税；出口货物所耗用的国内货物所支付的进项税额不得抵扣，转入生产成本，其国内配套的原材料的已征税款也不予退税。

加工方式的确定：采用进料加工方式比来料加工可以多获得90万元的退税款，甲企业应选择进料加工方式。

结论:当企业出口货物的征税率与其退税率相等时,无论国外料件加工复出口货物耗用国产料件多少、利润率高低,都应该选择进料加工方式。因为在进料加工方式下,货物出口可以办理全部进项税额的出口退税;而在来料加工方式下,虽然免征增值税,但进项税额不予办理出口退税,从而增加了出口货物的销售成本。

2. 出口货物的征收率大于其退税率时的纳税筹划

当企业出口货物的征收率大于其退税率时,可分为以下两种情况。

(1) 进料加工方式的选择

【例 3-32】

接例 3-31,若其他条件不变,假设产品的出口退税率为 9%。

要求:通过分析进料加工和来料加工对增值税的影响,为甲企业出口退税业务选择加工方式。

解析:

一是采用进料加工方式。

免抵退不得免征和抵扣税额抵减额 = 300×(13% − 9%) = 12(万元)

当期免抵退不得免征和抵扣的税额 = 1 000×(13% − 9%) − 12 = 28(万元)

当期应纳税额 = 0 − (90 − 28) = −62(万元),即当期期末留抵税额 62 万元

当期免抵退税额抵减额 = 300×9% = 27(万元)

当期免抵退税额 = 1 000×9% − 27 = 63(万元)

当期期末留抵税额 ≤ 当期免抵退税额,则

当期应退税额 = 当期期末留抵税额 = 62 万元

当期免抵税额 = 63 − 62 = 1(万元)

采用进料加工方式,可以取得 62 万元的出口退税款。

二是采用来料加工方式。

来料加工实行免税政策,企业国内购进货物支付的增值税不予退还,也不需要缴纳增值税。

加工方式的确定:采用进料加工方式比来料加工可以多获得 62 万元的退税款,甲企业应选择进料加工方式。

结论:当国外料件加工复出口货物耗用的国产料件较多、利润率较低时,应选择进料加工方式。进料加工方式下可办理出口退税,虽然因退税率低于征税率而增加了出口货物的成本,但与来料加工方式相比,随着耗用国产料件数量的增多,其成本会逐渐抵消,甚至小于后者的业务成本,出口企业应选择进料加工方式。

(2) 来料加工方式的选择

【例 3-33】

接例 3-31,若其他条件不变,假设出口货物耗用的保税进口料件金额为 600 万元,本月可以抵扣的进项税额为 10 万元,产品的出口退税率为 9%。

要求:通过分析进料加工和来料加工对增值税的影响,为甲企业出口退税业务选择加工方式。

解析:

一是采用进料加工方式。

免抵退不得免征和抵扣税额抵减额＝600×(13％－9％)＝24(万元)
当期免抵退不得免征和抵扣的税额＝1 000×(13％－9％)－24＝16(万元)
当期应纳税额＝0－(10－16)＝6(万元)，即当期期末留抵税额0万元，应纳税额6万元。
当期免抵退税额抵减额＝600×9％＝54(万元)
当期免抵退税额＝1 000×9％－54＝36(万元)
当期期末留抵税额≤当期免抵退税额，则
当期应退税额＝当期期末留抵税额＝0万元
采用进料加工方式，无法取得出口退税款，还需要缴纳6万元的增值税。

二是采用来料加工方式。

来料加工实行免税政策，企业国内购进货物支付的增值税不予退还，也不需要缴纳增值税。

加工方式的确定：选择来料加工方式比进料加工可以少缴纳6万元的增值税税款，甲企业应选择来料加工方式。

结论：当国外料件加工复出口货物耗用的国产料件较少、利润率较高时，应选择来料加工方式。在来料加工方式下，免征增值税，而在进料加工方式下，虽可办理增值税退税，但由于退税率低于征税率，其增值税差额要计入出口货物销售成本，这就使进料加工方式业务成本较大，无留抵进项税额，还需要缴纳增值税。

3. 国外料件加工复出口贸易纳税筹划应考虑的其他因素

不同贸易方式或不同计退税方式对纳税人的成本、收益及现金流量的影响是不同的。出口企业是采用来料加工还是进料加工方式，还要考虑不同的贸易方式下货物所有权和货物定价权问题。在来料加工方式下，料件和成品的所有权归外商所有，承接来料加工的企业只收取加工费，出口企业也没有成品的定价权；而在进料加工方式下，料件和加工成品的所有权及定价权都属于承接进料加工业务的出口企业。因此，纳税人也可以通过提高国外料件加工复出口货物的售价来增大出口盈利，从而最大限度地提高出口退税的数额。

风险提示：若从资金运作的角度看，进料加工方式占用的资金多，来料加工方式占用的资金少或不占用资金（外商预付定金的情况下）；而在进料加工方式下办理出口退税时，因出口货物退税率低于征税率而产生的增值税差额计入出口货物的销售成本，势必增大销售成本，减少利润总额，可以少缴一部分企业所得税。

思 考 题

1. 利用税负无差别点进行纳税筹划分析时，采用的销售额为什么必须是含税销售额？
2. 如何根据纳税人的不同情况确定选择作为一般纳税人还是小规模纳税人？
3. 如何对混合销售行为进行纳税筹划？
4. 纳税人在销售过程中可以采用哪些折扣方式？纳税人在采用各种折扣方式促销商品时，应注意哪些问题？
5. 如何通过对供应商的选择在采购环节取得最大的纳税筹划利益？
6. 如何利用增值税税收优惠政策进行纳税筹划？
7. 农产品加工企业进行增值税纳税筹划的法律依据有哪些？农产品加工企业应如何进行纳税筹划？

8. 如何对国外料件加工复出口进行纳税筹划？

练 习 题

一、单项选择题

1. 利用税负无差别点进行增值税纳税人身份选择,采用的销售额是(　　)。
   A. 只能是不含税销售额　　　　　　B. 只能是含税销售额
   C. 可以是不含税销售额　　　　　　D. 既可以是不含税销售额也可以是含税销售额

2. 根据增值税法律制度的规定,下列各项中,应当征收增值税的是(　　)。
   A. 建筑公司员工接受本公司的工作任务设计建筑图纸
   B. 客运公司为本公司员工提供班车服务
   C. 运输公司为灾区提供免费运输救灾物资的服务
   D. 甲公司将房屋与乙公司土地交换

3. 增值税中的远洋运输的光租业务,适用税率是(　　)。
   A. 13%　　　　B. 9%　　　　C. 6%　　　　D. 5%

4. 下列情形的自产应税消费品,均以纳税人同类应税消费品的平均销售价格作为计税依据计算消费税和增值税的是(　　)。
   A. 用于对外捐赠的应税消费品　　　　B. 用于抵偿债务的应税消费品
   C. 用于投资入股的应税消费品　　　　D. 用于换取生产资料、消费资料的应税消费品

5. 根据增值税法律制度规定,选择差额计税的旅游公司发生的下列支出中,在确定增值税销售额时可以扣除的是(　　)。
   A. 支付的广告制作费　　　　　　B. 替旅游者支付的酒店住宿费
   C. 支付的导游工资　　　　　　　D. 支付的办公室租金

6. 增值税下列项目中,不得享受出口货物免税并退税的是(　　)。
   A. 外贸企业外购研发服务和设计服务出口
   B. 生产企业出口自产货物或视同自产货物
   C. 无出口经营权的商贸企业委托外贸企业代理出口的货物
   D. 外贸企业自己开发的研发服务和设计服务出口

7. 根据增值税法律制度规定,下列各项中,应按照"现代服务"税目计算缴纳增值税的是(　　)。
   A. 经营租赁服务　　　　　　　　B. 融资性售后回租
   C. 保险服务　　　　　　　　　　D. 旅游娱乐服务

8. 某生产企业下列项目中,不可以抵扣进项税额的是(　　)。
   A. 用于简易计税项目购进货物　　B. 购进生产设备修理用零备件
   C. 外购包装物　　　　　　　　　D. 外购生产用水、电

9. 根据增值税法律制度规定,一般纳税人的下列行为中,可以选择适用简易计税方法的是(　　)。
   A. 电影放映服务　　　　　　　　B. 会议展览服务
   C. 港口码头服务　　　　　　　　D. 旅游娱乐服务

10. 增值税一般纳税人销售下列货物或应税劳务适用免税规定的是(　　)。
    A. 自己使用过的汽车　　　　　B. 避孕药品
    C. 农产品　　　　　　　　　　D. 图书

11. 甲公司采购了5台空调,均取得了增值税专用发票,分别用于下列用途,其中不准抵扣进项税额的是(　　)。
    A. 职工宿舍　　　　　　　　　B. 办公大楼
    C. 仓库　　　　　　　　　　　D. 生产车间

12. 下列收入属于应计入销售额缴纳增值税的有(　　)。
    A. 纳税人销售货物的同时代办保险而向购买方收取的保险费
    B. 承运部门的运输费用发票开具给购买方的代垫运费
    C. 纳税人代有关行政管理部门收取的符合规定条件的政府性基金
    D. 纳税人销售软件产品并随同销售一并收取的软件安装费、维护费、培训费等收入

13. 进口货物的增值税应由(　　)征收。
    A. 进口地税务机关　　　　　　B. 报关地海关
    C. 交货地税务机关　　　　　　D. 进口方机构所在地税务机关

14. 增值税纳税人(　　)采用预收款方式的,其纳税义务发生时间为收到预收款的当天。
    A. 提供租赁服务　　　　　　　B. 提供生活服务
    C. 提供建筑服务　　　　　　　D. 销售货物

二、多项选择题

1. 根据增值税法律制度规定,下列各项中,应按照"交通运输服务"税目计算缴纳增值税的有(　　)。
    A. 车辆停放服务　　　　　　　B. 湿租业务
    C. 程租业务　　　　　　　　　D. 期租业务

2. 纳税人销售下列酒类产品同时收取的包装物押金,无论是否返还均应并入当期销售额计算缴纳增值税的有(　　)。
    A. 啤酒　　　B. 白酒　　　C. 黄酒　　　D. 红酒

3. 根据增值税法律制度规定,一般纳税人销售的下列货物中,可以选择按照简易计税方法计算增值税的有(　　)。
    A. 自来水公司销售自产的自来水
    B. 县级以下小型水力发电站生产销售的电力
    C. 大型商超销售的食用植物油
    D. 煤气公司销售的煤气

4. 某单位外购如下货物,按增值税有关规定不能作为进项税额抵扣的有(　　)。
    A. 外购的固定资产　　　　　　B. 外购货物用于免税项目
    C. 外购货物用于集体福利　　　D. 外购货物用于无偿赠送他人

5. 甲企业购进国内旅客运输服务,取得了下列凭证,其中属于可以抵扣进项税额的合法扣税凭证的有(　　)。

A. 注明旅客身份信息的增值税电子普通发票
B. 未注明旅客身份信息的航空运输电子客票行程单
C. 注明旅客身份信息的铁路车票
D. 注明旅客身份信息的水路客票

6. 下列行为中,属于视同销售货物应征增值税的有(   )。
A. 委托他人代销货物   B. 销售代销货物
C. 将自产的货物用于集体福利   D. 将外购的货物用于个人消费

7. 下列各项行为中,属于生活服务业并缴纳增值税的有(   )。
A. 辅导机构开办暑假英语培训班   B. 房地产公司销售房产
C. 餐饮业出租餐饮设备   D. 经营保龄球馆

8. 增值税中,下列选项中正确的有(   )。
A. 自然人销售自己使用过的物品所取得的收入,免征增值税
B. 外国企业无偿援助的进口物资和设备,免征增值税
C. 个人转让著作权,免征增值税
D. 纳税人兼营免税、减税项目的,应分别核算免税、减税项目的销售额;未分别核算销售额的,不得免税、减税

9. 对增值税小规模纳税人,下列表述正确的有(   )。
A. 实行简易办法征收
B. 不得自行开具或申请代开增值税专用发票
C. 不得抵扣进项税额
D. 一经认定为小规模纳税人,不得再转为一般纳税人

三、判断题

1. 对增值税一般纳税人提供管道运输服务,对其增值税实际税负超过3%的部分实行增值税即征即退政策。(   )

2. 境外的单位和个人在境内销售劳务,在境内未设有经营机构也没有代理人的,以购买方为增值税扣缴义务人。(   )

3. 增值税中,出口货物适用零税率,是指在货物出口环节不征收增值税,但在国内已经缴纳的增值税不进行退还,其实际效果相当于免税。(   )

4. 纳税人采取以旧换新方式销售金项链,应当按照其实际收取的不含增值税的全部价款征收增值税。(   )

5. 纳税人将购买的货物无偿赠送他人,因该货物购买时已缴增值税,因此,赠送他人时可不再计入销售额征税。(   )

6. 出租车公司向使用本公司自有出租车的出租车司机收取的管理费,按照经营租赁服务缴纳增值税。(   )

7. 个人销售自建自用住房,应缴纳增值税。(   )

8. 纳税人发生混业经营行为,应分别核算销售货物、提供加工修理修配劳务或者应税服务的销售额,避免出现从高适用税率的情况,增加企业的税收负担。(   )

9. 根据增值税法律制度的规定,采取托收承付和委托银行收款方式销售货物的,纳税义务发生时间为收到银行款项的当天。(   )

四、案例分析题

1. 甲公司为增值税一般纳税人,适用增值税税率为13%,适用的城市维护建设税税率为7%,教育费附加率为3%。现在需要采购一批原材料,在同样质量和服务的前提下,有以下三种方案可供选择。

方案一:从一般纳税人A公司处购买,每吨含税价格2 260元,A公司适用增值税税率为13%,可以取得增值税专用发票;

方案二:从小规模纳税人B公司处购买,可以取得增值税征收率为3%的专用发票,每吨含税价格2 060元;

方案三:从个体工商户C处购买,每吨含税价格1 950元,只能取得普通发票。

甲公司以此原材料生产的产品每吨含税销售价格为3 390元,发生的相关费用对纳税筹划不产生影响,本题不予考虑。

要求:通过纳税筹划分析,比较三个方案的税前利润,为甲公司选择最佳采购方案。

2. 甲商场为增值税一般纳税人,增值税税率为13%,城市维护建设税税率为7%,教育费附加率为3%,商品的销售毛利率为30%。该商场为了扩大销售,设计了三种促销方式:一是购物满500元商品打八折(直接按折扣后的净额开具发票);二是购买价值500元的商品赠送价值100元的商品;三是购物满500元即可取得抽奖机会,平均中奖金额为100元现金。(以上价格均为含税价)

要求:通过纳税筹划分析,比较三个方案的现金净流量,为该商场选择最佳销售方式。

3. 某食品厂为增值税一般纳税人,生产菊花饮品,适用增值税税率13%。有以下两个方案。

方案一:收购农户生产的菊花120万元,该企业首先将收购的菊花加工成菊花饼,发生的人工及制造费用25万元;然后对菊花饼进行加工,生产菊花饮品。本年度销售菊花饮品收入180万元(不含税)。

方案二:企业不进行菊花饼的生产,直接收购农户生产的菊花饼,收购价格145万元,该企业将收购的菊花饼进行加工,生产菊花饮品。本年度销售菊花饮品收入180万元(不含税)。

要求:

(1) 计算两个方案的增值税税负率。

(2) 如果仅考虑增值税,企业应采取哪个方案?

4. 某自来水公司为增值税一般纳税人,一直选择采用简易计税方法计算缴纳增值税。公司目前计划从一般纳税人处购置一台大型净水设备,不含税价为1 000万元。公司业务比较稳定,每年取得水费收入2 180万元(含税价),每年预计可抵扣的进项税额为50万元。已知该企业在此次更换设备后的未来3年,需要重新更换该净水设备,假设其他条件不变。

要求:

(1) 确定该自来水公司购置设备当年应采用的增值税计税方法。

(2) 确定该自来水公司购置设备后的未来3年应采用的增值税计税方法。

5. 某家电经销公司为增值税一般纳税人,主要从事各种家电产品的批发和零售,为提升售后服务水平,对所售产品均提供安装服务。公司每年的销售额为9 040(含税价)万元,其中包括安装服务费收入492.68(含税价)万元。经测算购买家电每年取得的进项税额为

780万元,提供安装服务取得的进项税额为7万元。因家电市场竞争非常激烈,家电产品销售价格也比较透明,为更好地降低税负,该公司提出以下两种销售方案。方案一:维持现有经销方式不变;方案二:将安装业务独立出来,设立独立法人的安装公司。

要求:

(1) 计算方案一应纳增值税。

(2) 将安装业务独立出来,为安装公司选择纳税人身份(一般纳税人还是小规模纳税人)。

(3) 确定最佳销售方案,并分析与放弃的销售方案相比,节约的应纳增值税税额。

(4) 如果安装服务收入超过小规模纳税人标准,安装公司作为一般纳税人,安装服务是否可以选择简易计税方法计税。

第四章

消费税的纳税筹划

本章学习要点

1. 消费税计税依据和税率的纳税筹划。
2. 应税消费品定价的纳税筹划。
3. 自产自用应税消费品的纳税筹划。
4. 应税消费品生产方式选择的纳税筹划。

案例引入

成套销售要谨慎，包装地点环节需筹划

美琳日用化妆品厂将生产的修饰类化妆品、护肤护发品及小工艺品组成成套消费品对外销售，因其品种丰富，定价合理，深受市场欢迎。每年该成套消费品生产和销售的数量为80万套，每套消费品由下列产品组成：胭脂一盒80元（5克），口红一支80元（4克），沐浴露一瓶120元（100毫升），洗发水一瓶120元（100毫升），身体乳一瓶80元（50毫升），香皂一块10元（70克），化妆工具及小工艺品50元，包装盒20元。（以上价格均不含税）为达到最好的广告效应，该化妆品厂将以上消费品成套包装后再对外销售。

通过本章的学习，你认为以上销售方式是否合理？如何进行纳税筹划？

消费税是在对货物普遍征收增值税的基础上，选择少数消费品在特定环节征收的一种流转税。消费税为价内税，征税对象具有选择性、征收环节单一、征收方法灵活和税负具有转嫁性等特点，为其纳税筹划提供了条件。

在消费税的纳税筹划分析中，通过比较纳税筹划前后应纳消费税的变化情况，确定纳税筹划方案。由于城市维护建设税与教育费附加是根据消费税计提的，降低消费税税负即降低了二者的税负，因此，为了简化和突出重点，在消费税纳税筹划分析中一般不考虑城市维护建设税与教育费附加的影响。

第一节 消费税计税依据的纳税筹划

消费税实行从价定率、从量定额及从价从量复合计征三种征收方法，其计税依据为销售额与销售数量。消费税实行价内税，除个别情况外，只在应税消费品的生产、委托加工和进口环节缴纳，在以后的批发、零售等环节，因为价款中已包含消费税，因此不用再缴纳消费税，税款最终由消费者承担。针对消费税计税依据的多样性及征税环节的单一性，提出如下纳税筹划方法。

一、设立独立法人的销售公司降低应税销售额

消费税最终由消费者负担，但为了防止税款流失、加强税源控制，消费税的纳税环节主要确定在生产销售环节。由于消费税的纳税环节单一，纳税人生产的应税消费品，一般都由生产者于销售环节纳税，在以后的批发、零售等环节，不再缴纳消费税，这为企业提供了纳税

筹划的空间。

（一）纳税筹划方法

对于实行从价定率、复合计征消费税的生产企业，销售额的纳税筹划方法主要是通过降低应税销售额来实现的。生产销售应税消费品的企业，可以采用分设独立法人的销售公司，以较低但合理的销售价格向销售公司供货，可以降低应纳消费税税额；销售公司再以市场价格对外销售，由于消费税只在生产企业销售环节征收，销售公司销售应税消费品不需要缴纳消费税，因此，会减轻企业的税收负担。

【例 4-1】

某摩托车生产企业，主要生产气缸容量在 250 毫升以上的摩托车，摩托车的消费税税率为 10%，产品主要在本地销售，也有部分产品销往全国各地。对于本地消费者直接到企业购买摩托车，每辆售价 9 000 元（不含税），全年可以销售 2 万辆；销往全国各地经销商的摩托车，每辆售价 8 500 元（不含税），其中每辆摩托车含 100 元包装费和运费等费用，全年可以销售 1 万辆。

要求：为该企业摩托车销售业务作出纳税筹划方案。

解析：纳税筹划前，由企业直接销售摩托车，销售价格较高。

应纳消费税额 = (9 000 × 2 + 8 500 × 1) × 10% = 2 650（万元）

纳税筹划方案：企业在本市设立独立法人的销售公司，按照成本加合理利润的方法，将每辆摩托车的价格定为 8 400 元（不含税），企业先按每辆售价 8 400 元（不含税）的价格销售给销售公司，再由销售公司销售给个人或全国各地的经销商。

纳税筹划后，将摩托车先销售给独立法人的销售公司，可以合理降低销售价格。

应纳消费税额 = 8 400 × (2 + 1) × 10% = 2 520（万元）

纳税筹划后少纳消费税 = 2 650 - 2 520 = 130（万元）

结论：企业通过设立独立法人的销售公司，降低应税销售额的做法同样适用于烟、酒、高档化妆品、小汽车等生产企业。

（二）通过降低应税销售额进行纳税筹划应注意的问题

生产企业向销售公司出售应税消费品时，只能适度压低价格，可以采用成本加合理利润的方法确定销售价格；如果生产企业定价过低，就属于税法所称的"销售价格明显偏低又无正当理由"的情况，主管税务机关有权核定其销售价格。为保全税基，国家对卷烟和白酒计税价格作出了相关规定。

1. 卷烟计税价格的核定

卷烟消费税最低计税价格核定范围为卷烟生产企业在生产环节销售的所有牌号、规格的卷烟。计税价格由国家税务总局按照卷烟批发环节销售价格扣除卷烟批发环节批发毛利核定并发布。

已经国家税务总局核定计税价格的卷烟，生产企业实际销售价格高于计税价格的，按实际销售价格确定适用税率，计算应纳税款并申报纳税；实际销售价格低于计税价格的，按计税价格确定适用税率，计算应纳税款并申报纳税。未经国家税务总局核定计税价格的新牌号、新规格卷烟，生产企业应按卷烟调拨价格申报纳税。

2. 白酒最低计税价格的核定

白酒生产企业销售给销售单位的白酒,生产企业消费税计税价格低于销售单位对外销售价格(不含增值税)70%以下的,税务机关应核定消费税最低计税价格。纳税人将委托加工收回的白酒销售给销售单位,消费税计税价格低于销售单位对外销售价格(不含增值税)70%以下的,也应核定消费税最低计税价格。白酒消费税最低计税价格核定标准如下。

(1) 白酒生产企业销售给销售单位的白酒,生产企业消费税计税价格高于销售单位对外销售价格70%(含70%)以上的,税务机关暂不核定消费税最低计税价格。

(2) 白酒生产企业销售给销售单位的白酒,生产企业消费税计税价格低于销售单位对外销售价格70%以下的,消费税最低计税价格由税务机关根据生产规模、白酒品牌、利润水平等情况在销售单位对外销售价格50%~70%范围内自行核定。其中生产规模较大,利润水平较高的企业生产的需要核定消费税最低计税价格的白酒,税务机关核价幅度原则上应选择在销售单位对外销售价格60%~70%范围内。

已核定最低计税价格的白酒,生产企业实际销售价格高于消费税最低计税价格的,按实际销售价格申报纳税;实际销售价格低于消费税最低计税价格的,按最低计税价格申报纳税。

已核定最低计税价格的白酒,销售单位对外销售价格持续上涨或下降时间达到3个月以上、累计上涨或下降幅度在20%(含)以上的白酒,税务机关重新核定最低计税价格。

二、改"包装物销售"为收取"包装物押金"

纳税人销售应税消费品连同包装物销售的,无论包装物是否单独计价,也不论在会计上如何核算,均应并入应税消费品的销售额中征收消费税。

如果包装物不作价随同产品销售,而是收取押金,此项押金则不应并入应税消费品的销售额中征税。但对因逾期未收回的包装物不再退还的或者已收取的时间超过12个月的押金,应并入应税消费品的销售额,按照应税消费品的适用税率缴纳消费税;对既作价随同应税消费品销售,又另外收取的包装物押金,凡纳税人在规定的期限内不予退还的,均应并入应税消费品的销售额,按照应税消费品的适用税率征收消费税。

酒类产品生产企业销售酒类产品(黄酒、啤酒除外)而收取的包装物押金,无论押金是否返还还是在会计上如何核算,均需并入酒类产品销售额中,依酒类产品适用税率征收消费税。上述规定为包装物的纳税筹划提供了政策依据。

【例 4-2】

某鞭炮、焰火生产企业为增值税一般纳税人,预计2022年度销售鞭炮、焰火价值2 000万元(不含税),因鞭炮为易燃易爆炸品,对包装要求较高,预计包装物费用为113万元(含税)。企业在保证销售时可以收到相同现金流的情况下,有两种定价方案可供选择:一是包装物随同产品销售,收取单独计价的包装物价款113万元(含税);二是收取包装物押金113万元并单独核算,因企业鞭炮销售范围较广,根据以往情况鞭炮包装物退还情况很少。(鞭炮的消费税税率为15%)

要求:通过纳税筹划分析,为该企业选择最佳包装物处理方案。

解析:

方案一 包装物作价销售,该企业应纳税情况如下。

增值税销项税额＝2 000×13％＋113÷(1＋13％)×13％＝273(万元)

应纳消费税金额＝2 000×15％＋113÷(1＋13％)×15％＝315(万元)

方案二 收取包装物押金,则此项押金不应并入应税消费品的销售额中征税,该企业应纳税情况如下。

增值税销项税额＝2 000×13％＝260(万元)

应纳消费税金额＝2 000×15％＝300(万元)

包装物处理方案的确定:方案二比方案一在当期节约的税款＝273＋315－260－300＝28(万元),应选择方案二。

如果包装物逾期没有退回,押金并入销售额计税,可以推迟纳税时间,获取货币时间价值收益。

三、将销售货物收取的运费作代垫运费处理

从价定率征收消费税的纳税人,其计税依据为销售额。税法规定,销售额是指纳税人销售应税消费品向购买方收取的全部价款和价外费用。其中,价外费用是指销售方向购买方收取的手续费、补贴、基金、集资费、返还利润、奖励费、违约金、滞纳金、延期付款利息、赔偿金、代收款项、代垫款项、包装费、包装物租金、储备费、优质费、运输装卸费及其他各种性质的价外收费。由于价外费用应并入销售额计征消费税,会增加企业的税收负担,因此,企业应避免在销售货物过程中发生各种价外费用。

如果企业在销售货物时收取的运费同时符合以下条件为代垫运输费用,不属于价外费用,不必并入销售额计征消费税。具体条件为:承运部门的运输费用发票开具给购买方的;纳税人将该项发票转交给购买方的。

【例 4-3】

某家地处农村的烟花爆竹企业为增值税一般纳税人,全年销售烟花爆竹价值 2 000 万元(不含税),因大部分产品销往外地,且烟花爆竹为危险品,对运输条件要求特别高,产品均由该企业联系运输单位负责运输,运输单位将增值税专用发票直接开具给该企业。企业在销售货物的同时向购买方收取运费,并将运费按运输单位收取的相同金额加入烟花爆竹的售价一起向购买方开具发票,全年收取运费452万元(含税),由于向购买方收取运费为价外费用,应并入销售额计征增值税、消费税,企业的税收负担较高。已知该企业全年取得的增值税进项税额为 100 万元(不含运费计算的进项税额),因企业地处农村,城市维护建设税税率为 1％,教育费附加率为 3％。

要求:为该企业运费处理作出纳税筹划方案。

解析: 纳税筹划前,向购买方收取运费为价外费用,应并入销售额计征增值税、消费税,该企业应纳税情况如下。

应纳增值税＝2 000×13％＋452÷(1＋13％)×13％－100－452÷(1＋9％)×9％
＝174.68(万元)

应纳消费税＝[2 000＋452÷(1＋13％)]×15％＝360(万元)

应纳城市维护建设税与教育费附加＝(174.68＋360)×(1％＋3％)＝21.39(万元)

应纳税款合计＝174.68＋360＋21.39＝556.07(万元)

纳税筹划方案:该企业将销售货物收取的运费作代垫运费处理。具体做法为:承运部门的运输费用发票开具给购买方并将运费发票转交给购买方,这样向购买方收取的运费为代垫运费,不必并入销售额计征增值税、消费税。

纳税筹划后,该企业应纳税情况如下。

应纳增值税＝2 000×13％－100＝160(万元)

应纳消费税＝2 000×15％＝300(万元)

应纳城市维护建设税与教育费附加＝(160＋300)×(1％＋3％)＝18.40(万元)

应纳税款合计＝160＋300＋18.40＝478.40(万元)

纳税筹划后少纳税款金额＝556.07－478.40＝77.67(万元)

结论:将销售货物收取的运费作代垫运费处理,可以降低应税销售额,节约各种税款的缴纳。

四、避免采用"实物折扣"销售方式

纳税人销售从量计征消费税的应税消费品时,其计税依据为销售数量。企业应避免采用实物折扣的形式,因为根据税法规定,采用实物折扣的,赠送的实物视同销售处理,计算征收消费税。

【例4-4】

某啤酒厂为了扩大市场占有率,销售啤酒准备采用"购买10吨送1吨"的促销策略。预计促销期间可以销售啤酒400吨,需赠送啤酒40吨。已知目前每吨啤酒的销售单价为3 190元/吨(不含税)。

要求:为该企业啤酒促销方式作出纳税筹划方案。

解析:纳税筹划前,采用"购买10吨送1吨"的促销策略,赠送的40吨啤酒也需要交纳消费税,由于销售单价为3 190元/吨(不含税)的啤酒为甲类啤酒,适用250元/吨的定额税率。

该啤酒厂应纳消费税＝250×(400＋40)＝110 000(元)

纳税筹划方案:该啤酒厂应改"实物折扣"销售方式为"给予购买方价格优惠"销售方式。即采取降低销售价格的方式,在整体销售金额不变的情况下,按11吨的数量计算销售金额,使啤酒的单价得以降低。

纳税筹划后,该企业应纳税情况如下。

啤酒的销售单价＝3 190×10÷11＝2 900(元/吨)

销售单价为2 900元/吨(不含税)的啤酒为乙类啤酒,适用220元/吨的定额税率。

应纳消费税＝220×(400＋40)＝96 800(元)

纳税筹划后少纳消费税＝110 000－96 800＝13 200(元)

风险提示:在运用上述方法进行纳税筹划时,应注意纳税筹划后的销售单价应满足税法规定的合理价格,否则税务机关有权核定销售单价,增加企业的应纳税额。

五、准确核定应税消费品数量,避免出现纳税筹划风险

纳税人销售从量计征消费税的消费品,其计税依据为销售数量;从价从量复合计征消费

税的纳税人,其计税依据也包括销售数量。应税消费品的计税销售数量为:生产销售应税消费品的,为应税消费品的销售数量;自产自用应税消费品的,为应税消费品的移送使用数量;委托加工应税消费品的,为纳税人收回的应税消费品数量;进口应税消费品的,为海关核定的应税消费品进口征税数量。

纳税人应严格按照税法规定的计税数量计税,特别要关注自产自用应税消费品移送使用数量的确定,防止因少计数量被税务机关处罚的情况发生。

六、金银首饰尽量采用"以旧换新"方式销售

"以旧换新"是以旧货物货款抵减所售产品价款的一种销售方式。对于一般货物(不含金银首饰),按照同时期一般货物的销售价格作为计算增值税、消费税的计税依据,不得减去回收旧货物的价款。而纳税人采用"以旧换新"(含翻新改制)方式在零售环节销售的金银首饰,按实际收取的不含增值税的全部价款确定计税依据征收增值税、消费税。即可以减去回收旧金银的价款,降低计税依据。

在条件允许的情况下,鼓励消费者在金银首饰消费方面尽量采用"以旧换新"方式,既可以降低消费者资金支付,又可以降低销售方税收负担。

第二节 消费税税率的纳税筹划

消费税采用两种税率形式:即比例税率和定额税率。消费税税率形式的选择,主要是根据征税对象的具体情况来确定的,对一些供求基本平衡,价格差异不大,计量单位规范的应税消费品,选择计税简易的定额税率;对一些供求矛盾突出,价格差异较大,计量单位不规范的应税消费品,选择税、价联动的比例税率。消费税对不同产品规定不同的税率,同一种产品根据产品的性能、价格、原材料构成等的不同,也规定了高低不同的税率,这就形成了消费税多形式、多档次的税率特点,这一特点为纳税人进行纳税筹划提供了操作空间。

一、通过分别核算进行纳税筹划

消费税采用列举法,按具体应税消费品设置税目税率。税法规定,纳税人兼营不同税率的应税消费品,应当分别核算不同税率应税消费品的销售额、销售数量;未分别核算销售额、销售数量,或者将不同税率的应税消费品组成成套消费品销售的,从高适用税率。

因此,生产不同税率应税消费品的企业,应将不同税率的应税消费品分别核算,避免出现从高适用税率的情况,增加企业的税收负担。

二、成套销售应税消费品的纳税筹划

税法规定,纳税人将应税消费品与非应税消费品,以及适用不同税率的应税消费品组成成套消费品销售的,应根据成套产品取得的全部销售额,按应税消费品中适用最高税率的消费品税率计算缴纳消费税。

(一) 慎重选择成套销售应税消费品

由于成套销售应税消费品会加重纳税人的纳税负担,纳税人应慎重选择成套销售应税消费品,尽量避免将不同税率的应税消费品或与非应税消费品组成成套消费品销售,以免加重纳税负担。

(二) 通过改变包装地点或包装环节进行纳税筹划

对于确实需要成套销售的应税消费品,可以将成套销售的应税消费品改"先包装后销售"为"先销售后包装",可以降低消费税税负。

> **引入案例解析**
>
> 纳税筹划前,为达到最好的广告效应,美琳日用化妆品厂将消费品成套包装后再对外销售。由于胭脂一盒80元(5克),口红一支80元(4克)。(以上价格均为不含税),高于10元/毫升(克),属于高档化妆品,成套产品取得的全部销售额应按高档化妆品适用的消费税税率,计算应纳消费税。
>
> 年应纳消费税 = (80+80+120+120+80+10+50+20) × 15% × 80 = 6 720(万元)
>
> 纳税筹划方案:将"先包装后销售"的成套销售方式改为"先销售后包装",并实行分别销售、分别核算。
>
> 纳税筹划后,只有胭脂和口红属于高档化妆品,需要缴纳消费税。
>
> 应纳消费税 = (80+80) × 15% × 80 = 1 920(万元)
>
> 纳税筹划后全年节约税款金额 = 6 720 - 1 920 = 4 800(万元)

销售成套消费品可以为企业带来较大的利润空间,目前被广泛应用于酒类、化妆品类及贵重首饰类产品的销售。企业对成套消费品销售进行纳税筹划主要通过以下方法。

1. 改变包装地点

对于可以在批发或零售环节包装的成套消费品,生产企业可以在销售时分别对每种产品开具发票,分别核算销售额和销售数量,同时将产品包装盒也销售给供货商,由供货商根据消费者的要求进行包装。由于消费税只在生产销售环节纳税,批发与零售环节不再缴纳消费税,因此,上述做法可以降低消费税税负,根据消费者的要求进行包装,对扩大产品销售也有一定的积极作用。

2. 改变包装环节

对于不适合在零售环节包装的成套消费品,企业可以通过设立独立法人的销售公司,将产品先卖给销售公司,由销售公司包装成成套消费品再对外销售,可以有效降低消费税税负。生产企业向销售公司出售应税消费品时,应注意产品定价的合理性。

第三节 应税消费品定价的纳税筹划

一、降低销售价格适用低税率

在消费税的税目中,有些税目根据销售价格的差异对同一产品制定不同的税率,价格的变化会导致消费税税率跳挡,目前主要是啤酒和卷烟。对于这些消费品,当产品的销售价格在税率等级变化的临界点附近,税负会有较大差异。纳税人应在税率的相邻等级合理确定销售价格,以实现纳税筹划目标。

(一) 利用产品收益进行纳税筹划

这里的产品收益是指销售额扣除消费税、城市维护建设税与教育费附加后的收益。

【例 4-5】

某啤酒厂生产研制一新型啤酒,在啤酒定价时有两个方案可供选择。一是每吨啤酒出厂价格为 3 005 元(不含税);二是每吨啤酒出厂价格为 2 995 元(不含税)。每吨啤酒可以抵扣的进项税额为 306.15 元。假设城市维护建设税税率为 7%,教育费附加率为 3%,不考虑地方教育费附加,不考虑啤酒的生产成本。

要求:通过纳税筹划分析,为该企业选择最佳定价方案。

解析:根据税法规定,啤酒采用从量征收,每吨出厂价格(含包装物及包装物押金)在 3 000 元(含 3 000 元,不含增值税)以上为甲类啤酒,税率为 250 元/吨,3 000 元以下为乙类啤酒,税率为 220 元/吨。

方案一　啤酒出厂价格为 3 005 元(不含税),适用的消费税税率为 250 元/吨。

应纳增值税 = 3 005 × 13% − 306.15 = 84.5(元)

应纳消费税为 250 元

应纳城市维护建设税与教育费附加 = (84.5 + 250) × (7% + 3%) = 33.45(元)

产品收益 = 3 005 − 250 − 33.45 = 2 721.55(元)

方案二　啤酒出厂价格为 2 995 元(不含税),适用的消费税税率为 220 元/吨。

应纳增值税 = 2 995 × 13% − 306.15 = 83.2(元)

应纳消费税为 220 元

应纳城市维护建设税与教育费附加 = (83.2 + 220) × (7% + 3%) = 30.32(元)

产品收益 = 2 995 − 220 − 30.32 = 2 744.68(元)

最佳定价方案的确定:方案二比方案一增加产品收益金额 = 2 744.68 − 2 721.55 = 23.13(元),应选择方案二。

结论:我国啤酒消费税税率实质上是一种全额累进性质的定额税率,在临界点附近,税收负担变化较大。啤酒出厂价格在税法确认税率规定的临界点附近,适当降低出厂价格,使产品适用较低税率,可以提高企业的整体收益,还可以提高产品的市场竞争力。

(二) 利用产品收益无差别点进行纳税筹划

利用产品收益无差别点进行分析如下:

产品收益 = 不含税销售额 − 消费税 − 城市维护建设税与教育费附加

假设城市维护建设税税率为 7%,教育费附加率为 3%,不考虑地方教育费附加。

1. 运用啤酒产品收益无差别点进行产品定价筹划

以 1 吨啤酒为研究对象,设出厂价格(含包装物及包装物押金)在 3 000 元(含 3 000 元,不含增值税)以上的甲类啤酒销售额为 P_1。

城市维护建设税与教育费附加 = [(P_1 × 13% − 进项税额) + 250] × (7% + 3%)

产品收益 = P_1 − 250 − [(P_1 × 13% − 进项税额) + 250] × (7% + 3%)

设每吨出厂价格(含包装物及包装物押金)在 3 000 元(不含增值税)以下的乙类啤酒销售额为 P_2。

城市维护建设税与教育费附加＝[(P_2×13％－进项税额)+220]×(7％+3％)

产品收益＝P_2－220－[(P_2×13％－进项税额)+220]×(7％+3％)

两种等级出厂价格产品收益相等的点，称为产品收益无差别点。即

P_1－250－[(P_1×13％－进项税额)+250]×(7％+3％)＝P_2－220－[(P_2×13％－进项税额)+220]×(7％+3％)

经过计算，当产品收益处于无差别点时，P_1－P_2=33.43(元)。

结论：产品收益无差别点的价格差为 33.43 元，即在临界点附近，甲类啤酒的价格只有高于乙类啤酒 33.43 元，才能获得相同的产品收益；也可以说，啤酒的销售价格在 3 000～3 033.43元为定价禁区，此时将价格定为 2 999.99 元，其产品收益高于此价格区间的产品收益。

2. 运用卷烟产品收益无差别点进行产品定价筹划

通过以上啤酒定价分析可以看出，在建立产品收益无差别点等式时，相同的因素对产品定价分析不产生影响。因此，进项税额对分析结果不产生影响；另外，无论是甲类卷烟还是乙类卷烟，其消费税的定额税都是相同的，对分析结果也不产生影响。为了简化分析，在下面产品收益的分析公式里不予体现，即下面研究的产品收益没有考虑增值税进项税额对应纳增值税的影响，也没有扣除消费税定额税。

对于甲类卷烟其定价超过 70 元多少，才能获得与乙类卷烟定价为 69.99 元相同的产品收益，是确定卷烟产品收益无差别点的关键。以 1 条卷烟为研究对象，设甲类卷烟生产环节不含税销售价格为 P。

城市维护建设税与教育费附加＝(P×13％+P×56％)×(7％+3％)

产品收益＝P－P×56％－(P×13％+P×56％)×(7％+3％)

每条生产环节不含税销售价格为 69.99 元的乙类卷烟。

产品收益＝69.99－69.99×36％－(69.99×13％+69.99×36％)×(7％+3％)
　　　　＝41.36(元)

取得相同产品收益，甲类卷烟的定价

P－P×56％－(P×13％+P×56％)×(7％+3％)＝41.36

经过计算，P＝111.49(元)

结论：企业在为甲类卷烟定价时应注意，每条甲类卷烟在 70～111.49 元区间时，将每条销售价格降至 69.99 元，其获得的产品收益要大于或等于该区间价格的产品收益，每条甲类卷烟价格在 70～111.49 元区间为甲类卷烟的定价禁区。

二、降低销售价格避开消费税征税范围

一些消费品是否能成为消费税的征税对象，取决于其销售价格的高低。一是高档手表，如果其销售价格在 1 万元以上，则需要缴纳消费税；二是高档化妆品，如果其生产(进口)环节销售(完税)价格(不含增值税)在 10 元/毫升(克)或 15 元/片(张)及以上的美容、修饰类化妆品和护肤类化妆品，为高档化妆品，就需要缴纳消费税；三是每辆零售价格 130 万元(不含增值税)及以上的乘用车和中轻型商用客车，为超豪华小汽车，就需要在零售环节缴纳消

费税。对于这类消费品可以通过定价策略进行纳税筹划。

（一）利用产品收益进行纳税筹划

【例 4-6】

甲企业是一家手表生产企业，生产销售的一款手表每只出厂价为 10 100 元（不含增值税），该款手表每只的相关成本费用为 5 000 元，可以取得的进项税额为 403 元。假设城市维护建设税税率为 7%，教育费附加率为 3%。

要求：为该款手表定价作出纳税筹划方案。

解析：该款表的出厂价为 10 100 元（不含增值税），为税法规定的高档手表，属于应税消费品，适用 20% 的消费税税率。

纳税筹划前，将每只手表的出厂价格定为 10 100 元。

每只手表应纳消费税 = 10 100 × 20% = 2 020（元）

应纳城市维护建设税与教育费附加 = [(10 100 × 13% − 403) + 2 020] × (7% + 3%)
= 293（元）

每只手表的产品收益 = 10 100 − 5 000 − 2 020 − 293 = 2 787（元）

纳税筹划方案：将每只手表的出厂价格降为 9 900 元，则不属于税法规定的应税消费品，不必交纳消费税，只需要考虑增值税对应的城市维护建设税与教育费附加。

应纳城市维护建设税与教育费附加 = (9 900 × 13% − 403) × (7% + 3%) = 88.4（元）

纳税筹划后，每只手表的产品收益 = 9 900 − 5 000 − 0 − 88.4 = 4 811.6（元）

纳税筹划后增加的产品收益 = 4 811.6 − 2 787 = 2 024.6（元）

结论：将每只手表的出厂价格降为 9 900 元，手表不再属于应税消费品，可以少交消费税 2 020 元（2 020 − 0），少交城市维护建设税与教育费附加 204.6 元（293 − 88.4），多获取产品收益 2 024.6 元。因此，应将每只手表的出厂价格降为 9 900 元。

（二）利用产品收益无差别点进行纳税筹划

在实际工作中，企业的决策者往往更希望了解高档手表、高档化妆品、超豪华小汽车这类应税消费品的定价禁区，这样更有利于其进行产品定价决策。

1. 运用产品收益无差别点确定高档手表的定价禁区

为了突出影响纳税筹划的因素，在产品收益的界定上，不考虑那些不影响纳税筹划的因素。高档手表的价格定为多少，才能获得高于不征收消费税的中档手表的利润，这区间的价格为手表的定价禁区。基于无限接近的原则，将 10 000 元确定为临界点，小于 10 000 元则不需要缴纳消费税，大于或等于 10 000 元，企业就需要缴纳消费税，现将高档手表定价为 X 元，计算与临界点产品收益相同时高档手表的销售价格。

$$X - X \times 20\% - (X \times 13\% + X \times 20\%) \times (7\% + 3\%)$$
$$= 10\ 000 - 10\ 000 \times 13\% \times (7\% + 3\%)$$

则 $X = 12\ 868.31$（元）

结论：企业在为手表定价时应注意，手表价格在 10 000～12 868.31 元区间为定价禁区，要么定价低于 10 000 元，获取免征消费税的待遇；要么定价高于 12 868.31 元，使得增加的收入足以弥补多交的税费。

例 4-6 中手表的出厂价格定为 10 100 元(不含增值税),正好处于定价禁区。因此,通过纳税筹划适当降低产品价格,规避消费税纳税义务,可以有效增加企业利润。

2. 运用产品收益无差别点确定高档化妆品的定价禁区

(1) 分析计算 10 元/毫升高档化妆品的定价禁区

以 10 元/毫升为临界点,现将高档化妆品定价为 X 元/毫升,计算与临界点产品收益相同时高档化妆品的销售价格。

$$X-X\times15\%-(X\times13\%+X\times15\%)\times(7\%+3\%)=10-10\times13\%\times(7\%+3\%)$$

则 $X=12$(元/毫升)

结论:对于以毫升为定价单位的化妆品,在 10～12 元/毫升区间为定价禁区。

(2) 分析计算 15 元/张高档化妆品的定价禁区

以 15 元/张为临界点,现将高档化妆品定价为 X 元/张,计算与临界点产品收益相同时高档化妆品的销售价格。

$$X-X\times15\%-(X\times13\%+X\times15\%)\times(7\%+3\%)=15-15\times13\%\times(7\%+3\%)$$

则 $X=18$(元/张)

结论:对于以张为定价单位的化妆品,在 15～18 元/张区间为定价禁区。

3. 运用产品收益无差别点确定超豪华小汽车的定价禁区

对于超豪华小汽车零售价以 130 万元(不含增值税)为临界点,设超豪华小汽车的零售价为 X 万元,计算与临界点产品收益相同时超豪华小汽车的销售价格。

$$X-X\times10\%-(X\times13\%+X\times10\%)\times(7\%+3\%)=130-130\times13\%\times(7\%+3\%)$$

则 $X=146.3$(万元)

结论:超豪华小汽车的定价禁区为 130～146.3 万元。

第四节 自产自用应税消费品的纳税筹划

自产自用的应税消费品是指用于生产非应税产品、在建工程、管理部门、非生产机构、提供劳务,以及用于馈赠、赞助、集资、广告、样品、职工福利、奖励等方面的,应视同销售征收消费税。

如果应税消费品是用于连续生产应税消费品的,即纳税人将自产自用的应税消费品作为直接材料生产最终应税消费品,自产自用应税消费品构成最终应税消费品的实体的,不缴纳消费税,这种情况不属于本节研究的自产自用的应税消费品。

一、避免采用最高销售价格计税

纳税人用于换取生产资料和消费资料,投资入股或抵偿债务等方面的应税消费品,应当以纳税人同类应税消费品的最高销售价格作为计税依据计算征收消费税。在实际工作中,当纳税人发生上述情况时,应通过纳税筹划改变上述业务内容,避免采用最高销售价格计税,以达到降低税负的目的。

【例 4-7】

某实木地板生产企业,当月对外销售同类型实木地板共有三种价格,以单价每平方米 280 元销售 5 000 平方米,以单价每平方米 300 元销售 1 000 平方米,以单价每平方米 350 元销售 400 平方米。当月以同类型实木地板 600 平方米与甲企业换取原材料。双方约定按单价每平方米 280 元确定实木地板的价格,实木地板的消费税税率为 5%。

要求:为该企业作出纳税筹划方案。

解析: 纳税筹划前,按照税法规定,该企业用实木地板换取原材料的行为,应以纳税人同类应税消费品的最高销售价格作为计税依据计算征收消费税。

应纳消费税=600×350×5%=10 500(元)

纳税筹划方案:该企业先按照单价每平方米 280 元的价格将实木地板销售给甲企业,再用上述销货款购买甲企业原材料。

纳税筹划后,按双方约定的价格计算消费税。

应纳消费税=600×280×5%=8 400(元)

纳税筹划后少纳消费税=10 500−8 400=2 100(元)

结论:纳税人应先销售应税消费品,然后再用销售款或应收债权换取生产资料和消费资料,投资入股或抵偿债务,可以避免按照同类应税消费品的最高销售价格作为计税依据,可以有效降低消费税税负。上述做法同样适用于纳税人用应税消费品投资入股或抵偿债务方面的纳税筹划。

二、自产自用应税消费品销售额的纳税筹划

纳税人自产自用应税消费品,在移送使用时缴纳消费税。纳税时,销售额的确定分为两种情况,纳税筹划也是根据这两种情况进行研究的。

(一)有同类消费品销售价格的纳税筹划

对于有同类消费品销售价格的,按纳税人生产的同类消费品的销售价格作为计税销售额。其计算公式为

销售额=自产自用数量×同类消费品销售单价

同类消费品的销售价格是指纳税人或代收代缴义务人当月销售的同类消费品的销售价格;如果当月同类消费品各期销售价格高低不同,应按销售数量加权平均计算。同类消费品的销售单价,直接影响计税销售额。但销售的应税消费品有下列情况之一者,不得列入加权平均计算:销售价格明显偏低又无正当理由的;无销售价格的。如果当月无销售或当月未完结,应按照同类消费品上月或最近月份的销售价格计算纳税。

结论:纳税人在发生自产自用应税消费品行为的当月,尽量将应税消费品销售给合同定价较低的客户,对定价较高的客户在条件许可的情况下推迟销售,以使当月加权平均单价较低,实现纳税筹划目的。

(二)没有同类消费品销售价格的纳税筹划

没有同类消费品销售价格的,以组成计税价格作为计税销售额。

实行从价定率办法计算纳税的组成计税价格,其计算公式为

组成计税价格＝(成本＋利润)÷(1－比例税率)

应纳税额＝组成计税价格×比例税率

实行复合计税办法计算纳税的组成计税价格，其计算公式为

组成计税价格＝(成本＋利润＋自产自用数量×定额税率)÷(1－比例税率)

应纳税额＝组成计税价格×比例税率＋自产自用数量×定额税率

公式中的成本，是指应税消费品的产品生产成本。利润，是指根据应税消费品的全国平均成本利润率计算的利润。应税消费品全国平均成本利润率由国家税务总局统一规定。平均成本利润率见表4-1。

表 4-1 平均成本利润率

货物名称	利润率/%	货物名称	利润率/%
1. 甲类卷烟、电子烟	10	10. 贵重首饰及珠宝玉石	6
2. 乙类卷烟	5	11. 摩托车	6
3. 雪茄烟	5	12. 高尔夫球及球具	10
4. 烟丝	5	13. 高档手表	20
5. 粮食白酒	10	14. 游艇	10
6. 薯类白酒	5	15. 木制一次性筷子	5
7. 其他酒	5	16. 实木地板	5
8. 高档化妆品	5	17. 乘用车	8
9. 鞭炮、焰火	5	18. 中轻型商用客车	5

对于采用组成计税价格计税的自产自用应税消费品，其成本的高低，对应纳消费税产生直接的影响，纳税人应通过降低成本进行纳税筹划。

【例 4-8】

甲企业将自产的特制高档化妆品(假设此种类高档化妆品不对外销售，且无市场同类产品价格)作为福利发放给职工，该批高档化妆品的成本为170万元，消费税税率为15%。

要求：为甲企业自产自用应税消费品业务作出纳税筹划方案。

解析：对于自产自用应税消费品，若无市场同类商品售价，则成本的高低直接影响组成计税价格的高低，从而影响消费税税额的高低。企业通过降低成本，可以达到降低组成计税价格的目的，从而减轻企业消费税税负。

纳税筹划前，该企业应纳税情况如下。

组成计税价格＝170×(1＋5%)÷(1－15%)＝210(万元)

应纳消费税＝210×15%＝31.5(万元)

纳税筹划方案：甲企业可以通过成本控制，降低直接成本。还可以在涉及多种产品成本费用分配的情况下，通过选择合理的成本分配方法，将成本在合理范围内较多地分摊给不需要缴纳消费税的产品或按市场售价计税的应税消费品，从而相应地压缩了特制化妆品的成本，假设通过上述纳税筹划企业将成本降低为136万元。

纳税筹划后，该企业应纳税款情况如下。

组成计税价格＝136×(1＋5％)÷(1－15％)＝168(万元)
应纳消费税＝168×15％＝25.2(万元)
纳税筹划后少纳消费税＝31.5－25.2＝6.3(万元)

结论：对于没有同类消费品销售价格的应税消费品，通过降低产品成本，可以有效降低消费税税负。

第五节 应税消费品生产方式选择的纳税筹划

消费税属于价内税，税收最终由消费者负担，但为了防止税款流失、加强税源控制，消费税的纳税环节主要确定在生产销售环节。应税消费品的生产方式包括完全自己生产、委托加工生产、购买或委托加工应税消费品进一步加工成应税消费品三种生产方式。

一、委托加工应税消费品的纳税筹划

委托加工的应税消费品，是指由委托方提供原料和主要材料，受托方只收取加工费和代垫部分辅助材料加工的应税消费品。

对于由受托方提供原材料生产的应税消费品，或受托方先将原材料卖给委托方，然后再接受加工的应税消费品，或由受托方以委托方名义购进原材料生产的应税消费品，不论纳税人在财务上是否作销售处理，都不得作为委托加工的应税消费品，而应当按照受托方销售自制应税消费品缴纳消费税。

纳税人委托加工的应税消费品，应按照受托方生产的同类消费品的销售价格计算纳税；没有同类消费品销售价格的，按照组成计税价格计算纳税。

实行从价定率办法计算纳税的组成计税价格，其计算公式为

组成计税价格＝(材料成本＋加工费)÷(1－比例税率)

实行复合计税办法计算纳税的组成计税价格，其计算公式为

组成计税价格＝(材料成本＋加工费＋委托加工数量×定额税率)÷(1－比例税率)

公式中，材料成本是指委托方所提供加工材料的实际成本。委托加工应税消费品的纳税人必须在委托加工合同上如实注明(或以其他方式提供)材料成本，凡未提供材料成本的，受托方主管税务机关有权核定其材料成本。加工费是指受托方加工应税消费品向委托方所收取的全部费用(包括代垫辅助材料的实际成本)。

委托加工收回的应税消费品用于连续生产应税消费品，已纳消费税可以抵扣。纳税人委托个体经营者加工的应税消费品，于委托方收回后在委托方所在地纳税。

委托加工的应税消费品，由于已由受托方代收代缴了消费税，所以纳税人将委托加工的应税消费品收回后直接出售，不再缴纳消费税。需要注意的是：委托方将收回的应税消费品，以不高于受托方的计税价格出售的，为直接出售，不再缴纳消费税；委托方以高于受托方的计税价格出售的，不属于直接出售，需按照规定申报缴纳消费税，在计税时准予扣除受托方已代收代缴的消费税。委托加工应税消费品的纳税筹划，主要针对收回后直接出售的情况进行研究。

(一)纳税人以不高于受托方计税价格出售的纳税筹划

【例 4-9】

甲实木地板生产企业委托乙实木地板生产企业加工 A 款式实木地板一批,发出原材料成本为 300 000 元,A 款式实木地板加工完成验收入库,加工费用等已经支付,取得乙企业开具的增值税专用发票一张,注明不含增值税的加工费为 80 000 元。乙企业无 A 款式实木地板同类消费品的销售价格,甲企业将委托加工的 A 款式实木地板直接出售,开具增值税专用发票,注明不含增值税的价款 380 000 元。

要求:为甲企业作出纳税筹划方案。

解析:纳税筹划前,乙企业无 A 款式实木地板同类消费品的销售价格,计算代收代缴的消费税,应按组成计税价格确认。

A 款式实木地板的组成计税价格=(300 000+80 000)÷(1-5%)=400 000(元)

乙企业应代收代缴的消费税=400 000×5%=20 000(元)

甲企业将委托加工的 A 款式实木地板以 380 000 元价格直接出售,由于不高于受托方的计税价格 400 000 元,属于直接出售,不再缴纳消费税,甲企业承担的消费税为 20 000 元,即乙企业应代收代缴的消费税。

纳税筹划方案:甲企业将委托加工 A 款式实木地板,改为自己生产 A 款式实木地板,消费税的计税价格为 380 000 元。

纳税筹划后,按甲企业的销售价格计算应纳消费税。

应纳消费税=380 000×5%=19 000(元)

纳税筹划后少纳消费税=20 000-19 000=1 000(元)

结论:当委托加工的应税消费品以低于受托方计税价格出售时,应将委托加工改为自行生产,如果企业生产能力不足,可以通过合并的方法将受托方企业纳入本企业,这样可以有效降低消费税税负。

(二)纳税人以高于受托方计税价格出售,自产和委托加工方式的税负相同

【例 4-10】

接例 4-9,假设其他条件不变,甲企业将委托加工的 A 款式实木地板直接出售,开具增值税专用发票,注明不含增值税的价款 420 000 元。

要求:为甲企业作出纳税筹划方案。

解析:甲企业将委托加工的 A 款式实木地板以 420 000 元价格直接出售,由于高于受托方的计税价格 400 000 元,不属于直接出售,需按照规定申报缴纳消费税,在计税时准予扣除受托方已代收代缴的消费税。

甲企业应纳消费税=420 000×5%-20 000=1 000(元)

甲企业合计缴纳消费税=20 000+1 000=21 000(元)

如果 A 款式实木地板由甲企业自己生产:

甲企业应纳消费税=420 000×5%=21 000(元)

结论:纳税人以高于受托方计税价格出售,自产和委托加工方式的税负相同,对于消费

税基本不存在纳税筹划空间。

二、连续生产应税消费品的纳税筹划

为了消除重复课税,税法规定,纳税人用外购或委托加工收回的已税消费品连续生产应税消费品的,在征收消费税时可以扣除外购或委托加工已税消费品已纳的消费税税款。同时还必须注意允许抵扣已纳税款的应税消费品必须符合税法规定的范围。

(一) 准予从应纳消费税中扣除已纳消费税的应税消费品的范围

用外购或委托加工收回的已税消费品连续生产应税消费品的,在计算征收消费税时,应按当期生产领用数量计算准予扣除的应税消费品已纳的消费税税款。扣除范围包括:

(1) 以外购或委托加工收回的已税烟丝生产的卷烟;

(2) 以外购或委托加工收回的已税高档化妆品生产的高档化妆品;

(3) 以外购或委托加工收回的已税珠宝玉石生产的贵重首饰及珠宝玉石;

(4) 以外购或委托加工收回的已税鞭炮、焰火生产的鞭炮、焰火;

(5) 以外购或委托加工收回的已税杆头、杆身和握把为原料生产的高尔夫球杆;

(6) 以外购或委托加工收回的已税木制一次性筷子为原料生产的木制一次性筷子;

(7) 以外购或委托加工收回的已税实木地板为原料生产的实木地板;

(8) 以外购或委托加工收回的已税汽油、柴油、石脑油、燃料油、润滑油用于连续生产应税成品油;

(9) 纳税人从葡萄酒生产企业购进、进口葡萄酒连续生产应税葡萄酒的,准予从葡萄酒消费税应纳税额中扣除所耗用应税葡萄酒已纳消费税税款。

结论:对于生产销售符合上述扣除范围应税消费品的企业,其应税消费品无论是完全自制还是购买或委托加工应税消费品后进一步加工,其消费税税负是一致的,生产方式对应纳消费税不产生影响。

(二) 生产销售的应税消费品为不准予扣除已纳消费税的纳税筹划

纳税人外购或委托加工酒(葡萄酒除外)、小汽车、摩托车、高档手表、游艇、电池、涂料,用于连续生产应税消费品,其已纳的消费税不允许抵扣,这类企业在生产方式的选择上需要进行纳税筹划。为研究思路简洁清晰,以酒类企业为研究对象。

1. 酒类生产企业尽量不外购、委托加工应税消费品

酒类生产企业用外购、委托加工的酒连续生产时由于不可以抵扣已纳消费税,其税收负担将大于用自产酒连续生产酒的税收负担,因此,酒类生产企业应完善生产工艺,尽量不外购、委托加工应税消费品。上述做法同样适用于小汽车、摩托车、高档手表、游艇、电池、涂料的生产。

2. 酒类生产企业合并的纳税筹划

纳税人自产自用的应税消费品,用于连续生产应税消费品的不纳税。因此,企业内部自产的酒类应税消费品,被企业内部其他部门作为原材料使用,用于连续生产另一种酒类应税消费品的,这一环节不用缴纳消费税。

【例 4-11】

甲酒厂是一家以生产药酒为主的酒厂,适用的消费税税率为 10%,其生产药酒的原材料

为某白酒,均从乙酒厂购入。每年乙酒厂需向甲酒厂提供白酒 5 000 吨,售价为 4 000 万元。白酒适用消费税比例税率为 20%,定额税率为 0.50 元/500 克。本年度甲酒厂销售药酒取得收入 6 000 万元,销售数量为 5 000 吨。药酒适用的消费税税率为 10%。

要求:为甲酒厂作出纳税筹划方案。

解析:由于购进或委托加工的酒,用于连续生产酒类产品,不能抵扣已纳的消费税。

纳税筹划前,甲酒厂采购乙酒厂白酒作为原料。

甲酒厂应纳消费税=6 000×10%=600(万元)

乙酒厂应纳消费税=4 000×20%+(5 000×2 000×0.50)÷10 000=1 300(万元)

应纳消费税合计=600+1 300=1 900(万元)

纳税筹划方案:甲酒厂和乙酒厂合并为一个法人单位,乙酒厂作为甲酒厂的白酒生产车间,使原来企业间的购销行为转变为企业内部的原材料领用行为,从而达到规避重复缴纳消费税的目的。

纳税筹划后,甲企业并购乙酒厂,乙酒厂作为甲酒厂的白酒生产车间,并购后只对销售药酒征收消费税。

应纳消费税=6 000×10%=600(万元)

纳税筹划后少纳消费税=1 900-600=1 300(万元)

风险提示:企业在选择并购方案时,不仅要考虑降低消费税税负的优点,还要考虑企业自身是否具有兼并能力、合并对企业未来发展的影响、被兼并的企业财务状况是否良好等因素。

第六节 进出口应税消费品的纳税筹划

一、进口应税消费品的纳税筹划

纳税人进口应税消费品,应按照组成计税价格和规定的税率计算应纳消费税。计算方法如下。

(1)从价定率计算应纳税额的计算公式

组成计税价格=(关税完税价格+关税)÷(1-比例税率)

应纳税额=组成计税价格×比例税率

(2)从量定额计算应纳税额的计算公式

应纳税额=应税消费品数量×定额税率

(3)从价定率和从量定额复合计税办法计算应纳税额的计算

组成计税价格=(关税完税价格+关税+进口数量×定额税率)÷(1-比例税率)

应纳税额=组成计税价格×比例税率+应税消费品进口数量×定额税率

我国关税以进出口货物的完税价格为计税依据。进出口货物的完税价格,由海关以该货物的成交价格为基础审查确定。成交价格不能确定时,完税价格由海关估定。在成交价格能够确定的情况下,对于从价定率计征和复合计税的应税消费品,关税完税价格的高低,直接影响其在海关缴纳的关税、增值税和消费税。因缴纳的增值税可以作为进项税额抵扣,在纳税筹划分析时不予考虑。

【例4-12】

某进出口公司为一般纳税人,该公司5月从国外进口6辆小汽车。每台离岸价格折合人民币100万元;共支付国外中介佣金90万元,该设备运抵我国某港口起卸前的包装、运输、保险和其他劳务费用共计60万元。已知该批小汽车的关税税率为20%,消费税税率为40%。

要求:为该公司进口业务作出纳税筹划方案。

解析:纳税筹划前,支付国外中介佣金应计入完税价格。

关税完税价格=100×6+90+60=750(万元)

进口关税=750×20%=150(万元)

组成计税价格=(750+150)÷(1-40%)=1 500(万元)

进口环节应纳消费税=1 500×40%=600(万元)

在海关缴纳的税款计入小汽车成本的金额=150+600=750(万元)

纳税筹划方案:该进出口公司可以派业务员到国外小汽车生产销售单位,直接与其签订购买协议,这样可以避免发生国外中介佣金90万元,业务员国外发生的费用做差旅费处理,不影响关税完税价格。

纳税筹划后,可以避免国外中介佣金的发生。

关税完税价格=100×6+60=660(万元)

进口关税=660×20%=132(万元)

组成计税价格=(660+132)÷(1-40%)=1 320(万元)

进口环节应纳消费税=1 320×40%=528(万元)

在海关缴纳的税款计入小汽车成本的金额=132+528=660(万元)

纳税筹划后因少缴税款降低小汽车成本的金额=750-660=90(万元)

结论:进口从价定率计征和复合计税应税消费品的企业,应通过各种行之有效的方法降低进口应税消费品的关税完税价格,可以有效降低企业的税负,进而降低进口应税消费品的成本。

风险提示:降低关税完税价格应在合理合法的前提下进行,否则完税价格可能由海关估定,反而无法实现纳税筹划的目的。

二、出口应税消费品的纳税筹划

出口应税消费品按以下规定执行。

(1) 出口免税并退税的政策

出口免税并退税的政策适用于有出口经营权的外贸企业购进应税消费品直接出口,以及外贸企业受其他外贸企业委托代理出口的应税消费品。消费税出口退税,退还的是国内生产企业销售给外贸企业应税消费品缴纳的消费税,退税金额与应税消费品出口销售额无关。

(2) 出口免税不退税

出口免税不退税的政策适用于有进出口经营权的生产企业自营出口或生产企业委托外贸企业代理出口自产的应税消费品。免征消费税是指生产性企业按实际出口的应税消费品数量,免征生产环节的消费税,不予办理退还消费税。

(3) 出口不免税也不退税

出口企业出口或视同出口适用增值税征税政策的货物为消费税应税消费品,应按规定缴纳消费税,不退还其以前环节已征的消费税,且不允许在内销应税消费品应纳消费税款中抵扣。

出口的应税消费品办理退(免)税后,发生退关或者国外退货的,报关出口者必须及时向其所在地主管税务机关申报补缴已退(免)的消费税税额。

纳税人直接出口的应税消费品办理免税后发生退关或国外退货,进口时已予以免税的,经所在地主管税务机关批准,可暂不办理补税,待其转为国内销售时,再向其主管税务机关申报补缴消费税。

【例 4-13】

某鞭炮、焰火生产企业位于市郊,2月出口一批焰火,办理了出口免税手续,应收价款1 200万元。3月该批焰火因品种问题发生退货,并于当月办理了相关手续。这批货物于当年12月在国内销售。假设1个月的市场利率为1%。

要求:为该企业作出纳税筹划方案。

解析:

(1) 出口的应税消费品办理退(免)税后,发生退关或者国外退货的,报关出口者必须及时向其所在地主管税务机关申报补缴已退(免)的消费税税额。

如果根据上述规定,3月该批焰火发生退货,应于当月缴纳相关税费。

应纳消费税=1 200×15%=180(万元)

应纳城建税及教育费附加=180×(7%+3%)=18(万元)

应纳税额合计=180+18=198(万元)

应纳税额合计现值=198万元

(2) 纳税人直接出口的应税消费品办理免税后发生退关或国外退货,进口时已予以免税的,经所在地主管税务机关批准,可暂不办理补税,待其转为国内销售时,再向其主管税务机关申报补缴消费税。

纳税筹划方案:根据上述规定,3月该批焰火发生退货,可以暂时先不补缴消费税,待其转为国内销售时,再向其主管税务机关申报补缴消费税。当年12月转为国内销售时申报补缴消费税。

应纳消费税=1 200×15%=180(万元)

应纳城建税及教育费附加=180×(7%+3%)=18(万元)

应纳税额合计=180+18=198(万元)

由于延期了9个月纳税,相对于3月纳税:

应纳税额合计现值=198×$(P/F,1\%,9)$=198×0.914 3=181.03(万元)

运用政策(2)比政策(1)获取的时间价值=198-181.03=16.97(万元)

纳税筹划方案:企业应在发生退货时及时与相关税务机关沟通,经机构所在地或者居住地主管税务机关批准,暂不办理补税,待到转为国内销售时,再申报补缴消费税,这样可以延期纳税,充分利用时间价值。

思 考 题

1. 纳税人如何利用计税销售额进行消费税的纳税筹划？
2. 简述自产自用应税消费品的纳税筹划思路。
3. 如何运用定价策略进行消费税的纳税筹划？
4. 在现行消费税政策下，酒类生产企业如何进行纳税筹划？
5. 消费税纳税人应如何寻求减轻税收负担的途径？
6. 简述包装物的处理方式及纳税筹划思路。
7. 简述成套销售应税消费品的纳税筹划思路。
8. 简述进出口应税消费品的纳税筹划思路。

练 习 题

一、单项选择题

1. 下列单位属于消费税纳税义务人的是（　　）。
   A. 使用一次性木筷的餐饮企业　　B. 委托加工应税消费品的单位
   C. 受托加工应税消费品的企业　　D. 销售实木地板的建材商店
2. 根据消费税法律制度的规定，下列各项中，应当缴纳消费税的是（　　）。
   A. 电池批发企业向某商场批发销售电池
   B. 白酒批发企业向某商场批发销售白酒
   C. 烟草批发企业向某商场批发销售卷烟
   D. 高档化妆品批发企业向某商场批发销售高档化妆品
3. 根据消费税法律制度的规定，下列各项中，不征收消费税的是（　　）。
   A. 酒厂用于交易会样品的自产红酒
   B. 卷烟厂用于连续生产卷烟的自产烟丝
   C. 地板厂用于本厂办公室装修的自产实木地板
   D. 日化厂用于职工奖励的自产高档化妆品
4. 纳税人用外购应税消费品连续生产应税消费品，在计算纳税时，其外购应税消费品已纳消费税税款处理办法是（　　）。
   A. 该已纳税款当期可以全部扣除
   B. 该已纳税款当期可以扣除50%
   C. 可对外购应税消费品当期领用部分的已纳税款予以扣除
   D. 该已纳税款当期不得扣除
5. 纳税人采用以旧换新方式销售金银首饰，应按照（　　）确定销售额。
   A. 旧金银首饰的同期销售额　　B. 新金银首饰与旧金银首饰价格的差额
   C. 组成计税价格　　D. 新金银首饰的同期销售额
6. 2022年4月，甲化妆品厂将一批自产的新型高档化妆品作为福利发给员工，该批高档化妆品生产成本34 000元，无同类高档化妆品销售价格。高档化妆品消费税税率为15%，成本利润率为5%。甲化妆品厂该项业务应缴纳消费税（　　）元。

A. 6 300　　　　B. 6 000　　　　C. 5 100　　　　D. 5 355

7. 某卷烟批发企业（增值税一般纳税人），本月批发销售 A 牌卷烟 100 标准箱给甲卷烟批发企业，开具的增值税专用发票上注明销售额 200 万元；批发 B 牌卷烟 5 000 标准条给乙烟酒零售商店，开具的增值税专用发票上注明销售额 250 万元；同时批发雪茄烟 100 条，开具普通发票，取得含税收入 24.36 万元。消费税税率：甲类卷烟和乙类卷烟批发环节 11％加 0.005 元/支；雪茄烟 36％。该烟酒批发公司当月应缴纳的消费税为（　　）万元。

A. 147.76　　　B. 140.2　　　C. 28　　　　D. 52.5

8. 2022 年 4 月，甲公司进口一批高档手表，海关审定的关税完税价格为 100 万元，缴纳关税 30 万元。高档手表消费税税率为 20％。则甲公司当月进口高档手表应缴纳消费税（　　）万元。

A. 26　　　　B. 32.5　　　　C. 20　　　　D. 25

9. 消费税中，生产企业直接出口或委托外贸企业出口自产应税消费品时，按规定予以（　　）。

A. 直接退税　　B. 直接免税　　C. 先征后退　　D. 即征即退

10. 自产自用应税消费品应纳的消费税，其纳税环节为（　　）。

A. 消费环节　　B. 生产环节　　C. 移送使用环节　　D. 加工环节

11. 下列说法不正确的有（　　）。

A. 凡征收消费税的消费品都征收增值税

B. 凡征收增值税的货物都征收消费税

C. 应税消费品征收增值税，其税基含有消费税

D. 应税消费品征收消费税，其税基不含增值税

二、多项选择题

1. 根据消费税法律制度的规定，甲酒厂发生的下列业务中，应缴纳消费税的是（　　）。

A. 以自产低度白酒用于奖励员工　　B. 以自产高度白酒用于馈赠客户

C. 以自产低度白酒用于市场推广　　D. 以自产低度白酒用于连续加工高度白酒

2. 下列情形的自产应税消费品，以纳税人同类应税消费品的最高销售价格作为计税依据计算消费税的是（　　）。

A. 用于抵偿债务的应税消费品

B. 用于换取生产资料、消费资料的应税消费品

C. 用于投资入股的应税消费品

D. 用于对外捐赠的应税消费品

3. 按现行消费税规定，下列关于消费税计税数量的说法中，正确的是（　　）。

A. 生产销售应税消费品的，为应税消费品的销售数量

B. 自产自用应税消费品的，为应税消费品的生产数量

C. 委托加工应税消费品的，为纳税人收回的应税消费品数量

D. 进口应税消费品的，为海关核定的应税消费品进口征税数量

4. 下列用外购已税消费品连续生产的应税消费品，在计税时按当期生产领用数量计算准予扣除外购的应税消费品已纳的消费税税款的情形有（　　）。

A. 外购已税鞭炮为原料生产的鞭炮

B. 外购已税高档化妆品为原料生产的高档化妆品

C. 外购已税酒精生产的白酒

D. 外购已税烟丝生产的卷烟

5. 下列各项中,应当以纳税人同类应税消费品的最高销售价格作为计税依据缴纳消费税的有(　　)。

A. 甲化妆品厂将自产的高档化妆品赠送客户

B. 乙汽车厂将自产的小汽车用于投资入股

C. 丙酒厂将自产的白酒用于换取生产资料

D. 丁珠宝店将购进的金项链奖励优秀员工

6. 消费税纳税筹划的基本途径包括(　　)。

A. 合理确定销售额　　　　　　B. 合理选择税率

C. 应税消费品的合理定价　　　D. 委托加工的选择

7. 纳税人采取的如下方式中,按现行消费税政策规定,可以减轻纳税人消费税税负的是(　　)。

A. 分设独立法人的销售公司,以较低但合理的价格向销售公司供货

B. 将啤酒的销售价格从3 000元/吨降至2 999元/吨

C. 将不同税率的应税消费品分别核算

D. 采用委托加工方式生产应税消费品

三、判断题

1. 白酒生产企业销售白酒收取的包装物押金,应并入白酒销售额,征收消费税。(　　)

2. 纳税人通过自设非独立核算门市部销售的应税消费品,应当按照门市部对外销售额或者销售数量征收消费税。(　　)

3. 受托加工应税消费品的个体经营户应承担代收代缴消费税的义务。(　　)

4. 纳税人采取以旧换新方式销售的金银首饰,应按金银首饰同期销售价款征收消费税。(　　)

5. 卷烟厂用委托加工收回的已税烟丝为原料连续生产的卷烟,在计算纳税时,准予从应纳消费税税额中按当期生产领用数量计算扣除委托加工收回的烟丝已纳消费税税款。(　　)

6. 生产应税消费品企业采购应税消费品作为原材料,应从生产厂家购入,可以实行已纳税款抵扣制,降低企业的税负。(　　)

7. 委托加工的应税消费品收回后出售的,无论价格高低,均不再缴纳消费税。(　　)

四、案例分析题

1. A企业主要生产各种口味的水果酒,适用的消费税税率为10%,其生产水果酒的原料为某粮食白酒,均从B酒厂购入。每年B酒厂向A企业提供白酒100吨,售价为3 200万元。粮食白酒适用消费税比例税率为20%,定额税率为0.5元/500克。每年A企业销售各种口味水果酒取得收入5 000万元。(以上价格均为不含税价)

要求:

(1) 计算纳税筹划前,A企业、B酒厂应纳消费税。

(2) 提出纳税筹划方案。

(3) 计算纳税筹划后节约的税款。

2. 某高尔夫装备生产企业,每年销售高尔夫装备 2 万套,每套装备由下列产品组成:高尔夫球杆(3 200 元)、高尔夫球(600 元)、高尔夫球衣(1 900 元)、高尔夫球包(300 元)。上述产品价格均为不含税价格,高尔夫球及球具的消费税税率为 10%。

要求:
(1) 计算销售成套消费品应纳消费税。
(2) 为消费品销售作出纳税筹划方案。
(3) 计算通过纳税筹划后应纳的消费税税额。
(4) 计算纳税筹划节约的消费税税额。

3. 某小汽车生产企业系增值税一般纳税人,适用的增值税税率为 13%,主要生产销售汽缸容量在 2.5 升以上至 3.0 升的 A 型小汽车,适用的消费税税率为 12%。该企业生产的 A 型小汽车,平均售价为 20 万元,最高售价为 25 万元,以上价格均为不含税价。本年 7 月,该企业以 100 辆 A 型小汽车对外投资,与其他企业共同设立汽车租赁公司,A 型小汽车按平均售价确定投资成本,该企业取得汽车租赁公司 45% 的股权。

要求:
(1) 计算纳税筹划前,该投资业务应纳消费税。
(2) 提出纳税筹划方案。
(3) 计算纳税筹划后节约的税款。

4. 某酒厂主要生产销售粮食白酒,产品主要销售给各地的批发商,也有一部分通过非独立核算的门市部直接销售给零售商或消费者个人。本年度共批发粮食白酒 500 吨,零售粮食白酒 300 吨,已知粮食白酒的批发价为每吨 3.5 万元(不含税价),零售价为每吨 5 万元(不含税价)。该白酒生产企业消费税计税价格不低于销售单位对外销售价格的 70%,所以无须核定计税价格。

要求:
(1) 计算纳税筹划前,零售白酒应纳消费税。
(2) 提出纳税筹划方案。
(3) 计算纳税筹划后节约的税款。

第五章

企业所得税的纳税筹划

本章学习要点

1. 企业所得税税率的纳税筹划。
2. 收入和扣除项目的纳税筹划。
3. 企业所得税应纳税额的纳税筹划。
4. 利用企业所得税优惠政策的纳税筹划。

案例引入

企业应通过纳税筹划实现捐赠的最佳效果

企业为了社会责任或为了树立良好的社会形象,进行公益性捐赠是十分必要的。甲公司经过了艰苦创业阶段,现已步入成熟发展阶段,公司的盈利能力较强,为了树立公司良好的企业形象,决定进行一项公益性捐赠。公司为了实现最优的捐赠效果,应认真研究税法的规定,掌握国家对可以获得税前扣除的捐赠行为的条件。公司在捐给谁、向谁捐、捐多少、何时捐等做法上有较大的选择空间。

企业所得税的计税依据是应纳税所得额,它是以纳税人每一纳税年度的收入总额,减除不征税收入、免税收入、各项扣除及允许弥补的以前年度的亏损后的余额。通过上述案例可以看出,捐赠支出作为扣除项目税前扣除是有条件的,企业所得税的纳税筹划非常复杂,要综合考虑各方面因素的影响。通过本章的学习,可以掌握企业经营过程中企业所得税纳税筹划的技巧和方法。

企业所得税是对在我国境内,除个人独资企业和合伙企业以外的其他企业和组织,就其生产经营所得和其他所得征收的一种税。它是国家参与企业收入分配的直接形式,体现了国家与企业的分配关系。企业所得税实行按年征收、分期预缴、年终汇算清缴的征收管理办法,计税依据的计算比较复杂,实行综合课征制,体现了税负公平的原则。企业所得税是企业最主要税种之一,是所有税种中专业性最强、纳税处理最复杂的一种税,具有较大的纳税筹划空间。

第一节 企业所得税税率的纳税筹划

企业所得税税率的纳税筹划主要是利用优惠税率,减少纳税人应纳企业所得税税额。

一、企业所得税税率的相关规定

(一)基本税率

企业所得税实行比例税率,税率为25%。基本税率适用于:
(1)居民企业取得的各项所得。
(2)非居民企业在中国境内设立机构、场所取得的来源于中国境内的所得,以及发生在中国境外但与其所设机构、场所有实际联系的所得。

(二) 预提所得税税率

非居民企业在中国境内未设立机构、场所的,或者虽设立机构、场所但取得的所得与其所设机构、场所没有实际联系的,如股息、利息、红利所得、特许权使用费所得等一般采取源泉扣缴方式征收的企业所得税,这种所得税形式习惯上称为预提所得税。

预提所得税税率为20%。目前减按10%的税率征收企业所得税。

(三) 优惠税率

(1) 符合条件的小型微利企业,减按20%的税率征收企业所得税。

(2) 国家需要重点扶持的高新技术企业,减按15%的税率征收企业所得税;自2017年1月1日起,在全国范围内对经认定的技术先进型服务企业,减按15%的税率征收企业所得税。

二、小型微利企业的纳税筹划

2022年1月1日至2024年12月31日,对年应纳税所得额超过100万元但不超过300万元的部分,减按25%计入应纳税所得额,按20%的税率缴纳企业所得税。2023年1月1日至2024年12月31日,对小型微利企业年应纳税所得额不超过100万元的部分,减按25%计入应纳税所得额,按20%的税率缴纳企业所得税。

符合条件的小型微利企业是指从事国家非限制和禁止行业,且同时符合以下三个条件的企业:①年度应纳税所得额不超过300万元;②从业人数不超过300人;③资产总额不超过5 000万元。

年度中间开业或者终止经营活动的,以其实际经营期作为一个纳税年度确定上述相关指标。

从业人数,包括与企业建立劳动关系的职工人数和企业接受的劳务派遣用工人数。所称从业人数和资产总额指标,应按企业全年的季度平均值确定。具体计算公式如下:

$$季度平均值=(季初值+季末值)\div 2$$

$$全年季度平均值=全年各季度平均值之和\div 4$$

年度中间开业或者终止经营活动的,以其实际经营期作为一个纳税年度确定上述相关指标。

(一) 将纳税人转化为小型微利企业

【例5-1】

甲建筑公司主要从事建筑、安装工程和建筑装饰劳务。2023年的应纳税所得额预计为560万元,其中这三项业务的应纳税所得额分别为280万元、180万元和100万元,假设没有纳税调整项目,即税前利润正好等于应纳税所得额。公司现有职工420人,资产总额5 500万元。

要求: 为甲建筑公司作出纳税筹划方案。

解析: 纳税筹划前,应纳企业所得税=560×25%=140(万元)

纳税筹划方案:甲建筑公司应采用分立的方式,按三项业务分别设立三个独立法人的纳税单位,这样所设单位的应纳税所得额都满足小型微利企业的划分标准,再将这三家企业的职工人数控制在300人以下,资产总额控制在5 000万元以下。

纳税筹划后企业纳税情况如下。

建筑工程应纳企业所得税=280×25%×20%=14(万元)

安装工程应纳企业所得税=180×25%×20%=9(万元)

建筑装饰劳务应纳企业所得税=100×25%×20%=5(万元)

甲建筑公司合计应纳企业所得税总额=14+9+5=28(万元)

纳税筹划后少纳企业所得税=140-28=112(万元)

结论:对于业务多元化的中小企业,按业务类型进行分立,将企业转化为小型微利企业,实现少缴纳企业所得税的目的。

(二)使纳税人符合小型微利企业条件

如果纳税人的应纳税所得额在临界点附近之上,可以通过增加一些合理的费用支出,使之符合小型微利企业条件。

【例5-2】

甲企业资产总额4 900万元,有职工280人。该企业在2023年年末预测全年实现应纳税所得额为302万元。假设没有纳税调整事项,即税前利润正好等于应纳税所得额。

要求:为甲企业作出纳税筹划方案。

解析: 纳税筹划前,甲企业的规模符合小型微利企业的条件,但应纳税所得额超过300万元,不符合小型微利企业的条件,应按25%的税率缴纳企业所得税。

应纳企业所得税=302×25%=75.5(万元)

净利润=302-75.5=226.5(万元)

纳税筹划方案:甲企业可以在当年12月31日之前安排支付一笔公益性捐赠,捐赠金额为4万元。

纳税筹划后,甲企业的应纳税所得额=302-4=298(万元),符合小型微利企业划型标准。

应纳企业所得税=298×25%×20%=14.9(万元)

净利润=298-14.9=283.1(万元)

纳税筹划后少纳企业所得税=75.5-14.9=60.6(万元)

纳税筹划后增加的净利润=283.1-226.5=56.6(万元)

结论:如果企业预计应纳税所得额在小型微利企业临界点附近,增加一些合理的费用支出,使企业满足小型微利企业条件,以增加企业的净利润。

(三)应纳税所得额临界点区间的确定

为了准确掌握通过增加费用支出,使纳税人符合小型微利企业应纳税所得额的条件,应当了解临界点区间的计算。

对于满足小型微利企业资产和人数条件的小型企业,如果应纳税所得额超过300万元,将整体适用25%的税率。这时,企业所得税适用税率可以理解为全额累进税率,其临界点处的税负存在跳跃式上升的现象,在一定范围内应纳税所得额的增长额小于税负增长额。以2023年度小型微利企业税收优惠情况进行研究。

小型微利企业最高净利润＝300－300×25％×20％＝285(万元)
应纳税所得额临界点＝285÷(1－25％)＝380(万元)
临界点的净利润＝380×(1－25％)＝285(万元)

结论：应纳税所得额在300万～380万元时，临界点区间增加的应纳税所得额小于增加的税负。企业应当尽可能避免应纳税所得额处于这一区间。

三、享受企业所得税低税率的纳税筹划

国家需要重点扶持的高新技术企业，减按15％的税率征收企业所得税。对经认定的技术先进型服务企业，减按15％的税率征收企业所得税。企业通过享受企业所得税低税率实现纳税筹划目的，相关资格的认定，是纳税筹划的关键。

(一) 了解相关资格条件要求

(1) 国家需要重点扶持的高新技术企业，是指拥有核心自主知识产权，并同时符合下列条件的企业。

① 企业申请认定时须注册成立一年以上。

② 企业通过自主研发、受让、受赠、并购等方式，获得对其主要产品(服务)在技术上发挥核心支持作用的知识产权的所有权。

③ 对企业主要产品(服务)发挥核心支持作用的技术属于《国家重点支持的高新技术领域》规定的范围。

④ 企业从事研发和相关技术创新活动的科技人员占企业当年职工总数的比例不低于10％。

⑤ 企业近三个会计年度(实际经营期不满三年的按实际经营时间计算)的研究开发费用总额占同期销售收入总额的比例符合规定要求。

⑥ 近一年高新技术产品(服务)收入占企业同期总收入的比例不低于60％。

⑦ 企业创新能力评价应达到相应要求。

⑧ 企业申请认定前一年内未发生重大安全、重大质量事故或严重环境违法行为。

(2) 享受符合规定的企业所得税优惠政策的技术先进型服务企业，必须同时符合以下条件。

① 在中国境内(不包括港、澳、台地区)注册的法人企业。

② 从事《技术先进型服务业务认定范围(试行)》中的一种或多种技术先进型服务业务，采用先进技术或具备较强的研发能力。

③ 具有大专以上学历的员工占企业职工总数的50％以上。

④ 从事《技术先进型服务业务认定范围(试行)》中的技术先进型服务业务取得的收入占企业当年总收入的50％以上。

⑤ 从事离岸服务外包业务取得的收入不低于企业当年总收入的35％。

(二) 按规定程序办理资格认定

(1) 高新技术企业资格的审批权限由省科技厅、财政厅、税务局联合审批。高新技术企业的认定程序包括：自我评价、注册登记、准备并提交材料、组织审查与认定及颁布证书五个环节。企业在进行高新技术企业的认定中，拥有核心知识产权是通过认证的关键。

(2)符合条件的技术先进型服务企业应向所在省级科技部门提出申请,由省级科技部门会同本级商务、财政、税务和发展改革部门联合评审后发文认定,并将认定企业名单及有关情况通过科技部"全国技术先进型服务企业业务办理管理平台"备案,科技部与商务部、财政部、国家税务总局和国家发展和改革委员会共享备案信息。符合条件的技术先进型服务企业须在商务部"服务贸易统计监测管理信息系统(服务外包信息管理应用)"中填报企业基本信息,按时报送数据。

(三) 享受低税率的优惠

(1)具备资格的高新技术企业,持"高新技术企业证书"和有关资料,向主管税务机关申请办理减免税手续。

(2)经认定的技术先进型服务企业,持相关认定文件向所在地主管税务机关办理享受企业所得税优惠政策事宜。

第二节 收入的纳税筹划

企业的收入总额包括以货币形式和非货币形式从各种来源取得的收入,企业应纳税所得额计算中的收入总额,同会计核算中收入总额存在个别不同,上述不同为纳税筹划提供了空间。

一、收入总额的相关规定

收入总额是企业以货币形式和非货币形式从各种来源取得的收入。收入总额的具体内容如下。

(一) 一般收入的确认

1. 销售货物收入

销售货物收入是指企业销售商品、产品、原材料、包装物、低值易耗品及其他存货取得的收入。

(1)销售货物涉及现金折扣的,应当按照扣除现金折扣前的金额确定销售货物金额,涉及商业折扣的,应当按照扣除商业折扣后的金额确定销售货物金额。

(2)企业已经确认销售收入的售出货物发生销售折让的,应当在发生时冲减当期销售收入;发生销售退回的,应当在发生时冲减当期销售收入。

2. 提供劳务收入

提供劳务收入是指企业从事建筑安装、修理修配、交通运输、仓储租赁、金融保险、邮电通信、咨询经纪、文化体育、科学研究、技术服务、教育培训、餐饮住宿、中介代理、卫生保健、社区服务、旅游、娱乐、加工及其他劳务服务活动取得的收入。

(1)企业在各个纳税期末,提供劳务交易的结果能够可靠估计的,应采用完工进度(完工百分比)法确认提供劳务收入。

(2)下列提供劳务满足收入确认条件的,应按照规定确认收入。

① 安装费。应根据安装完工进度确认收入,安装工作是商品销售附带条件的,安装费在确认商品销售实现时确认收入。

② 宣传媒介的收费。应在相关的广告或商业行为出现于公众面前时确认收入。

③ 广告的制作费。应根据制作广告的完工进度确认收入。

④ 软件费。为特定客户开发软件的收费,应根据开发的完工进度确认收入。

⑤ 服务费。包括在商品售价内可区分的服务费,在提供服务的期间分期确认收入。

⑥ 艺术表演、招待宴会和其他特殊活动的收费。在相关活动发生时确认收入,收费涉及几项活动的,预收的款项合理分配给每项活动,分别确认收入。

⑦ 会员费。申请入会或加入会员,只允许取得会籍,所有其他服务或商品都要另行收费的,在取得该会员费时确认收入;申请入会或加入会员后,会员在会员期内不再付费就可得到各种服务或商品,或者以低于非会员的价格销售商品或提供劳务的,该会员费应在整个收益期内分期确认收入。

⑧ 特许权费。属于提供设备和其他有形资产的特许权费,在交付资产或转移资产所有权时确认收入;属于提供初始及后续服务的特许权费,在提供服务时确认收入。

⑨ 劳务费。长期为客户提供重复的劳务收取的劳务费,在相关劳务活动发生时确认收入。

3. 转让财产收入

转让财产收入是指企业转让固定资产、生物资产、无形资产、股权、债权等财产取得的收入。

企业应当按照从财产受让方已收或应收的合同或协议价款确定转让财产收入金额。

4. 股息、红利等权益性投资收益

股息、红利等权益性投资收益是指企业因权益性投资从被投资方取得的收入。

企业应当按照被投资方作出利润分配决定的日期确认收入的实现,按照从被投资企业分配的股息、红利和其他利润分配收益金额确认股息、红利收益金额。

5. 利息收入

利息收入是指企业将资金提供他人使用但不构成权益性投资,或者因他人占用本企业资金取得的收入,包括存款利息、贷款利息、债券利息、欠款利息等收入。

企业应当按照合同约定的债务人应付利息的日期确认收入的实现,按照有关借款合同或协议约定的金额确定利息收入金额。

6. 租金收入

租金收入是指企业提供固定资产、包装物或者其他有形资产的使用权取得的收入。

企业应当按照合同约定的承租人应付租金的日期确认收入的实现,按照有关租赁合同或协议约定的金额确定租金收入金额。

7. 特许权使用费收入

特许权使用费收入是指企业提供专利权、非专利技术、商标权、著作权及其他特许权的使用权取得的收入。

企业应当按照合同约定的特许权使用人应付特许权使用费的日期确认收入的实现,按照有关使用合同或协议约定的金额确定特许权使用费收入金额。

8. 接受捐赠收入

接受捐赠收入是指企业接受的来自其他企业、组织或者个人无偿给予的货币性资产、非货币性资产。

企业应当按照实际收到捐赠资产的日期确认收入的实现;按照捐赠资产的公允价值,即公平交易中,熟悉情况的交易双方自愿进行资产交换或者债务清偿的金额确定接受捐赠收入金额。

9. 其他收入

其他收入是指企业取得上述八项收入以外的其他收入,包括企业资产溢余收入、逾期未退包装物押金收入、确实无法偿付的应付款项、已作坏账损失处理后又收回的应收款项、债务重组收入、补贴收入、违约金收入、汇兑收益等。

企业应当按照实际收入额或相关资产的公允价值确定其他收入金额。

(二) 可以分期确认收入的情况

企业的下列生产经营业务可以分期确认收入的实现。

(1) 以分期收款方式销售货物的,按照合同约定的收款日期确认收入的实现。

(2) 企业受托加工制造大型机械设备、船舶、飞机,以及从事建筑、安装、装配工程业务或者提供其他劳务等,持续时间超过12个月的,按照纳税年度内完工进度或者完成的工作量确认收入的实现。

(三) 特殊收入的确认

(1) 销售商品采用售后回购方式销售商品的,销售的商品按售价确认收入,回购的商品作为购进商品处理,有证据表明不符合销售收入确认条件的,如以销售商品方式进行融资,收到的款项应确认为负债,回购价格大于原售价的,差额应在回购期间确认为利息费用。

(2) 销售商品以旧换新的,销售商品应当按照销售商品收入确认条件确认收入,回收的商品作为购进商品处理。

(3) 采取买一赠一等方式组合销售本企业商品的,不属于捐赠,应将总的销售金额按照各项商品公允价值的比例来分摊确认各项的销售收入。

(4) 采取产品分成方式取得收入的,按照企业分得产品的时间确认收入的实现,其收入额按照产品的公允价值确定。

(5) 企业发生非货币性资产交换,以及将货物、财产、劳务用于捐赠、偿债、赞助、集资、广告、样品、职工福利或者利润分配等用途的,应当视同对外销售货物、转让财产或者提供劳务,但国务院财政、税务主管部门另有规定的除外。

(四) 处置资产收入的确认

1. 不作为视同销售确认收入的情况

企业发生下列情形的处置资产,除将资产转移至境外以外,不视同销售确认收入,相关资产的计税基础延续计算:

(1) 将资产用于生产、制造、加工另一产品;

(2) 改变资产形状、结构或性能;

(3) 改变资产用途(如自建商品房转为自用或经营);

(4) 将资产在总机构及其分支机构之间转移;

(5) 上述两种或两种以上情形的混合；
(6) 其他不改变资产所有权属的用途。

2. 作为视同销售确定收入的情况

企业将资产移送他人的下列情形，因资产所有权属已发生改变而不属于内部处置资产，应按规定视同销售确定收入：

(1) 用于市场推广或销售；
(2) 用于交际应酬；
(3) 用于职工奖励或福利；
(4) 用于股息分配；
(5) 用于对外捐赠；
(6) 其他改变资产所有权属的用途。

3. 销售收入的确认依据

企业发生上述视同销售的情形时，属于企业自制的资产，应按企业同类资产同期对外销售价格确定销售收入；属于外购的资产，可按购入时的价格确定销售收入。

二、不征税收入和免税收入的相关规定

国家为了扶持和鼓励某些特殊的纳税人和特定的项目，或者避免因征税影响企业的正常经营，对企业取得的某些收入予以不征税或免税的特殊政策。

(一) 不征税收入

1. 财政拨款

财政拨款是指各级人民政府对纳入预算管理的事业单位、社会团体等组织拨付的财政资金，但国务院和国务院财政、税务主管部门另有规定的除外。

2. 依法收取并纳入财政管理的行政事业性收费、政府性基金

行政事业性收费是指依照法律法规等有关规定，按照国务院规定程序批准，在实施社会公共管理，以及在向公民、法人或者其他组织提供特定公共服务过程中，向特定对象收取并纳入财政管理的费用。政府性基金是指企业依照法律、行政法规等有关规定，代政府收取的具有专项用途的财政资金。

3. 国务院规定的其他不征税收入

国务院规定的其他不征税收入是指企业取得的，由国务院财政、税务主管部门规定专项用途并经国务院批准的财政性资金。

(二) 免税收入

(1) 国债利息收入。企业因购买国债所得的利息收入，免征企业所得税。

(2) 符合条件的居民企业之间的股息、红利等权益性收益。该收益是指居民企业直接投资于其他居民企业取得的投资收益。

(3) 在中国境内设立机构、场所的非居民企业从居民企业取得与该机构、场所有实际联系的股息、红利等权益性投资收益。该收益不包括连续持有居民企业公开发行并上市流通的股票不足12个月取得的投资收益。

(4) 符合条件的非营利组织的收入。

三、营业收入的纳税筹划

营业收入的纳税筹划主要是通过推迟收入的确认时点、采用合理的收入确认方法,以获取资金的时间价值来实现,具体包括以下做法。

(一)推迟收入的确认时点

1. 选择适当的结算方式,避免垫付税款

企业应根据具体情况选择适当的销售结算方式,避免垫付税款,同时应尽量推迟确认销售收入,以达到延缓纳税的目的。

2. 通过签订分期收款销售合同,实现递延纳税

对销售金额较大,不能一次性收到所有销售款的货物,在签订销售合同时应选择分期收款销售方式,可以合法有效地在不同时期确认收入,实现递延纳税。分期确认收入的原则是,让法定收入时间与实际收款时间一致或晚于实际收款时间,这样企业就能有较为充足的现金纳税,并享受该笔资金差额的时间价值。

3. 赊销产品应在收到销售款时再开具发票

赊销产品应尽量不开具销售发票,在收到货款时再开具销售发票并确认收入,以免垫付税款。

4. 在合理合法的前提下将年终发生的销售推迟到次年确认收入

企业还应特别注意临近年终所发生的销售确认时点的筹划。比如,采用直接收款方式销售货物的,可以通过推迟收款时间或推迟提货单的交付时间,把收入确认时点延至次年,获得延迟纳税的利益。

(二)采用合理的收入确认方法

企业受托加工制造大型机械设备、船舶、飞机等,以及从事建筑、安装、装配工程业务或者提供劳务等,持续时间超过 12 个月的,按照纳税年度内完工进度或者完成的工作量确认收入的实现,即采用完工百分比法确认收入。纳税人应慎重确认完工比例,以避免提前纳税。

1. 分析评价是否满足确认的条件

采用完工百分比法确认合同收入和费用的前提是,企业在资产负债表日,合同的结果能够可靠地估计,即满足下列条件。

(1)收入的金额能够可靠地计量。
(2)相关的经济利益很有可能流入企业。
(3)交易的完工进度能够可靠确定。
(4)交易中已经发生和将要发生的成本可以可靠地计量。

2. 采用确认完工比例较小的方法计算完工程度

税法规定,按照纳税年度内完工进度或者完成的工作量确认收入的实现,纳税人应选择采用确认完工比例较小的方法计算完工程度。

在完工百分比法下确认实现的营业收入时,根据合同总价款与完成合同的程度(即完工程度)的乘积确定,即应确认的收入＝劳务总收入×劳务的完成程度。完工程度可以用三种方法确定。

(1) 根据对已完工的测量确定。
(2) 按已提供的劳务量占估计工程总量的百分比确定。
(3) 按已发生的工程成本占估计总成本的百分比确定。

【例 5-3】

某软件开发公司于本年 2 月 1 日为客户开发一项软件,工期大约 5 个月,合同总收入 300 万元,估计的开发总成本为 120 万元。至本年年末,已发生开发成本 75 万元;已提供的劳务量占估计的工程总量 70%;经专业测量师测量软件的开发程度为 65%。

要求:通过纳税筹划分析,为该公司选择最优的完工程度确认方法。

解析:

(1) 根据对已完工的测量确定,完工程度为 65%。

应确认的收入 = 300 × 65% = 195(万元)

(2) 按已提供的劳务量占估计的工程总量的百分比确定,完工程度为 70%。

应确认的收入 = 300 × 70% = 210(万元)

(3) 按已发生的工程成本占估计总成本的百分比确定。

完工程度 = 75 ÷ 120 × 100% = 62.50%

应确认的收入 = 300 × 62.50% = 187.50(万元)

完工程度确认方法的确定:该公司应选择按已发生的工程成本占估计总成本的百分比确定完工程度,该方法确认的收入最少,可以避免垫付税款的情况发生。

结论:对于有多种方法测算完工程度的,企业应选择计算的完成程度最低的方法。

四、不征税收入的纳税筹划

不征税收入主要包括:财政拨款、依法收取并纳入财政管理的行政事业性收费、政府性基金及国务院规定的其他不征税的收入。

(一) 不征税收入有关企业所得税处理的规定

为了更好地核算不征税收入,财政部国家税务总局对专项用途财政性资金企业所得税处理做了如下规定。

(1) 企业从县级以上各级人民政府财政部门及其他部门取得的应计入收入总额的财政性资金,凡同时符合以下条件的,可以作为不征税收入,在计算应纳税所得额时从收入总额中减除:

① 企业能够提供规定资金专项用途的资金拨付文件;

② 财政部门或其他拨付资金的政府部门对该资金有专门的资金管理办法或具体管理要求;

③ 企业对该资金及该资金发生的支出单独进行核算。

(2) 上述不征税收入用于支出所形成的费用,不得在计算应纳税所得额时扣除;用于支出所形成的资产,其计算的折旧、摊销不得在计算应纳税所得额时扣除。

(3) 企业将符合规定条件的财政性资金作不征税收入处理后,在 5 年(60 个月)内未发生支出且未缴回财政部门或其他拨付资金的政府部门的部分,应计入取得该资金第六年的应税收入总额;计入应税收入总额的财政性资金发生的支出,允许在计算应纳税所得额时扣除。

（二）不征税收入的纳税筹划方法

根据上述规定，企业对不征税收入进行纳税筹划主要从以下两个角度进行。

1. 盈利企业取得财政拨款应做不征税收入处理

盈利企业取得财政拨款应做不征税收入，可以获得货币时间价值，企业应对该资金及以该资金发生的支出单独进行核算。

2. 企业存在未弥补亏损且亏损年度将够5年的，应将财政拨款做征税收入处理

【例 5-4】

某企业2023年取得财政拨款600万元，2018年亏损700万元，目前只弥补了50万元，预计在不考虑财政拨款的情况下，2023年企业的应纳税所得额预计为20万元。

要求：为该企业取得财政拨款的税务处理作出纳税筹划方案。

解析：由于不征税收入用于支出所形成的费用，不得在计算应纳税所得额时扣除；用于支出所形成的资产，其计算的折旧、摊销不得在计算应纳税所得额时扣除。

如果将财政拨款确认为不征税收入，企业2023年不需要缴纳企业所得税，但未来形成的支出均不可在税前扣除，且2018年的亏损将不能得到弥补。该项收入对于应纳税所得额的影响为0。

如果确认为征税收入，企业2023年的应纳税所得额为620万元（600＋20），弥补2018年亏损后当年的应纳税所得额为－30万元［620－（700－50）］，仍然不需要缴纳企业所得税，但以后年度形成的支出（或折旧或者摊销）可以在税前扣除。

纳税筹划方案：该企业取得财政拨款，应按征收收入进行税务处理，增加当年的应纳税所得额。

结论：企业存在未弥补亏损且亏损年度将够5年的，应将财政拨款做征税收入处理。

五、免税收入的纳税筹划

不征税收入和免税收入的所得税处理不同，其中，免税收入不需要任何条件，可以直接享受免税规定。企业取得的各项免税收入所对应的各项成本费用，除另有规定者外，可以在计算企业应纳税所得额时扣除。

企业在运用免税收入进行纳税筹划时，应注意相关政策规定。

（一）国债利息收入的界定

国债利息收入是指企业持有国务院财政部门发行的国债取得的利息收入。但对于企业在二级市场转让国债获得的收入，还需作为转让财产收入计算缴纳企业所得税。另外，持有外国政府国债和企业发行的债券取得的利息收入，不属于免税收入。

（二）符合条件的居民企业之间的股息、红利等权益性投资收益的界定

符合条件的居民企业之间的股息、红利等权益性投资收益，在确认为免税收入时应注意：仅限于居民企业直接投资于其他居民企业取得的投资收益。这一条件限制既排除了居民企业之间的非直接投资所取得的权益性收益，又排除了居民企业对非居民企业的权益性投资收益。

(三)非居民企业从居民企业取得的股息、红利等权益性投资收益的界定

在确认非居民企业从居民企业取得的股息、红利等权益性投资收益免税时应注意以下两点。

(1)非居民企业从居民企业取得的股息、红利等权益性投资收益,需要与其在境内设立的机构、场所有实际联系。

有实际联系,是指该机构、场所拥有、控制据以取得所得的股权等。也就是说,非居民企业从居民企业取得的股息、红利等权益性投资收益,是通过其在境内设立的机构、场所拥有、控制的股权而取得的。与发生在居民企业之间的情况相类似,这类股息、红利收益也是从被投资的居民企业的税后利润中分配的,因此已经缴纳过企业所得税,如果再将其并入非居民企业的应税收入中征税,存在同一经济来源所得重复征税的问题。

(2)不包括对居民企业公开发行并上市流通的股票进行短期炒作而取得的权益性投资收益。

短期炒作的具体标准,是指连续持有被投资企业公开发行并上市流通的股票的时间不足 12 个月取得的权益性投资收益。这一规定的目的是限制投机、鼓励投资,鼓励非居民企业对居民企业的生产经营性投资。

(四)符合条件的非营利组织收入的界定

符合条件的非营利组织的收入不包括非营利组织从事营利性活动取得的收入,非营利组织是指同时符合下列条件的组织。

(1)依法履行非营利组织登记手续。

(2)从事公益性或者非营利性活动。

(3)取得的收入除用于与该组织有关的、合理的支出外,全部用于登记核定或者章程规定的公益性或者非营利性事业。

(4)财产及其孳息不用于分配。

(5)按照登记核定或者章程规定,该组织注销后的剩余财产用于公益性或者非营利性目的,或者由登记管理机关转赠给与该组织性质、宗旨相同的组织,并向社会公告。

(6)投入人对投入该组织的财产不保有或者享有任何财产权利。

(7)工作人员工资福利开支控制在规定的比例内,不变相分配该组织的财产。

第三节 扣除项目的纳税筹划

纳税人在生产经营活动中,要发生各项成本、费用。在计算应纳税所得额时,准予扣除与取得应纳税收入相关的成本、费用、税金和损失。

一、扣除项目的相关规定

(一)基本扣除项目

企业实际发生的与取得收入有关的、合理的支出,包括成本、费用、税金、损失和其他支

出,准予在计算应纳税所得额时扣除。

1. 成本

成本是指企业在生产经营活动中发生的销售成本、销货成本、业务支出及其他耗费。

（1）销售成本,是生产型企业在生产产品过程中,为生产产品所耗费的原材料、直接人工及耗费在产品的辅助材料、物料等。

（2）销货成本,是商品流通企业销售货物的成本,由企业所销货物的购买价加上可直接归属于销售货物所发生的支出组成。

（3）业务支出,是服务业企业提供服务过程中发生的支出,包括直接耗费的原材料、服务人员的工资薪金等直接可归属于服务的其他支出。

（4）其他耗费,凡是企业在生产产品、销售商品、提供劳务等过程中耗费的其他直接相关支出,如果没有列入费用的范畴,都允许作为其他耗费列入成本的范围,在计算企业所得税前扣除。

2. 费用

费用是指企业在生产经营活动中发生的销售费用、管理费用和财务费用,但已经计入成本的有关费用除外。

（1）销售费用,是指应由企业负担的为销售商品而发生的费用,包括广告费、运输费、装卸费、包装费、展览费、保险费、销售佣金（能直接认定的进口佣金调整商品进价成本）、代销手续费、经营性租赁费及销售部门发生的差旅费、工资、福利费等费用。

（2）管理费用,是指企业的行政管理部门为管理组织经营活动提供各项支援性服务而发生的费用。

（3）财务费用,是指企业筹集经营性资金而发生的费用,包括利息净支出、汇兑净损失、金融机构手续费及其他非资本化支出。

3. 税金

税金是指企业发生的除企业所得税和允许抵扣的增值税以外的各项税金及其附加。即企业按规定缴纳的消费税、城市维护建设税、关税、资源税、土地增值税、房产税、车船税、土地使用税、印花税、教育费附加等产品销售税金及附加。这些已纳税金准予税前扣除。

4. 损失

损失是指企业在生产经营活动中发生的固定资产和存货的盘亏、毁损、报废损失,转让财产损失,呆账损失,坏账损失,自然灾害等不可抗力因素造成的损失及其他损失。

5. 其他支出

其他支出是指除成本、费用、税金、损失外,企业在生产经营活动中发生的与生产经营活动有关的、合理的支出。

（二）限定条件扣除项目

在计算应纳税所得额时,下列项目可按照实际发生额或规定标准扣除。

1. 工资、薪金支出

企业发生的合理的工资薪金支出,准予扣除。

工资、薪金支出是指企业每一纳税年度支付给在本企业任职或者受雇的员工的所有现金形式或者非现金形式的劳动报酬,包括基本工资、奖金、津贴、补贴、年终加薪、加班工资,以及与员工任职或者受雇有关的其他支出。

2. 职工福利费、工会经费、职工教育经费

(1) 企业发生的职工福利费支出,不超过工资薪金总额14%的部分,准予扣除。

(2) 企业拨缴的工会经费,不超过工资薪金总额2%的部分,准予扣除。

(3) 企业发生的职工教育经费支出,不超过工资薪金总额8%的部分准予在计算企业所得税应纳税所得额时扣除;超过部分,准予在以后纳税年度结转扣除;软件生产企业发生的职工教育经费中的职工培训费用,可以全额在企业所得税前扣除。

3. 保险费用

(1) 企业依照国务院有关主管部门或者省级人民政府规定的范围和标准为职工缴纳的基本养老保险费、基本医疗保险费、失业保险费、工伤保险费、生育保险费等基本社会保险费和住房公积金,准予扣除。

(2) 企业为投资者或在本企业任职、受雇的全体员工支付的补充养老保险、补充医疗保险费,分别在不超过工资总额5%标准内的部分,准予扣除;超过部分,不予扣除。

(3) 企业依照国家有关规定为特殊工种职工支付的人身安全保险费和符合国务院财政、税务主管部门规定可以扣除的商业保险费,准予扣除。

(4) 企业参加财产保险,按照规定缴纳的保险费,准予扣除。

(5) 企业为投资者或者职工支付的商业保险费,不得扣除。

4. 借款费用与利息支出

(1) 借款费用

借款费用是指企业因借款而发生的利息及其他相关成本,包括借款利息、折价或者溢价的摊销、辅助费用,以及因外币借款而发生的汇兑差额。

企业在生产经营活动中发生的合理的不需要资本化的借款费用,准予扣除。

企业为购置、建造固定资产、无形资产和经过12个月以上的建造才能达到预定可销售状态的存货发生借款的,在有关资产购置、建造期间发生的合理的借款费用,应当作为资本性支出计入有关资产的成本,并依照资产税务处理的相关规定扣除。

(2) 利息支出

① 利息支出的扣除标准。非金融企业向金融企业借款的利息支出、金融企业的各项存款利息支出和同业拆借利息支出、企业经批准发行债券的利息支出,准予扣除;非金融企业向非金融企业借款的利息支出,不超过按照金融企业同期同类贷款利率计算的数额的部分,准予扣除。

② 关联企业利息支出的扣除。企业从其关联方接受的债权性投资与权益性投资的比例超过规定标准(金融企业为5∶1;其他企业为2∶1)而发生的利息支出,不得在计算应纳税所得额时扣除。

③ 企业向自然人借款利息支出的扣除。

一是企业向股东或其他与企业有关联关系的自然人借款的利息支出,应根据税法对关联企业的相关规定,计算企业所得税扣除额。

二是企业向股东或其他与企业有关联关系的自然人以外的内部职工或其他人员借款的利息支出,在不超过按照金融企业同期同类贷款利率计算的数额的部分,根据规定准予扣除。且必须同时符合以下条件:一是企业与个人之间的借贷是真实、合法、有效的,并且不具有非法集资目的或其他违反法律、法规的行为;二是企业与个人之间签订了借款合同。

5. 汇兑损失

企业在货币交易中,以及纳税年度终了时将人民币以外的货币性资产、负债按照期末即期人民币汇率中间价折算为人民币时产生的汇兑损失,除已经计入有关资产成本及与向所有者进行利润分配相关的部分外,准予扣除。

6. 业务招待费

企业发生的与生产经营活动有关的业务招待费支出,按照发生额的60%扣除,但最高不得超过当年销售(营业)收入的5‰。

7. 广告费和业务宣传费

(1) 企业发生的符合条件的广告费和业务宣传费支出,除国务院财政、税务主管部门另有规定外,不超过当年销售(营业)收入15%的部分,准予扣除;超过部分,准予在以后纳税年度结转扣除。

(2) 自2021年1月1日起至2025年12月31日止,对化妆品制造或销售、医药制造和饮料制造(不含酒类制造)企业发生的广告费和业务宣传费支出,不超过当年销售(营业)收入30%的部分,准予扣除;超过部分,准予在以后纳税年度结转扣除。

(3) 烟草企业的烟草广告费和业务宣传费支出,一律不得在计算应纳税所得额时扣除。

8. 环境保护等专项资金

企业依照法律、行政法规有关规定提取的用于环境保护、生态恢复等方面的专项资金,准予扣除。但上述专项资金提取后若改变用途,则不得扣除。

9. 固定资产的租赁费

企业根据生产经营活动的需要租入固定资产支付的租赁费,按照以下方法扣除。

(1) 以经营租赁方式租入固定资产发生的租赁费支出,按照租赁期限均匀扣除。

(2) 以融资租赁方式租入固定资产发生的租赁费支出,按照规定构成融资租入固定资产价值的部分应当提取折旧费用,分期扣除。

10. 劳动保护支出

企业发生的合理的劳动保护支出,准予扣除。

合理的劳动保护支出,是指确因工作需要为雇员配备或提供工作服、手套、安全保护用品、防暑降温用品等所发生的支出。

11. 管理费支出

非居民企业在中国境内设立的机构、场所,就其中国境外总机构发生的与该机构、场所生产经营有关的费用,如果能够提供总机构出具的费用汇集范围、定额、分配依据和方法等证明文件,并合理分摊的,准予扣除。

12. 公益性捐赠

企业当年发生及以前年度结转的公益性捐赠支出,不超过年度利润总额12%的部分,准予扣除。超过年度利润总额12%的部分,准予结转以后三年内在计算应纳税所得额时扣除。

企业在非货币性资产捐赠过程中发生的运费、保险费、人工费用等相关支出,凡纳入国家机关、公益性社会组织开具的公益捐赠票据记载的数额中的,作为公益性捐赠支出按照规定在税前扣除;上述费用未纳入公益性捐赠票据记载的数额中的,作为企业相关费用按照规定在税前扣除。

公益性捐赠是指企业通过公益性社会团体或者县级以上人民政府及其部门,用于《中华人民共和国公益事业捐赠法》规定的公益事业的捐赠。

13. 转让资产的净值

企业转让资产,该项资产的净值准予在计算应纳税所得额时扣除。

资产的净值是指有关资产的计税基础减除已经按照规定扣除的折旧、折耗、摊销、准备金等后的余额。

14. 有关资产的费用

企业转让各类固定资产发生的费用,允许扣除。企业按规定计算的固定资产折旧费、无形资产和递延资产的摊销费,准予扣除。

15. 资产损失

企业当期发生的固定资产和流动资产盘亏、毁损净损失,由其提供清查盘存资料经主管税务机关审核后,准予扣除;企业因存货盘亏、毁损、报废等原因不得从销项税额中抵扣的进项税额,应视同企业财产损失,准予与存货损失一起在所得税前按规定扣除。

16. 金融企业贷款损失准备金

政策性银行、商业银行、财务公司、城乡信用社和金融租赁公司等金融企业按规定比率提取的贷款损失准备金准予税前扣除。

17. 企业员工服饰费用支出

企业根据其工作性质和特点,由企业统一制作并要求员工工作时统一着装所发生的工作服饰费用,可以作为企业合理的支出给予税前扣除。

18. 依照有关法律、行政法规和国家有关税法规定准予扣除的其他项目

如会员费、合理的会议费、差旅费、违约金、诉讼费等。

对企业依据财务会计制度规定,并实际在财务会计处理上已确认的支出,凡没有超过《企业所得税法》和有关税收法规规定的税前扣除范围和标准的,可按企业实际会计处理确认的支出,在企业所得税前扣除,计算其应纳税所得额。

二、工资薪金的纳税筹划

企业发生的合理的工资薪金支出,准予扣除。企业发生的职工福利费、职工教育经费、拨缴的工会经费,分别在不超过工资薪金总额14％、8％、2％以内的部分,准予扣除;对职工教育经费超过限额的部分,准予在以后纳税年度结转扣除。企业在工资薪金的纳税筹划中要注意以下几点。

(一) 保证工资薪金支付的合理性

判断工资薪金的合理性,主要从雇员实际提供的服务与报酬总额在数量上是否配比合理进行,凡是符合企业生产经营活动常规而发生的工资薪金支出都可以在税前据实扣除。因此,企业在进行税前抵扣工资支出时,一定要注意参考同行业的正常工资水平。

(二) 取得合法的扣除凭证

对于建立工会组织的纳税人,按规定向工会拨缴经费,凭工会组织开具的"工会经费拨缴款专用收据"税前扣除。否则不得税前扣除。

(三) 软件生产企业应加大职工培训费用的支出

由于软件生产企业的职工培训费用,可按实际发生额在计算应纳税所得额时扣除。因

此,软件生产企业在条件允许的情况下,应加大职工培训费用的支出,以降低企业的应纳税所得额。

(四) 为职工缴存住房公积金,以减少应纳税所得额

企业依照国务院有关主管部门或者省级人民政府规定的范围和标准为职工缴纳的基本养老保险费、基本医疗保险费、失业保险费、工伤保险费、生育保险费等基本社会保险费和住房公积金,准予扣除。由于住房公积金的缴存不具有基本社会保险的强制性,很多私营企业没有为员工缴存住房公积金。私营企业可以根据政策规定最低标准以较少的支出缴存住房公积金达到少缴企业所得税的效果,同时还可增加职工的收入。

三、存货计价方法选择的纳税筹划

纳税人的各种存货应以取得时的实际成本计价。企业发出存货成本的计算方法,可以在先进先出法、加权平均法、个别计价法中选用一种。计价方法一经选用,不得随意变更。

在物价变动的情况下,由于不同的存货计价方法可以通过改变销售成本,继而影响应纳税所得额。因此,从纳税筹划的角度分析,纳税人可以通过采用不同的计价方法对发出存货的成本进行筹划,根据自己的实际情况选择使本期发出存货成本最有利于纳税筹划的存货计价办法。在不同企业或企业处于不同的盈亏状态下,应选择不同的存货计价方法。

(一) 盈利企业存货计价方法的选择

盈利企业的存货成本可以最大限度地在本期应纳税所得额中税前抵扣,应选择能使本期成本最大化的计价方法。一般来说,原材料的价格是不断上涨的,采用先进先出法核算发出存货的成本,计入成本、费用的金额相对较低,当期利润较高,应纳企业所得税也就较高。因此,在物价上升的情况下,一般应选择加权平均法。在通货紧缩、物价下跌时期,应选择先进先出法。

【例 5-5】

某公司 2022 年 12 月先后购进两批品种规格相同的货物,第一批货物共 500 件,总进价为 500 万元,第二批货物也是 500 件,总进价为 700 万元。该企业在 2022 年 12 月和 2023 年 1 月各出售购进货物 500 件,销售收入分别为 800 万元和 900 万元。该公司企业所得税税率为 25%。假定该公司 12 月期初无同类存货,在不考虑其他因素的前提下,两种存货计价方法对企业所得税的影响见表 5-1。

表 5-1 不同的存货成本计价方法对企业所得税的影响　　　　单位:万元

项 目	先进先出法			加权平均法		
	2022 年 12 月	2023 年 1 月	合计	2022 年 12 月	2023 年 1 月	合计
销售收入	800	900	1 700	800	900	1 700
销售成本	500	700	1 200	600	600	1 200
销售利润	300	200	500	200	300	500
企业所得税	75	50	125	50	75	125
税后利润	225	150	375	150	225	375

解析：从表 5-1 可以看出，不同的存货计价方法从总体上看税负是相等的，但在不同的纳税期间其分布是不一样的。在物价上涨的情况下，采用先进先出法比采用加权平均法可以提前一段时间实现较多的利润，也就意味着提前缴纳更多的企业所得税。

结论：在物价上涨的情况下，采用加权平均法有利于纳税人降低当期税负；如果处于物价下跌时期，采用先进先出法有利于纳税人降低当期税负。

（二）亏损企业存货计价方法的选择

亏损企业选择存货计价方法应与亏损弥补情况相结合。选择的计价方法，必须使不能得到或不能完全得到税前弥补的亏损年度的成本费用降低，使成本费用延迟到以后能够完全得到抵补的时期，保证成本费用的抵税效果得到最大限度的发挥。

（三）享受税收优惠企业存货计价方法的选择

如果企业正处于企业所得税的减税或免税期，就意味着企业获得的利润越多，其得到的减免税额就越多。因此，应选择减免税优惠期间内存货成本最小化的计价方法，减少存货费用的当期摊入，扩大当期利润。相反，处于非税收优惠期间时，应选择使得存货成本最大化的计价方法，将当期的存货费用尽量扩大，以达到减少当期利润，推迟纳税期的目的。

对于享受定期减免所得税的企业，在物价上涨的情况下，采用先进先出法核算发出存货成本更有利于降低应纳税额。例如，从事国家重点扶持的公共基础设施项目的企业，自项目取得第一笔生产经营收入所属纳税年度起，第一年至第三年免征企业所得税，第四年至第六年减半征收企业所得税。企业在前三年获得的利润越多，其享受的免税额就越大，企业选择先进先出法核算发出存货成本，可以扩大当期利润，充分享受税收优惠政策。

风险提示：在实际工作中，企业应根据实际情况选择存货计价方法。企业还应该注意的是，存货计价方法一经选用，不得随意变更。

四、固定资产计提折旧的纳税筹划

固定资产通过计提折旧影响损益，因此，折旧的计提直接影响企业的利润。影响固定资产计提折旧的因素主要包括固定资产计提折旧的方法、固定资产原值、折旧年限和预计净残值等因素。我国税法对企业计提折旧有比较严格的规定，税法规定企业应采用直线法计提折旧，且税法对不同固定资产规定了最低折旧年限，因此，固定资产计提折旧的纳税筹划空间不是很大。在对固定资产进行纳税筹划时，主要研究盈利企业如何通过纳税筹划降低当期税负，获取资金时间价值。

（一）固定资产计价的纳税筹划

1. 固定资产计税基础的相关规定

固定资产价值即固定资产的计税基础，是通过折旧形式转移到成本费用之中的。税法根据固定资产的来源不同，其计税基础分别规定为：

（1）外购的固定资产，以购买价款和支付的相关税费，以及直接归属于使该资产达到预定用途发生的其他支出为计税基础；

（2）自行建造的固定资产，以竣工结算前发生的支出为计税基础；

（3）融资租入的固定资产，以租赁合同约定的付款总额和承租人在签订租赁合同过程中发生的相关费用为计税基础，租赁合同未约定付款总额的，以该资产的公允价值和承租人在签订租赁合同过程中发生的相关费用为计税基础；

(4) 盘盈的固定资产，以同类固定资产的重置完全价值为计税基础；

(5) 通过捐赠、投资、非货币性资产交换、债务重组等方式取得的固定资产，以该资产的公允价值和支付的相关税费为计税基础；

(6) 改建的固定资产，除已足额提取折旧的固定资产和经营租入固定资产的改建支出外，以改建过程中发生的改建支出增加固定资产的计税基础。

2. 通过合理合法手段使固定资产的价值尽早抵减利润

(1) 折旧是在未来较长时间内陆续计提抵减利润的，新增成套的固定资产，可以将其易损件、小配件单独开具发票，作为低值易耗品入账，在领用时直接或分次计入当期成本费用，尽早降低当期的应纳税所得额；

(2) 对于在建工程，应尽可能早地转入固定资产，以便尽早计提折旧。如果整体工程建设工期较长，但完工部分已投入使用，可对该部分进行分项决算，以便尽早转入固定资产账户。

3. 避免对未足额提取折旧的房屋、建筑物进行推倒重置的改扩建

为了规范房屋、建筑物固定资产改扩建的税务处理，税法规定，企业对房屋、建筑物固定资产在未足额提取折旧前进行改扩建的，如属于推倒重置的，该资产原值减除提取折旧后的净值，应并入重置后的固定资产计税成本，并在该固定资产投入使用后的次月起，按照税法规定的折旧年限，一并计提折旧；如属于提升功能、增加面积的，该固定资产的改扩建支出，并入该固定资产计税基础，并从改扩建完工投入使用后的次月起，重新按税法规定的该固定资产折旧年限计提折旧，如改扩建后的固定资产尚可使用的年限低于税法规定的最低年限的，可以按尚可使用的年限计提折旧。

根据《企业会计准则》的规定，企业对房屋、建筑物固定资产推倒重置，属于两笔业务，一是固定资产清理，二是新建固定资产。税法之所以作出上述规定，主要是出于对企业所得税和房产税征管的考虑。因为按照会计规定进行税务处理，推倒后需进行固定资产清理的会计处理，会产生固定资产损失，减少当年应纳税所得额；另外，新建固定资产的计税基础不包括未足额提取折旧部分的价值，会减少房产税的计税基础，会使企业轻易采用推倒重置的方法进行固定资产建造，不利于资源的充分利用，造成浪费。因此，税法规定，企业对房屋、建筑物固定资产在未足额提取折旧前进行属于推倒重置改扩建的，该资产原值减除提取折旧后的净值，应并入重置后的固定资产计税成本。

【例 5-6】

甲企业有一临街门市房，账面原价 900 万元，已计提折旧 720 万元。因当时建造的比较简陋，现在该地段增值空间较大，甲企业决定将其推倒重置，预计建造新门市房将发生支出 1 200 万元，甲企业所得税税率为 25%，假设不考虑清理费和变现残值等其他因素。

要求：为该企业房屋推倒重置业务作出纳税筹划方案。

解析：纳税筹划前，企业在门市房未足额提取折旧前推倒重置。按照税法规定，固定资产的账面净值 180 万元(900－720)，不可以抵减当期应纳税所得额，应并入重置后的固定资产计税成本。

纳税筹划方案：该企业可以将门市房进行简单的维修，发生的维修费可以直接抵减当期

应纳税所得额,将门市房坚持使用到提足折旧。

纳税筹划后,固定资产的账面净值180万元,以折旧的形式计入当期损益,可以直接抵减当期应纳税所得额,减少应纳所得税税额45万元(180×25%),实现了递延纳税,获取了资金时间价值。

结论:企业未足额提取折旧的房屋、建筑物,不适合采用进行推倒重置的改扩建方式,企业将其使用到提足折旧后再推倒重置,可以有效降低企业税负。

(二) 固定资产折旧年限的纳税筹划

固定资产折旧年限取决于固定资产能够使用的年限,是一个估计的经验值,包含了人为的因素。

1. 固定资产最低折旧年限的规定

税法规定,除国务院财政、税务主管部门另有规定外,固定资产计算折旧的最低年限如下:

(1) 房屋、建筑物为20年;
(2) 飞机、火车、轮船、机器、机械和其他生产设备为10年;
(3) 与生产经营活动有关的器具、工具、家具等为5年;
(4) 飞机、火车、轮船以外的运输工具为4年;
(5) 电子设备为3年。

2. 按税法规定的最低折旧年限计提折旧

折旧年限的长短虽然不能从总额上影响企业所得税税负,但考虑资金时间价值,降低折旧年限对企业还是比较有利的。因此,从纳税筹划的角度来看,企业应按税法规定的最低折旧年限计提折旧。

(三) 企业应在合理范围内将预计净残值设定为较低金额

会计和税法对企业预计净残值的比例没有严格规定,只是要求企业应当根据固定资产的性质和使用情况,合理确定固定资产的预计净残值,固定资产的预计净残值一经确定,不得随意变更。

预计净残值较少,当期计提的折旧就较大,可以降低当期的应纳税所得额。因此,企业应在合理范围内将预计净残值设定为较低金额,但没有确切证据证明固定资产报废时没有任何剩余价值,企业不要把预计净残值设定为零,以免产生纳税筹划风险。

(四) 固定资产加速折旧的纳税筹划

1. 加速折旧的范围

(1) 基本规定

下列固定资产可以采用加速折旧的方法计提折旧在应纳税所得额中扣除:

① 由于技术进步,产品更新换代较快的固定资产。
② 常年处于强震动、高腐蚀状态的固定资产。

(2) 固定资产加速折旧的其他规定

① 信息传输、软件和信息技术服务业及全部制造业领域的企业,均适用固定资产加速折旧优惠。

② 对上述行业的小型微利企业,在相关规定时间后新购进的研发和生产经营共用的仪

器、设备,单位价值不超过 100 万元的,允许一次性计入当期成本费用在计算应纳税所得额时扣除,不再分年度计算折旧;单位价值超过 100 万元的,可由企业选择缩短折旧年限或采取加速折旧的方法。

③ 对所有行业企业新购进的专门用于研发的仪器、设备,单位价值不超过 100 万元的,允许一次性计入当期成本费用在计算应纳税所得额时扣除,不再分年度计算折旧;单位价值超过 100 万元的,可缩短折旧年限或采取加速折旧的方法。

④ 对所有行业企业持有的单位价值不超过 5 000 元的固定资产,允许一次性计入当期成本费用在计算应纳税所得额时扣除,不再分年度计算折旧。

⑤ 企业在 2018 年 1 月 1 日至 2023 年 12 月 31 日期间新购进的设备、器具,单位价值不超过 500 万元的,允许一次性计入当期成本费用在计算应纳税所得额时扣除,不再分年度计算折旧;单位价值超过 500 万元的,仍按企业所得税法相关规定计提折旧。设备、器具,是指除房屋、建筑物以外的固定资产。

2. 加速折旧的方法

企业的固定资产确需加速折旧的,可以采取缩短折旧年限或者采取加速折旧的方法。

采用缩短折旧年限来加速折旧的固定资产,固定资产的使用年限不得低于税法规定的最低折旧年限的 60%;采取加速折旧方法的固定资产,可以采取双倍余额递减法或者年数总和法计算折旧。

集成电路生产企业的生产设备,其折旧年限可以适当缩短,最短可为 3 年(含)。企业外购的软件,凡符合固定资产或无形资产确认条件的,可以按照固定资产或无形资产进行核算,其折旧或摊销年限可以适当缩短,最短可为 2 年(含)。

3. 采用缩短折旧年限的方法进行加速折旧

全部制造业及信息传输、软件和信息技术服务业的企业,享受固定资产加速折旧优惠政策。符合固定资产加速折旧政策的企业,可以在缩短折旧年限或采取加速折旧中选择折旧计算方法。缩短折旧年限允许按不低于企业所得税法规定的最低折旧年限的 60% 缩短折旧年限,加速折旧包括双倍余额递减法或年数总和法。从纳税筹划的角度来看,符合加速折旧政策的企业,缩短折旧年限对企业更为有利,因为加速折旧只增加了前期的折旧额,而整体折旧年限并没有缩短。

4. 灵活运用固定资产一次性税前扣除优惠政策

企业在 2018 年 1 月 1 日至 2023 年 12 月 31 日期间新购进的设备、器具,单位价值不超过 500 万元的,允许一次性计入当期成本费用在计算应纳税所得额时扣除,不再分年度计算折旧。从投入使用的月份的次月所属年度一次性税前扣除;单位价值超过 500 万元的,仍按税法相关规定计提折旧。设备、器具,是指除房屋、建筑物以外的固定资产。从纳税筹划的角度来看,新购进的单位价值不超过 500 万元的设备、器具一次性税前扣除,可以有效获取资金的时间价值。另外,如果单位价值在小型微利企业临界点附近,其节税力度将更大。

【例 5-7】

某企业满足小型微利企业资产和人数的要求,2023 年的应纳税所得额预计为 380 万元。企业准备在 2023 年 12 月购入一台价值 100 万元的设备并投入使用。

要求:为该企业购置设备作出纳税筹划方案。

解析：该企业应纳所得税额为 380 万元，超过小微企业标准，不能享受小微企业优惠政策。

应纳企业所得税＝380×25％＝95(万元)

纳税筹划方案：该企业在 2023 年 11 月购入这台价值 100 万元的设备并投入使用，并选择从投入使用的月份的次月所属年度一次性税前扣除固定资产价值，则该企业的应纳税所得额为 280 万元，符合小微企业标准。

应纳企业所得税款＝280×25％×20％＝14(万元)

纳税筹划后少纳企业所得税＝95－14＝81(万元)

结论：对于资产和人数满足小型微利企业条件的纳税人，如果其应纳税所得额超过临界点，可以通过固定资产一次性税前扣除优惠政策，使其满足小型微利企业条件，以有效降低企业税负。

(五) 固定资产处置的纳税筹划

【例 5-8】

某企业因节能减排、改进工艺有一套设备暂时闲置不用，该设备原值 500 万元，已提折旧 300 万元。企业针对该设备现有两套方案：一是暂时闲置，根据未来企业情况，决定是否再重新使用；二是直接出售，因设备已属于淘汰设备，预计可以获得转让收入 120 万元(不含税)。

要求：通过纳税筹划分析，为该企业选择最优的设备处置方案。

解析：

方案一　税法规定，房屋、建筑物以外未投入使用的固定资产，不得计算折旧扣除。如果该设备在企业闲置不用，即使企业按会计规定计提了折旧，按税法规定该折旧额也不允许税前扣除。该方案无法减少当期应纳企业所得税。

方案二　如果该设备转让，获得转让收入 120 万元(不含税)。

企业当前可以少缴纳企业所得税＝80×25％＝20(万元)

设备处置方案的确定：该企业应选择直接出售方案，应在设备停止使用后将其出售，可以抵减当前应纳企业所得税 20 万元。

风险提示：企业对于闲置不用的设备，选择处置方法时，既要考虑各种处置方法对当期应纳企业所得税的影响，还要考虑各种处置方法对企业收益的影响。

五、广告费和业务宣传费的纳税筹划

企业发生的符合条件的广告费和业务宣传费支出，除国务院财政、税务主管部门另有规定外，不超过当年销售(营业)收入 15％的部分，准予扣除；超过部分，准予在以后纳税年度结转扣除。虽然超过标准的广告费支出允许无限期结转到以后年度税前扣除，但从资金时间价值的角度考虑，还是当期扣除更加有利。

【例 5-9】

甲公司为一家休闲食品生产企业，为了扩大新产品的市场知名度，计划投入 1 600 万元的广告费和业务宣传费。预计全年实现营业收入 8 000 万元。

要求：为该企业广告费和业务宣传费支出作出纳税筹划方案。

解析：广告费和业务宣传费支出的扣除限额＝8 000×15％＝1 200（万元），广告费和业务宣传费支出的实际发生额1 600万元，需调增应纳税所得额400万元（1 600－1 200）。

对企业所得税的影响＝400×25％＝100（万元）

纳税筹划方案：企业将广告费和业务宣传费控制当期允许税前扣除的限额内，即1 200万元。将剩余的预算以自媒体的形式进行产品宣传，建立自己的网站，通过自己的网站发布产品宣传信息；同时，公司还可以雇用人员在节假日到各商场和文化活动场所和人员密集地点发放宣传资料。发生的网站维护费可以作为管理费用处理，雇佣人员的报酬作为劳务费处理，这两项支出均没有扣除限额的要求。

纳税筹划后，将剩余的400万元预算，以网站维护费和劳务费的形式进行支出，均允许税前扣除，可以使企业当期少缴企业所得税100万元。

结论：对于广告费和业务宣传费超过当期扣除限额的单位，可以考虑多角度的产品宣传，将超限额的广告费和业务宣传费转换为没有扣除限额限制的费用，可以使发生的费用尽早抵减当期应纳企业所得税。

六、业务招待费的纳税筹划

企业发生的与生产经营活动有关的业务招待费支出，按照实际发生额的60％扣除，但最高不得超过当年销售（营业）收入的5‰。

（一）确认业务招待费的节税临界点

根据业务招待费的扣除规定，无论企业开支多少业务招待费，至少有40％的费用不能在企业所得税税前扣除；如果发生额的60％超过了当年销售收入的5‰，不得在所得税前扣除的费用比例会更高。

业务招待费可以税前扣除的最高限额为当年销售（营业）收入的5‰。企业可以通过建立实际发生额的60％与当年销售（营业）收入5‰相等的等式，确认业务招待费的发生额。此时的业务招待费发生额，为业务招待费节税临界点，此时企业既能充分使用业务招待费的限额，又可以减少纳税调整事项。设销售（营业）收入为X，业务招待费的发生额为Y，当$Y×60％＝X×5‰$，则$Y＝X×8.33‰$。

当业务招待费实际发生额等于销售（营业）收入的8.33‰时，企业税前扣除的业务招待费达到最高扣除限额。盈利企业在进行纳税筹划时，应使业务招待费实际发生额大于或等于销售（营业）收入的8.33‰，由于业务招待费对应的发票比较容易取得，企业可以多抵减利润，减少应纳所得税金额。

（二）实现业务招待费的转换

实际工作中，业务招待费与会议经费、业务宣传费存在着可以相互替代、相互交叉的项目内容。这为业务招待费与其他费用项目的相互转化提供了纳税筹划空间。企业可以考虑将部分业务招待费转为业务宣传费。比如，一般情况下，外购礼品用于赠送应作为业务招待费，但如果礼品印有企业标识，对企业的形象、产品有宣传作用的，也可以作为业务宣传费。企业可以通过业务招待费的转换，实现纳税筹划目标。

【例 5-10】

甲企业预计本年销售(营业)收入为 12 000 万元。全年广告费和业务招待费预算支出 1 200 万元,其中广告费和业务宣传费预计 1 000 万元;业务招待费预计 200 万元,包括以外购的礼品赠送给客户,形成的业务招待费 100 万元。其他可税前扣除的支出为 8 000 万元。

要求:为该企业业务招待费支出作出纳税筹划方案。

解析:广告费和业务宣传费支出的扣除限额=12 000×15‰=1 800(万元),广告费和业务宣传费支出的实际发生额 1 000 万元,可据实扣除。

业务招待费的扣除限额=12 000×5‰=60(万元)

业务招待费实际发生的 60%=200×60%=120(万元)

业务招待费可以税前扣除金额为 60 万元,其实际发生额为 200 万元,需调增应纳税所得额 140 万元(200−60)。

应交企业所得税=(12 000−1 000−200+140−8 000)×25%=735(万元)

净利润=12 000−1 000−200−8 000−735=2 065(万元)

纳税筹划分析:当业务招待费实际发生额等于销售(营业)收入的 8.33‰时,企业税前扣除的业务招待费达到最高扣除限额。此时,

业务招待费实际发生额=12 000×8.33‰=100(万元)

纳税筹划方案:企业在不影响经营的前提下,调减业务招待费至 100 万元,同时调增广告费和业务宣传费至 1 100 万元。可以通过把赠送给客户的礼品印上本企业标识,将其作为对企业形象和产品的宣传之用,则这 100 万元的支出就可以作为业务宣传费处理,不再按业务招待费处理。

广告费和业务宣传费的扣除限额为 1 800 万元,1 100 万元可据实扣除。

业务招待费的扣除限额为 60 万元,需调增应纳税所得额 40 万元(100−60)。

应纳企业所得税=(12 000−1 100−100+40−8 000)×25%=710(万元)

净利润=12 000−1 100−100−8 000−710=2 090(万元)

纳税筹划后少纳企业所得税 25 万元(735−710),多获净利润 25 万元(2 090−2 065)。

风险提示:企业在业务招待费的转换过程中应注意,业务招待费与广告费、业务宣传费合理转换的前提是在准确把握会计原则的基础上正确归集费用,切不可随意将不符合会计政策规定的业务招待费归集为业务宣传费。

七、利息支出的纳税筹划

(一)合理确认借款费用的扣除方式

企业在生产经营活动中发生的合理的不需要资本化的借款费用,准予扣除;企业为购置、建造固定资产、无形资产和经过 12 个月以上的建造才能达到预定可销售状态的存货发生借款的,在有关资产购置、建造期间发生的合理的借款费用,应当作为资本性支出计入有关资产的成本,并依照规定扣除。

(二)按照税法规定的扣除标准税前扣除

(1)非金融企业向金融企业借款的利息支出、金融企业的各项存款利息支出和同业拆借利息支出、企业经批准发行债券的利息支出,准予扣除。

(2) 非金融企业向非金融企业借款的利息支出,不超过按照金融企业同期同类贷款利率计算的数额的部分,准予扣除。

(3) 企业向自然人借款的利息支出的扣除。

企业向股东或其他与企业有关联关系的自然人借款的利息支出,应根据税法规定的条件,计算企业所得税扣除额;企业向股东或其他与企业有关联关系的自然人以外的内部职工或其他人员借款的利息支出,在不超过按照金融企业同期同类贷款利率计算的数额的部分,根据规定准予扣除。

企业向股东或其他与企业有关联关系的自然人以外的内部职工或其他人员的借款必须同时符合以下条件,即企业与个人之间的借贷是真实、合法、有效的,并且不具有非法集资目的或其他违反法律、法规的行为;企业与个人之间签订了借款合同。

(三) 提供规定的证明资料证明利息支出的合理性

企业在按照合同要求首次支付利息并进行税前扣除时,应提供"金融企业的同期同类贷款利率情况说明",以证明其利息支出的合理性。

"金融企业的同期同类贷款利率情况说明"中,应包括在签订该借款合同当时,本省任何一家金融企业提供同期同类贷款利率情况。该金融企业应为经政府有关部门批准成立的可以从事贷款业务的企业,包括银行、财务公司、信托公司等金融机构。"同期同类贷款利率"是指在贷款期限、贷款金额、贷款担保及企业信誉等条件基本相同的情况下,金融企业提供贷款的利率,既可以是金融企业公布的同期同类平均利率,也可以是金融企业对某些企业提供的实际贷款利率。

八、公益性捐赠支出的纳税筹划

税法规定,企业发生的公益性捐赠支出,不超过年度利润总额12%的部分,准予扣除,而非公益性的捐赠不可以税前扣除,企业对公益性捐赠进行纳税筹划时应注意以下问题。

(一) 准确把握公益性捐赠的界定

企业可以享受税前扣除的捐赠支出必须是《公益事业捐赠法》中规定的向公益事业的捐赠支出。具体捐赠范围包括:救助灾害、救济贫困、扶助残疾人等困难的社会群体和个人的活动,教育、科学、文化、卫生、体育事业,环境保护、社会公共设施建设,促进社会发展和进步的其他社会公共和福利事业。企业和个人发生的上述范围之外的捐赠支出均不属于公益救济性捐赠支出,不能享受公益性捐赠支出相应的优惠政策。

(二) 必须通过符合规定的非营利组织或者国家机关进行捐赠

企业必须向符合规定的非营利组织或者国家机关实施捐赠,企业应提供省级以上(含省级)财政部门印制并加盖接受捐赠单位印章的公益性捐赠票据,或加盖接受捐赠单位印章的《非税收入一般缴款书》收据联,方可按规定进行税前扣除。

(三) 将捐赠金额控制在利润总额 12% 以内

企业发生的公益性捐赠支出,在年度利润总额12%以内的部分,准予在计算应纳税所得额时扣除。超过年度利润总额12%的部分,准予结转以后三年内在计算应纳税所得额时扣除。超过部分的公益性捐赠虽然可以结转,但从资金时间价值考虑还是应将捐赠金额控制在利润总额的12%以内,保证捐赠金额可以全部税前扣除。

【例5-11】

甲企业本年度计划直接向当地贫困地区捐赠400万元,预计本年度全年实现会计利润总额为1 840万元(已扣除上述捐赠400万元),假设除此以外无其他纳税调整项目。

要求:为该企业的捐赠行为作出纳税筹划方案。

解析:纳税筹划前,企业直接向受赠人进行捐赠,不满足公益性捐赠的条件,其捐赠支出不允许在计算应纳税所得额时扣除。

甲企业应纳企业所得税=(1 840+400)×25%=560(万元)

甲企业的净利润=1 840−560=1 280(万元)

纳税筹划分析如下。

捐赠方式:甲企业应通过符合规定的非营利组织或国家机关向当地贫困地区进行捐赠,这样将满足公益性捐赠的条件。

捐赠金额:公益性捐赠支出在年度利润总额12%以内的部分,准予在计算应纳税所得额时扣除,设年度利润总额12%的捐赠数额为X,则

$(1\,840+400-X)\times 12\% = X$

通过计算,得:$X=240$(万元)。

纳税筹划方案:甲企业应通过符合规定的非营利组织或国家机关向灾区捐赠240万元。

纳税筹划后,甲企业本年度净利润计算过程如下:

会计利润总额=1 840+400−240=2 000(万元)

捐赠支出的扣除限额=2 000×12%=240(万元)

甲企业应纳企业所得税=2 000×25%=500(万元)

甲企业的净利润=2 000−500=1 500(万元)

纳税筹划后少纳企业所得税60万元(560−500),增加净利润220万元(1 500−1 280)。

(四)捐赠时机的把握

企业应选择企业会计利润较高的期间进行公益性捐赠,既可以取得更高的税前扣除限额,降低纳税人应纳企业所得税金额,又可以实现企业的社会效益。

九、长期待摊费用的纳税筹划

(一)长期待摊费用的政策规定

1. 允许税前扣除的长期待摊费用

在计算应纳税所得额时,企业发生的下列支出作为长期待摊费用,按照规定摊销的,准予扣除。

(1)已足额提取折旧的固定资产的改建支出。

(2)租入固定资产的改建支出。

(1)和(2)所称固定资产的改建支出,是指改变房屋或者建筑物结构、延长使用年限等发生的支出。

(3)固定资产的大修理支出。

固定资产的大修理支出是指同时符合下列条件的支出。
① 修理支出达到取得固定资产时的计税基础 50% 以上；
② 修理后固定资产的使用年限延长 2 年以上。
（4）其他应当作为长期待摊费用的支出。

2．企业长期待摊费用的摊销规定
（1）已足额提取折旧的固定资产改建支出的摊销
已足额提取折旧的固定资产的改建支出应按照固定资产预计尚可使用年限分期摊销。
（2）租入固定资产改建支出的摊销
租入固定资产的改建支出应按照合同约定的剩余租赁期限分期摊销。
（3）固定资产的大修理支出的摊销
企业发生的固定资产的大修理支出，按照固定资产尚可使用年限分期摊销。
（4）其他应当作为长期待摊费用支出的摊销
其他应当作为长期待摊费用的支出，自支出发生月份的次月起分期摊销，摊销年限不得低于 3 年。

（二）长期待摊费用的纳税筹划方法

长期待摊费用的纳税筹划方法，主要是针对盈利企业如何降低当期税负，获取资金时间价值进行的。

（1）已足额提取折旧的固定资产发生的改建支出，在合理合法的前提下，将预计尚可使用年限估计得较低，可以增加当期的摊销额，降低当期的应纳税所得额。

（2）对租入的固定资产，在签订租赁合同时，不要将租赁期限约定得太长。这样，租入固定资产的改建支出按照合同约定的剩余租赁期限分期摊销，可以增加当期的摊销额，降低当期的应纳税所得额。

（3）在对固定资产进行大修理时，应控制大修理支出，使其不要超过取得固定资产时计税基础的 50%。这样，不满足大修理的确认条件，可以作为日常修理处理，直接计入当期成本费用，降低当期的应纳税所得额。

【例 5-12】

某公司本年 9 月对一条生产线进行大修理，12 月完工并投入使用。该生产线原值及计税基础均为 6 000 万元，共发生修理费 3 060 万元，其中人工费 600 万元，更换各种零部件支出 1 500 万元，更换一台设备价值 960 万元。修理后固定资产的使用寿命可以延长 3 年，尚可使用 5 年。假设当年该公司实现利润 4 500 万元（未考虑大修理的影响），不考虑其他纳税调整事项。

要求：为该企业生产线修理作出纳税筹划方案。

解析：纳税筹划前，该公司的修理方案发生修理费 3 060 万元，占固定资产计税基础的 51%（3 060÷6 000×100%），超过固定资产取得时计税基础的 50%，且修理后固定资产的使用寿命可以延长 3 年，满足固定资产大修理的条件，对生产线的修理属于大修理，发生的 3 060 万元修理费按照固定资产尚可使用年限分期摊销。

本年应摊销的大修理费 = 3 060÷5÷12 = 51（万元）
本年应纳企业所得税 =（4 500－51）×25% = 1 112.25（万元）

纳税筹划方案：该公司应控制大修理支出，使其不要超过取得固定资产时计税基础的

50%,不满足大修理的确认条件,可以作为日常修理处理。具体来说,该公司可以不在此次修理过程中更换设备,修理完成后,在下一年的 1 月再更换设备,一般情况设备晚更换一个月不会影响企业的生产经营。

纳税筹划后,修理费为 2 100 万元(600+1 500),占固定资产计税基础的 35%(2 100÷6 000×100%),未超过 50%,属于日常修理,修理费直接计入当期成本费用,降低当期的应纳税所得额。

本年应纳企业所得税=(4 500−2 100)×25%=600(万元)

纳税筹划后少纳企业所得税=1 112.25−600=512.25(万元)

结论:企业在对固定资产进行大修理时,应控制大修理支出,使其不要超过取得固定资产时计税基础的 50%,可以减少当期应纳企业所得税,获得资金时间价值收益。

第四节　企业所得税应纳税额的纳税筹划

企业所得税采取按年计算,分期预缴,年终汇算清缴的办法征收。影响企业所得税应纳税额的因素主要包括:纳税主体的选择、企业所得税的预缴方法、企业所得税的征收方式和亏损弥补等内容。

一、集团公司应将亏损子公司变更为分公司

居民企业在中国境内设立不具有法人资格的营业机构的,应当汇总计算并缴纳企业所得税。企业集团的子公司具有法人资格,能够独立承担法律责任,是独立的法律主体和纳税主体。企业集团下属的分公司不具有法人资格,不能独立承担法律责任,应当与总公司汇总计算缴纳企业所得税。

【例 5-13】

某集团公司预计本年总部实现利润为 800 万元,下属 A 公司盈利 200 万元,B 公司盈利 300 万元,C 公司亏损 400 万元。已知上述公司均为独立法人单位,企业所得税税率为 25%,不考虑其他纳税调整事项。

要求:为该集团公司作出纳税筹划方案。

解析:纳税筹划前,各公司应纳企业所得税情况。

集团公司总部应纳企业所得税=800×25%=200(万元)

A 公司应纳企业所得税=200×25%=50(万元)

B 公司应纳企业所得税=300×25%=75(万元)

C 公司亏损,不需要缴纳企业所得税。

集团公司应纳企业所得税总额=200+50+75=325(万元)

纳税筹划方案:集团公司将下属的 A、B、C 公司撤销法人资格,变更为分公司,汇总缴纳企业所得税。

纳税筹划后,该集团公司应纳企业所得税情况。

集团公司应纳企业所得税总额＝(800＋200＋300－400)×25％＝225(万元)

纳税筹划后集团公司少纳企业所得税100万元(325－225)。

结论：对于一些存在亏损子公司的企业集团，可以通过工商变更，撤销下属子公司的法人资格，将其变更为分公司，从而汇总缴纳企业所得税，达到少缴企业所得税的目的。

二、预缴企业所得税的纳税筹划

(一) 预缴企业所得税的相关规定

(1) 企业所得税分月或者分季预缴。企业应当自月份或者季度终了之日起十五日内，向税务机关报送预缴企业所得税纳税申报表，预缴税款。企业应当自年度终了之日起五个月内(5月31日之前)，向税务机关报送年度企业所得税纳税申报表，并汇算清缴，结清应缴应退税款。

(2) 企业所得税分月或者分季预缴，由税务机关具体核定。

(3) 分月或者分季预缴企业所得税时，应当按照月度或者季度的实际利润额预缴；按照月度或者季度的实际利润额预缴有困难的，可以按照上一纳税年度应纳税所得额的月度或者季度平均额预缴，或者按照经税务机关认可的其他方法预缴。预缴方法一经确定，该纳税年度内不得随意变更。

(4) 企业在预缴中少缴的税款不应作为偷税处理。企业所得税是采取按年计算，分期预缴，年终汇算清缴的办法征收的。预缴是为了保证税款均衡入库的一种手段。企业的收入和费用列支要到企业的一个会计年度结束后才能准确计算出来，平时在预缴中无论是采用按纳税期限的实际数预缴，还是按上一年度内应纳税所得额的一定比例预缴，或者按其他方法预缴，都存在不能准确计算当期应纳税所得额的问题。因此，企业在预缴中少缴的税款不应作为偷税处理。

(二) 预缴企业所得税的纳税筹划方法

1. 纳税人应争取采用按季度预缴企业所得税的方法

企业所得税分月或者分季预缴，由税务机关具体核定，但是纳税人应尽量向当地税务机关申请，争取核定为按照季度预缴企业所得税。

2. 根据企业的实际情况，确定最佳的预缴方法

当纳税人的应纳税所得额处于上升状态时，选择按上一年度应纳税所得额的一定比例预缴企业所得税，对纳税人比较有利；当纳税人的应纳税所得额处于下降趋势时，选择按实际利润额预缴企业所得税，对纳税人比较有利。

3. 合理控制预缴金额，力争不存在多预缴税款的情况

纳税人经常受市场和季节等因素的影响，其收入具有一定的不确定性，一般会出现上半年收入较多而支出较少，而下半年收入较少而支出较多的情况。由于发票已经开出，确认收入必须纳税，结果到年终发现纳税人多交了很多企业所得税。纳税人多缴的企业所得税，虽然可以抵顶下一年度应纳企业所得税税款或办理税款退库，但会造成企业资金被占用，损失了资金的时间价值。

【例5-14】

某企业应纳企业所得税适用25％的税率，经税务机关核定按季度根据实际利润申报预

缴企业所得税。本年第一季度生产任务相对集中，产品正值销售旺季，按照正常的费用列支，在不存在费用超标的情况下，第一季度的应纳税所得额为 200 万元，而第二季度进入生产淡季，销售收入较少，第二季度的应纳税所得额为-120 万元。

要求：为该企业预缴企业所得税作出纳税筹划方案。

解析：纳税筹划前，因该企业收入不均衡，第一季度预缴较多的企业所得税，而第二季度亏损，出现企业多预缴企业所得税的情况。

该企业应预缴的企业所得税=200×25%=50（万元）

纳税筹划方案：该企业应在第一季度增加成本费用的列支，比如将第二季度的一些成本费用计入第一季度，使该企业第一季度应纳税所得额减少 120 万元纳税筹划后，该企业一季度应纳税所得额减少 120 万元。

该企业应预缴的企业所得税=（200-120）×25%=20（万元）

该企业少预缴的企业所得税=50-20=30（万元）

经过纳税筹划后，该企业一季度应纳税所得额减少 120 万元。

该企业少预缴企业所得税=120×25%=30（万元）

结论：纳税人按实际利润预缴企业所得税，对于在一个纳税年度内，先期盈利后期亏损的纳税人，应通过增加先期费用降低利润，避免多预缴企业所得税的情况发生，滞后企业的纳税义务，使企业获得税款的时间价值，相当于享受国家的无息贷款。

三、企业所得税征收方式的纳税筹划

在税收征管中，企业所得税征收方式有两种，一种是查账征收，另一种是核定征收，而核定征收又分为核定应税所得率和核定应纳所得税额两种方式。采取何种征收方式，对企业所得税税负有一定影响，因此，在条件允许的情况下，企业可以选用不同的税收征收方式进行纳税筹划。

（一）企业所得税征收方式的相关规定

1. 符合查账征收条件的核定征收企业应调整为查账征收

税务机关应积极督促核定征收企业所得税的纳税人建账建制，改善经营管理，引导纳税人向查账征收方式过渡。对符合查账征收条件的纳税人，要及时调整征收方式，实行查账征收。

2. 实行核定征收企业所得税的条件

纳税人具有下列情形之一的，核定征收企业所得税：

（1）依照法律、行政法规的规定可以不设置账簿的；

（2）依照法律、行政法规的规定应当设置但未设置账簿的；

（3）擅自销毁账簿或者拒不提供纳税资料的；

（4）虽设置账簿，但账目混乱或者成本资料、收入凭证、费用凭证残缺不全，难以查账的；

（5）发生纳税义务，未按照规定的期限办理纳税申报，经税务机关责令限期申报，逾期仍不申报的；

（6）申报的计税依据明显偏低，又无正当理由的。

特殊行业、特殊类型的纳税人和一定规模以上的纳税人不适用本办法。上述特定纳税人由国家税务总局另行明确。

3. 核定应税所得率和核定应纳所得税额征收的情形

税务机关应根据纳税人具体情况，对核定征收企业所得税的纳税人，核定应税所得率或者核定应纳所得税额。

具有下列情形之一的，核定其应税所得率：

（1）能正确核算（查实）收入总额，但不能正确核算（查实）成本费用总额的；

（2）能正确核算（查实）成本费用总额，但不能正确核算（查实）收入总额的；

（3）通过合理方法，能计算和推定纳税人收入总额或成本费用总额的。

纳税人不属于以上情形的，核定其应纳所得税额。

4. 税务机关根据主营项目确定适用的应税所得率规定

实行应税所得率方式核定征收企业所得税的纳税人，经营多业的，无论其经营项目是否单独核算，均由税务机关根据其主营项目确定适用的应税所得率。

主营项目应为纳税人所有经营项目中，收入总额或者成本（费用）支出额或者耗用原材料、燃料、动力数量所占比重最大的项目。

5. 核定征收企业的年终纳税申报

纳税人的生产经营范围、主营业务发生重大变化，或者应纳税所得额或应纳税额增减变化达到20%的，应及时向税务机关申报调整已确定的应纳税额或应税所得率。

实行核定应税所得率方式的纳税人，年度终了后，在规定的时限内按照实际经营额或实际应纳税额向税务机关申报纳税。申报额超过核定经营额或应纳税额的，按申报额缴纳税款；申报额低于核定经营额或应纳税额的，按核定经营额或应纳税额缴纳税款。

6. 不能申请核定征收企业所得税的单位

特殊行业、特殊类型的纳税人和一定规模以上的纳税人不适用核定征收企业所得税。以下几种类型的企业不能申请核定征收企业所得税。

（1）享受《企业所得税法》及其实施条例和国务院规定的一项或几项企业所得税优惠政策的企业，如享受安置残疾人就业优惠政策的企业，享受开发新技术、新产品、新工艺优惠政策的企业，以及享受农、林、牧、渔业优惠政策的企业等，但不包括仅享受"免税收入"优惠政策的企业。

（2）列入汇总纳税的成员企业，如中石化、中石油、烟草、电力、铁路、移动公司等大型集团公司成员企业。

（3）批准上市的公司。

（4）银行、信用社、小额贷款公司、保险公司、证券公司、期货公司、信托投资公司、金融资产管理公司、融资租赁公司、担保公司、财务公司、典当公司等金融企业。

（5）从事会计、审计、资产评估、税务、房地产估价、土地估价、工程造价、律师、价格鉴证、公证机构、基层法律服务机构、专利代理、商标代理及其他经济鉴证类社会中介机构。

（6）国家税务总局陆续明确的其他企业。

（二）企业所得税征收方式的纳税筹划方法

1. 选择查账征收方式的情况

【例5-15】

某安装服务公司因业务工期不确定、业务地点不固定等原因，税务机关对其采取核定应税所得率方式征收企业所得税。税务机关规定当地建筑业的安装服务业适用的应税所得率为10%,预计该公司本年度实现营业收入5 000万元,由于相关原材料涨价,人工成本提高,该企业预计的应纳税所得额为400万元。

要求:为该企业的企业所得税征收方式作出纳税筹划方案。

解析: 纳税筹划前,该企业采用核定应税所得率方式征收企业所得税。

应纳税所得额=5 000×10%=500(万元)

2022年应纳企业所得税=500×25%=125(万元)

由于按照核定应税所得率计算的应纳税所得额,高于该企业实际的应纳税所得额,该企业应采用查账征收方式。

纳税筹划方案:该企业应该规范财务核算和会计处理,做到账证健全,达到税务机关查账征收方式的要求,向当地税务机关申请采用查账征收方式。

纳税筹划后,该企业采用查账征收方式征收企业所得税。

应纳企业所得税=400×25%=100(万元)

纳税筹划后少纳企业所得税=125-100=25(万元)

结论:对于采用核定方式征收企业所得税的单位,如果能够预测到企业未来会发生亏损或盈利很少,应该规范财务核算和会计处理,达到税务机关的要求,向当地税务机关申请采用查账征收方式,可以有效降低企业税负。

2. 选择核定征收方式的情况

如果纳税人实际的应纳税所得额高于按适用的应税所得率计算的应纳税所得额,即纳税人的实际应税所得率高于适用的应税所得率,应该选择核定征收方式。

3. 适用应税所得率的纳税筹划

(1)通过合并降低适用的应税所得率

【例5-16】

经营酒店的甲公司和经营KTV的乙公司均能正确核算(查实)收入总额,但不能正确核算(查实)成本费用总额,适用核定应税所得率方式缴纳企业所得税。本年度预计甲公司取得饮食业营业收入8 000万元,乙公司取得娱乐业营业收入5 000万元。税务机关规定的饮食业应税所得率为10%,娱乐业应税所得率为20%。

要求:为甲、乙公司作出纳税筹划方案。

解析: 纳税筹划前应纳企业所得税情况。

甲公司应纳企业所得税=8 000×10%×25%=200(万元)

乙公司应纳企业所得税=5 000×20%×25%=250(万元)

两公司合计应纳企业所得税=200+250=450(万元)

纳税筹划方案:将甲公司与乙公司合并,设立为丙公司,经营业务和经营收入不变。新设的丙公司,饮食业营业收入8 000万元,高于娱乐业营业收入5 000万元,该公司主营项目应为饮食业,适用10%的应税所得率。

纳税筹划后应纳企业所得税情况。

丙公司应纳企业所得税=(8 000+5 000)×10%×25%=325(万元)

通过合并少纳企业所得税=450-325=125(万元)

结论:当主营业务的应税所得率明显低于其他业务,纳税人可以通过合并拥有其他业务的企业,降低整体税负。

(2)通过分立减少适用高应税所得率的收入额

【例5-17】

某娱乐城经营KTV和餐饮服务,其中娱乐业收入9 000万元,餐饮业收入8 000万元,税务机关规定的饮食业应税所得率为10%,娱乐业为20%。

要求:为该娱乐城作出纳税筹划方案。

解析:纳税筹划前,娱乐业收入高于饮食业,该公司主营项目应为娱乐业,适用20%的应税所得率。

娱乐城应纳企业所得税=(9 000+8 000)×20%×25%=850(万元)

纳税筹划方案:将娱乐城分立为两个法人单位,分别经营饮食业和娱乐业,分别适用不同的应税所得率。

纳税筹划后应纳企业所得税情况。

饮食业应纳企业所得税=8 000×10%×25%=200(万元)

娱乐业应纳企业所得税=9 000×20%×25%=450(万元)

通过分立少纳企业所得税=850-(200+450)=200(万元)

结论:当主营业务的应税所得率明显高于其他业务,纳税人可以通过分立其他业务,减少适用高应税所得率的收入额,以降低企业整体税负。

四、亏损弥补的纳税筹划

纳税人发生的亏损准予向以后年度结转,用以后年度的所得弥补,但结转年限最长不超过5年。高新技术企业或科技型中小企业的亏损结转年限为10年。企业自具备高新技术企业或科技型中小企业资格的年度之前5个年度发生的尚未弥补完的亏损,准予结转以后5年度弥补,最长结转年限为10年。

纳税人发生年度亏损的,可以用下一纳税年度的税前所得进行弥补;下一纳税年度的所得不足弥补的,可以延续弥补,但是延续弥补期最长不得超过5(或10)年。并且按照先亏先补,按顺序连续计算弥补期的办法进行亏损弥补。企业亏损金额的大小,除客观原因以外,主观上也有可能使企业在不同纳税年度的盈亏状况发生改变。这种主观上的因素正是企业进行纳税筹划的必要条件。如果纳税人预期在一个较长的阶段会出现亏损的情况,应该在纳税前对企业以后若干年度的盈亏状况进行合理的规划,以达到充分享受该政策优惠的目的。例如,利用税法允许的资产计价和摊销方法的选择,以及费用列支范围和标准的选择权,多列或少列税前扣除项目和扣除金额。在用税前利润弥补亏损的5年期限到期前,继续使企业亏损,从而延长税前利润补亏这一优惠政策的期限等。

【例5-18】

A、B两公司均为生产性企业,2015年起开始营业,两公司的经营期均在8年以上。2015—2022年8年间两公司累计实现应纳税所得额均为1 000万元,各年应纳税所得额分布情况如表5-2所示。

表 5-2　各年应纳税所得额分布情况　　　　　　　　　　　单位:万元

年度	2015	2016	2017	2018	2019	2020	2021	2022	合计
A公司	500	−2 500	−100	200	400	600	800	1 100	1 000
B公司	−2 500	500	500	500	500	500	500	500	1 000

解析: 分别计算两公司应纳税所得额情况。

(1) A公司应纳税所得额

2015年应纳税所得额＝500万元

2016年亏损,应纳税所得额＝0万元

2017年亏损,应纳税所得额＝0万元

2018年用于弥补2015年亏损,应纳税所得额＝0万元

2019年用于弥补2015年亏损,应纳税所得额＝0万元

2020年用于弥补2015年亏损,应纳税所得额＝0万元

2021年用于弥补2015年亏损,应纳税所得额＝0万元

2022年用于弥补2016年亏损,应纳税所得额＝1 100−100＝1 000(万元)

A公司8年共计应纳税所得额＝500＋1 000＝1 500(万元)

A公司8年共计应纳企业所得税＝1 500×25%＝375(万元)

(2) B公司应纳税所得额

2015年亏损,应纳税所得额＝0元

2016年用于弥补2015年亏损,应纳税所得额＝0元

2017年用于弥补2015年亏损,应纳税所得额＝0元

2018年用于弥补2015年亏损,应纳税所得额＝0元

2019年用于弥补2015年亏损,应纳税所得额＝0元

2020年用于弥补2015年亏损,应纳税所得额＝0元

2021年应纳税所得额＝500万元

2022年应纳税所得额＝500万元

B公司8年共计应纳税所得额＝500＋500＝1 000(万元)

B公司8年共计应纳企业所得税＝1 000×25%＝250(万元)

A、B两公司应纳税所得额相差数＝1 500−1 000＝500(万元)

A、B两公司应纳企业所得税相差数＝375−250＝175(万元)

通过上述计算可以看出,A公司的应纳税所得额比B公司高的原因是没有充分利用税前利润补亏这一优惠政策,造成开始获利年度提前,在企业的生产经营实现稳步发展之前,就开始缴纳企业所得税。企业在此后发生亏损时,在规定的年度内可供弥补的利润又不足以弥补亏损,再往后增加的经营利润又只能按正常税率纳税。可见,如果企业更加合理地安排资金投入,在税法允许的范围内选择恰当的会计政策和会计处理方法,充分利用税前利润补亏这一优惠政策,就可为企业减轻税负创造条件。

结论: 企业如果某年度发生亏损,应尽量安排邻近的纳税年度获得较多的收益,尽可能早地将亏损予以弥补;如果没有需要弥补的亏损或企业刚刚组建,而亏损在最近几年又是不可避免的,那么应尽可能先安排企业亏损,然后再安排实现盈利。

风险提示：这里所说的亏损，不是指企业的账面亏损，而是指按照税法的规定核算出来的亏损。企业必须按照税法的规定正确地向税务机关申报亏损，才能够有效地利用国家允许企业用以后的所得弥补亏损的税收政策。

五、企业清算的纳税筹划

企业清算是指企业按章程规定解散，以及由于破产或其他原因宣布终止经营后，对企业的财产、债权、债务进行全面清查，并进行收取债权、清偿债务和分配剩余财产的经济活动。

企业清算年度应划分两个纳税年度：从当年1月1日到清算开始日为生产经营纳税年度；从清算开始日到清算结束日的清算期间为清算纳税年度。清算开始日的确定是企业清算纳税筹划的关键。

企业清算开始之日，可按以下规定确定：①企业章程规定的经营期限届满或其他解散事由出现之日；②企业股东会、股东大会或类似机构决议解散之日；③企业依法被吊销营业执照、责令关闭或者被撤销之日；④企业被人民法院依法予以解散或宣告破产之日；⑤有关法律、行政法规规定清算开始之日；⑥企业重组批准之日；⑦企业因其他原因进行清算或无法确定清算之日的，以终止正常的生产经营活动之日作为清算开始之日。

【例5-19】

甲公司董事会于当年8月向股东会提交解散申请书，股东会于9月30日通过并作出决议，将清算开始日定于10月1日，清算期为三个月。已知该公司当年1—9月实现利润400万元，公司在清算开始时需要支付大量的清算费用，预计清算开始的第一个月需要支付180万元，后两个月需要支付70万元，共计需要支付250万元的清算费用。预计清算时企业的全部资产可变现价值或者交易价格，减除资产计税基础，预计可以实现75万元的收益，预计相关税费为5万元，不存在债务清偿损益。

要求：为该企业清算业务作出纳税筹划方案。

解析：纳税筹划前，企业在清算年度应划分两个纳税年度。将清算开始日定于10月1日，从1月1日到清算开始日，为生产经营年度。该公司当年1—9月实现利润400万元。

生产经营年度应纳企业所得税 = 400×25% = 100(万元)

从清算开始日到清算结束日的清算期间为清算纳税年度。清算所得是指企业的全部资产可变现价值或者交易价格，减除资产计税基础、清算费用、相关税费，加上债务清偿损益等后的余额。清算所得 = 75−250−5 = −180(万元)，不需要缴纳清算所得税。

纳税筹划分析：企业根据自身情况，由董事会提请，股东会决定解散的情况，企业股东会、股东大会或类似机构决议解散之日，为企业清算开始之日。说明清算开始日企业股东会可以自行确定。企业的清算开始日不同，对两个纳税年度应税所得额的影响就不同。

纳税筹划方案：甲公司股东会可以将清算开始日定于11月1日，将180万元的清算费用以清算前的分类、整理、清点等费用作为公司的期间费用在10月支付完毕。

纳税筹划后，从1月1日到11月1日，为生产经营年度。该公司当年1—9月实现利润400万元，10月发生期间费用180万元。

生产经营年度应纳税所得额 = 400−180 = 220(万元)

生产经营年度应纳企业所得税＝220×25％＝55(万元)

清算所得＝75－70－5＝0(万元)，不需要缴纳清算所得税。

纳税筹划后少纳企业所得税＝100－55＝45(万元)

结论：通过改变清算开始日期，合理调整正常生产经营所得和清算所得，可以达到降低企业整体税负的目的。

第五节 利用企业所得税税收优惠政策的纳税筹划

我国企业所得税优惠政策较多，充分利用税收优惠政策是纳税筹划的重要方面。利用优惠税率的纳税筹划和固定资产加速折旧的纳税筹划，已经在前面进行了研究，下面主要介绍一些其他常用的企业所得税优惠政策。

一、企业所得税的优惠政策

(一) 民族自治地方的税收优惠

民族自治地方的自治机关对本民族自治地方的企业应缴纳的企业所得税中属于地方分享的部分，可以决定减征或者免征。自治州、自治县决定减征或者免征的，须报省、自治区、直辖市人民政府批准。

民族自治地方是指依照《中华人民共和国民族区域自治法》的规定，实行民族区域自治的自治区、自治州和自治县。

(二) 农、林、牧、渔业项目所得的税收优惠

1. 免税规定

企业从事下列项目的所得，免征企业所得税：

(1) 蔬菜、谷物、薯类、油料、豆类、棉花、麻类、糖料、水果、坚果的种植；

(2) 农作物新品种的选育；

(3) 中药材的种植；

(4) 林木的培育和种植；

(5) 牲畜、家禽的饲养；

(6) 林产品的采集；

(7) 灌溉、农产品初加工、兽医、农技推广、农机作业和维修等农、林、牧、渔服务业项目；

(8) 远洋捕捞。

2. 减税规定

企业从事下列项目的所得，减半征收企业所得税：

(1) 花卉、茶及其他饮料作物和香料作物的种植；

(2) 海水养殖、内陆养殖。

(三) 国家重点扶持的公共基础设施项目投资经营所得的税收优惠

企业从事国家重点扶持的公共基础设施项目的投资经营的所得，自项目取得第一笔生

产经营收入所属纳税年度起,第一年至第三年免征企业所得税,第四年至第六年减半征收企业所得税。

国家重点扶持的公共基础设施项目,是指《公共基础设施项目企业所得税优惠目录》规定的港口码头、机场、铁路、公路、城市公共交通、电力、水利等项目。

企业承包经营、承包建设和内部自建自用的上述项目,不得享受企业所得税的税收优惠。

企业在减免税期限内转让上述项目的,受让方自受让之日起,可以在剩余期限内享受规定的减免税优惠;减免税期限届满后转让的,受让方不得就该项目重复享受减免税优惠。

(四)环境保护、节能节水项目所得的税收优惠

企业从事符合条件的环境保护、节能节水项目的所得,自项目取得第一笔生产经营收入所属纳税年度起,第一年至第三年免征企业所得税,第四年至第六年减半征收企业所得税。

符合条件的环境保护、节能节水项目,包括公共污水处理、公共垃圾处理、沼气综合开发利用、节能减排技术改造、海水淡化等。

企业在减免税期限内转让上述项目的,受让方自受让之日起,可以在剩余期限内享受规定的减免税优惠;减免税期限届满后转让的,受让方不得就该项目重复享受减免税优惠。

(五)技术转让所得的税收优惠

在一个纳税年度内,居民企业技术转让所得不超过500万元的部分,免征企业所得税;超过500万元的部分,减半征收企业所得税。

技术转让是指居民企业转让其拥有符合技术转让范围规定技术的所有权或5年以上(含5年)全球独占许可使用权的行为。

技术转让的范围包括居民企业转让专利技术、计算机软件著作权、集成电路布图设计权、植物新品种、生物医药新品种,以及财政部和国家税务总局确定的其他技术。

(六)加计扣除项目

企业的下列支出,可以在计算应纳税所得额时加计扣除。

1. 研究开发费用

企业开展研发活动中实际发生的研发费用,未形成无形资产计入当期损益的,在按规定据实扣除的基础上,自2023年1月1日起,再按照实际发生额的100%在税前加计扣除;形成无形资产的,自2023年1月1日起,按照无形资产成本的200%在税前摊销。

上述政策作为制度性安排长期实施。

2. 企业安置残疾人员所支付的工资

企业安置残疾人员的,在按照支付给残疾职工工资据实扣除的基础上,按照支付给残疾职工工资的100%加计扣除。

(七)创业投资企业的税收优惠

创业投资企业从事国家需要重点扶持和鼓励的创业投资,可以按投资额的一定比例抵扣应纳税所得额。

抵扣应纳税所得额,是指创业投资企业采取股权投资方式投资于未上市的国家需要重点扶持和鼓励中小高新技术企业2年以上的,可以按照其投资额的70%在股权持有满2年的当年抵扣该创业投资企业的应纳税所得额;当年不足抵扣的,可以在以后纳税年度结转抵扣。

(八) 综合利用资源的税收优惠

企业综合利用资源,生产符合国家产业政策规定的产品所取得的收入,可以在计算应纳税所得额时减计收入。

减计收入是指企业以《资源综合利用企业所得税优惠目录》规定的资源作为主要原材料,生产国家非限制和禁止并符合国家和行业相关标准的产品取得的收入,减按90%计入收入总额,计算应纳税所得额。

(九) 企业购置用于环境保护等专用设备投资的税收优惠

企业购置用于环境保护、节能节水、安全生产等专用设备的投资额,可以按一定比例实行税额抵免。

税额抵免,是指企业购置并实际使用《环境保护专用设备企业所得税优惠目录》《节能节水专用设备企业所得税优惠目录》和《安全生产专用设备企业所得税优惠目录》规定的环境保护、节能节水、安全生产等专用设备的,该专用设备的投资额的10%可以从企业当年的应纳税额中抵免;当年不足抵免的,可以在以后5个纳税年度结转抵免。

享受上述企业所得税优惠规定的企业,应当实际购置并自身实际投入使用上述规定的专用设备;企业购置上述专用设备在5年内转让、出租的,应当停止享受企业所得税优惠,并补缴已经抵免的企业所得税税款。

(十) 其他免征企业所得税项目

(1) 外国政府向中国政府提供贷款取得的利息所得。
(2) 国际金融组织向中国政府和居民企业提供优惠贷款取得的利息所得。
(3) 经国务院批准的其他所得。

二、利用产业优惠政策的纳税筹划

从事农、林、牧、渔业项目的所得;从事国家重点扶持的公共基础设施项目投资经营的所得;从事符合条件的环境保护、节能节水项目的所得;符合条件的技术转让所得,可以享受减免所得税的优惠。纳税人在利用产业优惠政策进行纳税筹划时应注意以下问题。

(一) 单独核算优惠项目所得

企业在利用上述规定进行纳税筹划时,应注意单独核算优惠项目所得。因为《企业所得税实施条例》规定,企业同时从事适用不同企业所得税待遇的项目的,其优惠项目应当单独计算所得,并合理分摊企业的期间费用;没有单独计算的,不得享受企业所得税优惠。

(二) 严格按规定条件享受优惠政策

产业优惠政策是为了促进相关产业的健康发展,对享受相关优惠政策有明确的条件,只有满足规定条件,才可以享受税收优惠政策。纳税人必须严格按规定执行,避免发生因不符合规定条件而不得享受税收优惠政策的情况,不仅影响纳税人的纳税信用,还可能发生被加收滞纳金等税务处罚。

纳税人利用产业优惠政策进行纳税筹划时应注意单独核算优惠项目所得。因为《企业所得税实施条例》规定,企业同时从事适用不同企业所得税待遇的项目的,其优惠项目应当单独计算所得,并合理分摊企业的期间费用;没有单独计算的,不得享受企业所得税优惠。

三、利用加计扣除优惠政策的纳税筹划

(一) 研究开发费用加计扣除的纳税筹划

1. 明确研发费用加计扣除政策的适用范围

适用行业：除烟草制造业、住宿和餐饮业、批发和零售业、房地产业、租赁和商务服务业、娱乐业以外，其他企业均可享受。

适用活动：企业为获得科学与技术新知识，创造性运用科学技术新知识，或实质性改进技术、产品（服务）、工艺而持续进行的具有明确目标的系统性活动。

2. 明确加计扣除比率

企业开展研发活动中实际发生的研发费用，未形成无形资产计入当期损益的，在按规定据实扣除的基础上，自2023年1月1日起，再按照实际发生额的100%在税前加计扣除；形成无形资产的，自2023年1月1日起，按照无形资产成本的200%在税前摊销。

3. 明确加计扣除研发费用包括的内容

(1) 人员人工费用

人员人工费用是指直接从事研发活动人员的工资薪金、基本养老保险、基本医疗保险费、失业保险费、工伤保险费、生育保险费和住房公积金，以及外聘研发人员的劳务费用。

(2) 直接投入费用

直接投入费用是指研发活动直接消耗的材料、燃料和动力费用，用于中间试验和产品试制的模具、工艺装备开发及制造费，不构成固定资产的样品、样机及一般测试手段购置费，试制产品的检验费；用于研发活动的仪器、设备的运行维护、调整、检验、维修等费用，以及通过经营租赁方式租入的用于研发活动的仪器、设备租赁费。

(3) 折旧费用

折旧费用是指用于研发活动的仪器、设备的折旧费。

(4) 无形资产摊销费用

无形资产摊销费用是指用于研发活动的软件、专利权、非专利技术的摊销费用。

(5) 新产品设计费、新工艺规程制定费、新药研制的临床试验费、勘探开发技术的现场试验费

该项费用是指企业在新产品设计、工艺规程制定、新药研制的临床试验、勘探开发技术的现场试验过程中发生的与开展该项活动有关的各类费用。

(6) 其他相关费用

其他相关费用是指与研发活动直接相关的其他费用，此类费用总额不得超过可加计扣除研发费用总额的10%。

4. 避免出现研发费用不能加计扣除的情况

并非只要是研发费就可以享受税收优惠，下列情况不允许加计扣除。

(1) 财务核算不健全且不能准确归集研发费用的企业发生的研发费不得加计扣除。

(2) 非创造性运用科技新知识，或非实质性改进技术、工艺、产品（服务）发生的研发费不得加计扣除。

(3) 不属于税法列举的研发费用支出不得加计扣除。

(4) 委托外单位进行开发的研发费用，由委托方按照规定计算加计扣除，受托方不再加

计扣除。

（5）委托外单位进行开发的研发费用,对委托开发的项目,受托方应向委托方提供该研发项目的费用支出明细情况,否则,该委托开发项目的费用支出不得实行加计扣除。

（6）纳税人未按规定报备的开发项目研发费用不得享受加计扣除的优惠政策。

（7）企业集中研究开发的项目的研发费应在受益集团成员公司间进行合理分摊,各公司申请加计扣除时,应向税务机关依法提供协议或合同,对不提供协议或合同的,研发费不得加计扣除。

（8）研究开发费用划分不清的,不得享受加计扣除。

（9）超过5年仍未加计扣除的研发费用,不再继续扣除。

（10）法律、行政法规和国家税务总局规定不允许在企业所得税前扣除的费用和支出项目,均不得计入研发费用。

（二）企业支付残疾人员工资加计扣除的纳税筹划

企业安置残疾人员所支付的工资费用,在按照支付给残疾职工工资据实扣除的基础上,按照支付给残疾职工工资的100%加计扣除。

1. 明确残疾人员的界定

残疾人员的范围适用《中华人民共和国残疾人保障法》的有关规定。

2. 保证企业应同时具备规定条件

企业享受安置残疾职工工资100%加计扣除应同时具备如下条件。

（1）依法与安置的每位残疾人签订了1年以上（含1年）的劳动合同或服务协议,并且安置的每位残疾人在企业实际上岗工作。

（2）为安置的每位残疾人按月足额缴纳了企业所在区县人民政府根据国家政策规定的基本养老保险、基本医疗保险、失业保险和工伤保险等社会保险。

（3）定期通过银行等金融机构向安置的每位残疾人实际支付了不低于企业所在区县适用的经省级人民政府批准的最低工资标准的工资。

（4）具备安置残疾人上岗工作的基本设施。

【例5-20】

甲工业企业因扩大生产规模,本年计划招聘15名新员工,残疾人也可以承担相关工作,预计每年支付给每名新员工的工资为3.2万元。本年应纳税所得额预计为760万元,企业所得税税率为25%,不存在未弥补亏损。

要求:通过纳税筹划分析,确定该企业员工招聘方案。

解析:

如果企业招聘15名非残疾人职工:

本年应纳的企业所得税金额=760×25%=190（万元）

如果企业招聘15名残疾人职工:

企业安置残疾人员,单位支付给残疾人的实际工资可在企业所得税前据实扣除,并可按支付给残疾人实际工资的100%加计扣除。

本年应纳的企业所得税金额=(760-15×3.2)×25%=178（万元）

员工招聘方案的确定:招聘残疾职工可以少纳企业所得税12万元（190-178）,该企业应招聘残疾人员工。

结论:在条件允许的情况下,企业安置残疾人就业不仅能为社会做贡献,而且企业能得到企业所得税税收优惠,是一件一举两得的好事。

四、技术转让所得的纳税筹划

符合条件的技术转让所得免征、减征企业所得税,是指在一个纳税年度内,居民企业技术转让所得不超过500万元的部分,免征企业所得税;超过500万元的部分,减半征收企业所得税。

(一) 明确技术转让所得应符合的条件

享受减免企业所得税优惠的技术转让应符合以下条件。

(1) 享受优惠的技术转让主体是企业所得税法规定的居民企业。
(2) 技术转让属于财政部、国家税务总局规定的范围。
(3) 境内技术转让经省级以上科技部门认定。
(4) 向境外转让技术经省级以上商务部门认定。
(5) 国务院税务主管部门规定的其他条件。

(二) 掌握技术转让所得的计算

技术转让所得应按以下方法计算:

$$技术转让所得 = 技术转让收入 - 技术转让成本 - 相关税费$$

其中,技术转让收入是指当事人履行技术转让合同后获得的价款,不包括销售或转让设备、仪器、零部件、原材料等非技术性收入。不属于与技术转让项目密不可分的技术咨询、技术服务、技术培训等收入,不得计入技术转让收入。技术转让成本是指转让的无形资产的净值,即该无形资产的计税基础减除在资产使用期间按照规定计算的摊销扣除额后的余额。相关税费是指技术转让过程中实际发生的有关税费,包括除企业所得税和允许抵扣的增值税以外的各项税金及其附加、合同签订费用、律师费等相关费用及其他支出。

(三) 认真履行备案手续并提供相关资料

企业发生技术转让,应在纳税年度终了后至报送年度纳税申报表以前,向主管税务机关办理减免税备案手续。即企业所得税备案的审核工作应在企业所得税年度申报前完成。

(四) 避免不得享受技术转让优惠政策的情况发生

纳税人在运用技术转让税收优惠政策时应注意,以下情况不得享受企业所得税优惠政策。

1. 非居民企业技术转让所得

非居民企业取得的技术转让所得不适用上述优惠政策,主要考虑到非居民企业取得的技术转让所得可以享受预提所得税优惠政策,甚至可以通过税收协定享受很多税收优惠,若再给予非居民企业技术转让所得减免企业所得税优惠,有可能加大居民企业与非居民企业在税收待遇上的差别。

2. 取得禁止出口和限制出口技术转让所得

居民企业取得禁止出口和限制出口技术转让所得,不得享受技术转让减免企业所得税优惠政策。

3. 技术转让未经有关部门认定

境内的技术转让须经省级以上(含省级)科技部门认定登记,跨境的技术转让须经省级以上(含省级)商务部门认定登记,涉及财政经费支持产生技术的转让,需省级以上(含省级)科技部门审批。居民企业技术出口应由有关部门按照商务部、科技部发布的《中国禁止出口限制出口技术目录》进行审查。对未经规定的部门认定登记或审批或审查的,不能享受技术转让减免企业所得税优惠政策。

4. 从直接或间接持有股权之和达到100%的关联方取得的技术转让所得

居民企业从直接或间接持有股权之和达到100%的关联方取得的技术转让所得,不得享受技术转让减免企业所得税优惠政策。此规定的目的在于防止纳税人利用关联关系进行技术转让,从而规避国家税收。

5. 取得的非指定技术转让所得

技术转让的范围包括居民企业转让专利技术、计算机软件著作权、集成电路布图设计权、植物新品种、生物医药新品种,以及财政部和国家税务总局确定的其他技术。

6. 取得的5年以下的技术使用权转让所得

对转让5年以下的全球独占许可使用权取得的所得,不能享受技术转让减免企业所得税优惠政策。

7. 随技术一并转让的设备等非技术性所得

技术转让收入是指当事人履行技术转让合同后获得的价款,不包括销售或转让设备、仪器、零部件、原材料等非技术性收入。在转让技术时,对机器设备等一并转让而取得的所得中,属于转让机器设备等取得的所得,不属于技术转让所得,不能享受技术转让减免企业所得税优惠政策。

8. 取得的不属于与技术转让项目密不可分的技术性服务所得

居民企业将其拥有的技术转让给其他企业、组织或者个人,受让人拥有技术的所有权或者使用权。但对提供的技术咨询、服务、培训等收入,则应当区分不同情况进行区别对待。转让方根据技术转让合同的规定,为帮助受让方掌握所转让的技术而提供的相关技术咨询、技术服务、技术培训业务,因与技术转让项目密不可分,对这部分收入可计入技术转让收入;反之,对不属于与技术转让项目密不可分的技术咨询、技术服务、技术培训等收入,不得计入技术转让收入。

9. 未单独计算技术转让所得并合理分摊企业的期间费用

享受技术转让所得减免企业所得税优惠的企业,应单独计算技术转让所得,并合理分摊企业的期间费用;没有单独计算的,不得享受技术转让所得企业所得税优惠政策。

10. 未按规定备案并提供资料

纳税人享受备案类减免税,应提请备案,经税务机关登记备案后,自登记备案之日起执行。纳税人未按规定备案并提供资料的,不得享受减免税政策。

【例 5-21】

甲、乙两公司于2022年11月签订一项新型生物技术和与之相关的新型制药技术的转让合同,规定在甲公司履行技术转让合同后十日内,乙公司一次性付给甲公司技术转让费2 000万元。甲公司此项技术的转让成本和相关税费为1 020万元,取得技术转让所得

980万元(2 000－1 020)。

要求：为甲公司技术转让业务作出纳税筹划方案。

解析：纳税筹划前，甲公司于2022年取得980万元的技术转让所得。

该所得应纳企业所得税＝(980－500)×50%×25%＝60(万元)

纳税筹划方案：甲公司应将一项新型生物技术和与之相关的新型制药技术的转让合同分成两项合同，分别在2022年11月签订转让新型生物技术合同，可以在2023年1月再与乙公司签订新型制药技术的转让合同，并将转让成本和相关税费在两份合同中合理分摊，使每年的计税转让所得不超过500万元。

纳税筹划后，由于每年的技术转让所得不超过500万元。因为在一个纳税年度内，居民企业技术转让所得不超过500万元的部分，免征企业所得税；超过500万元的部分，减半征收企业所得税。因此，甲公司的技术转让所得不需要缴纳企业所得税。纳税筹划后节约税款60万元。

五、利用减计收入优惠政策的纳税筹划

(一) 明确减计收入的政策规定

综合利用资源是指企业以《资源综合利用企业所得税优惠目录》规定的资源作为主要原材料，生产国家非限制和禁止并符合国家和行业相关标准的产品取得的收入，减按90%计入收入总额。所称原材料占生产产品材料的比例不得低于《资源综合利用企业所得税优惠目录》规定的标准。

2019年6月1日至2025年12月31日，提供社区养老、托育、家政服务取得的收入，在计算应纳税所得额时，减按90%计入收入总额。

(二) 注意分别核算减计收入项目

企业同时从事其他项目而取得的非资源综合利用收入，应与资源综合利用收入分开核算，没有分开核算的，不得享受优惠政策；企业从事不符合规定范围、条件和技术标准的项目，不得享受资源综合利用企业所得税优惠政策。

(三) 应与增值税一起进行纳税筹划

《资源综合利用产品和劳务增值税优惠目录》中规定，纳税人销售自产的综合利用产品和提供资源综合利用服务，可享受增值税即征即退政策。因此，资源综合利用企业所得税应与增值税一起进行纳税筹划，以最大限度地节约税收成本。

(四) 做好相关资料留存备查工作

享受减计收入优惠政策的企业，应当在完成年度企业所得税汇算清缴后，将留存备查资料归集齐全并整理完成，以备税务机关核查。

六、利用税额抵免优惠政策的纳税筹划

为鼓励企业保护环境、节能节水、重视安全生产，对于企业在生产经营中购置并实际使用国家有关规定的环境保护、节能节水、安全生产等专用设备的，该专用设备投资额的10%可以从企业当年的应纳税额抵免；当年不足抵免的，可以在以后5个纳税年度结转抵免。

(一) 明确税额抵免政策的相关规定

(1) 税额抵免,是指企业购置并实际使用《环境保护专用设备企业所得税优惠目录》《节能节水专用设备企业所得税优惠目录》等规定的环境保护、节能节水、安全生产等专用设备。

(2) 企业购置上述专用设备在5年内转让、出租的,应当停止享受企业所得税优惠,并补缴已经抵免的企业所得税税款。

(3) 企业同时从事适用不同企业所得税待遇的项目的,其优惠项目应当单独计算所得,并合理分摊企业的期间费用;没有单独计算的,不得享受企业所得税优惠。

(4) 增值税一般纳税人购进固定资产发生的进项税额可从其销项税额中抵扣。如果增值税进项税额允许抵扣,专用设备投资额不包括增值税进项税额;如果增值税进项税额不允许抵扣,则专用设备投资额应为增值税专用发票上注明的价税合计金额。企业购买专用设备取得普通发票的,其专用设备投资额为普通发票上注明的金额。

(二) 纳税筹划方法

企业在购买设备时,只要是购买符合国家规定的专用设备,就可以取得抵税效果。由于税额抵免有5年的期限,因此,在纳税筹划时,如果需要延续抵免,最好能够以至少6年为筹划周期来综合考虑。

【例5-22】

某水泥厂本年购置设备时,有两种方案可供选择:一是购置不属于环保要求的设备,价款为380万元,增值税为49.4万元;二是购置符合环保要求的专用设备,价款为400万元,增值税为52万元,均能取得增值税专用发票。该水泥厂预计本年的应纳税所得额为360万元。

要求:通过纳税筹划分析,为该水泥厂确定设备购置方案。

解析:

如果该水泥厂购置非环保型设备。

本年应缴纳企业所得金额=360×25%=90(万元)

如果该水泥厂购置环保专用设备。

专用设备投资额不包括增值税进项税额。

购置环保专用设备投资额可抵免所得税金额=400×10%=40(万元)

应缴纳企业所得税金额=90-40=50(万元)

购置专用环保设备与购置非环保设备收益比较:

购置专用环保设备比非环保设备增加的支出=400+52-380-49.4=22.60(万元)

购置专用环保设备比非环保设备少缴纳的企业所得税=90-50=40(万元)

购置专用环保设备比非环保设备少缴纳的增值税=52-49.4=2.6(万元)

购置专用环保设备比购置非环保设备总体增加的收益=40+2.6-22.6=20(万元)

设备购置方案的确定:购置专用环保设备比购置非环保设备总体增加收益20万元,该企业应购置符合环保要求的专用设备。

结论:企业购置相关设备时,应关注购置环境保护、节能节水、安全生产等专用设备给企业带来的抵免企业所得税和增加进项税额的好处,通过综合评价确定设备的购置方案。

思 考 题

1. 如何利用优惠税率进行企业所得税纳税筹划？
2. 小型微利企业纳税筹划应注意哪些问题？
3. 如何创造条件成为国家重点扶持的高新技术企业？
4. 怎样对不征税收入进行纳税筹划？
5. 如何选择存货计价方法进行纳税筹划？
6. 简述固定资产计提折旧的纳税筹划思路。
7. 简述亏损弥补的纳税筹划思路。
8. 如何利用加计扣除规定进行纳税筹划？
9. 如何对预缴企业所得税进行纳税筹划？
10. 运用技术转让优惠政策进行纳税筹划应注意哪些问题？

练 习 题

一、单项选择题

1. 下列关于企业所得税居民企业和非居民企业的说法，正确的是（　　）。
   A. 在境外成立的企业都是非居民企业
   B. 只有依照中国法律成立的企业才是居民企业
   C. 依照外国法律成立，实际管理机构在中国境内的企业是非居民企业
   D. 在中国境内设立机构且在境外成立，其实际管理机构不在中国境内的企业是非居民企业

2. 根据企业所得税法的规定，企业以货币形式和非货币形式从各种来源取得的收入，为收入总额。下列属于"非货币形式"收入的是（　　）。
   A. 应收票据　　　　　　　　B. 股权投资
   C. 债务的豁免　　　　　　　D. 准备持有至到期的债券投资

3. 某公司 2021 年支出的下列保险费中，在计算企业所得税应纳税所得额时不得扣除的是（　　）。
   A. 为职工缴纳的基本社会保险费
   B. 为企业的厂房、机器设备缴纳的财产保险费
   C. 在合理职工工资总额 5% 范围内为职工缴纳的补充医疗保险费
   D. 为投资者缴纳的商业保险费

4. 某国家重点扶持的高新技术企业，2020 年亏损 15 万元，2021 年度亏损 10 万元，2022 年度盈利 125 万元，根据企业所得税法的规定，企业 2022 年应纳企业所得税税额为（　　）万元。
   A. 10　　　　B. 15　　　　C. 20　　　　D. 25

5. 依据企业所得税法的相关规定，下列表述正确的有（　　）。
   A. 商业折扣一律按折扣前的金额确定商品销售收入
   B. 现金折扣应当按折扣后的金额确定商品销售收入

C. 特许权使用费收入,应按有关使用合同或协议约定的金额全额确定收入金额

D. 采取买一赠一等方式组合销售本企业商品的,应按各项商品公允价值确认收入

6. 根据企业所得税法的规定,下列各项中,企业按照规定计算的固定资产折旧,准予扣除的是( )。

    A. 未投入使用的房屋、建筑物   B. 未投入使用的机器设备

    C. 与经营活动无关的固定资产   D. 以经营租赁方式租入的固定资产

7. A国的甲企业在中国境内未设立机构、场所,但在本年从中国境内取得下列所得:股息60万元、利息40万元、特许权使用费100万元;同时,该企业转让了其在中国境内的财产,转让收入180万元,该财产净值150万元。甲企业本年在中国境内应纳企业所得税为( )万元。

    A. 23   B. 38   C. 34.5   D. 46

8. 根据企业所得税法的相关规定,除另有规定外,企业实际发生的下列支出中,当年不超过规定标准的,可以税前扣除,超过标准的,当年不得扣除,也不得结转以后纳税年度扣除的是( )。

    A. 广告费   B. 业务招待费   C. 业务宣传费   D. 职工教育经费

9. 对企业银行贷款因逾期而支付的罚息,正确的财务与税务处理是( )。

    A. 罚息属于企业所得税法规定的不可以扣除的罚款支出

    B. 银行贷款发生的罚息应在企业"财务费用"科目贷方反映

    C. 罚息不属于行政罚款,类似于经济合同的违约金,可以在企业所得税税前扣除

    D. 银行贷款发生的罚息应在企业"营业外支出"科目借方反映,且不可以在企业所得税税前扣除

10. 下列所得,可以减按10%的税率征收企业所得税的有( )。

    A. 符合条件的国家重点扶持的高新技术企业取得的所得

    B. 在中国境内未设立机构、场所的非居民企业,取得的来源于中国境内的所得

    C. 在中国境内设立机构、场所的非居民企业,取得与该机构、场所有实际联系的所得

    D. 在中国境内设立的外商投资企业取得的所得

二、多项选择题

1. 企业缴纳的下列保险金不可以在税前扣除的有( )。

    A. 为特殊工种的职工支付的人身安全保险费

    B. 为没有工作的董事长夫人缴纳的社会保险费用

    C. 为投资者或者职工支付的商业保险费

    D. 按照国家规定的标准,单独为董事长缴纳的补充养老保险金

2. 根据企业所得税法的规定,下列选项中应计入应纳税所得额,缴纳企业所得税的有( )。

    A. 国债利息收入   B. 企业接受其他单位捐赠的收入

    C. 违约金收入   D. 确实无法偿付的应付款项

3. 根据企业所得税法的规定,下列关于确定所得来源地的表述中,正确的是( )。

    A. 转让不动产所得,按照转让不动产的企业或者机构、场所所在地确定

B. 股息、红利等权益性投资所得,按照分配所得的企业所在地确定
C. 提供劳务所得,按照劳务发生地确定
D. 销售货物所得,按照交易活动发生地确定

4. 下列企业2022年发生的广告费和业务宣传费支出,不超过当年销售(营业)收入30%的部分,准予扣除;超过部分,准予在以后纳税年度结转扣除的有(　　)。
   A. 化妆品制造企业　　　　　　　　B. 医药制造企业
   C. 饮料制造企业　　　　　　　　　D. 酒类制造企业

5. 根据企业所得税法的规定,下列固定资产不得计提折旧在税前扣除的有(　　)。
   A. 以融资租赁方式租出的固定资产
   B. 以融资租赁方式租入的固定资产
   C. 单独估价作为固定资产入账的土地
   D. 以经营租赁方式租入的固定资产

6. 下列属于企业所得税税收优惠方式的有(　　)。
   A. 加计扣除　　　　　　　　　　　B. 减计收入
   C. 税额抵免　　　　　　　　　　　D. 费用返还

7. 根据企业所得税法的规定,下列各项中,在计算应纳税所得额时有加计扣除规定的包括(　　)。
   A. 企业开发新技术、新产品、新工艺发生的研究开发费用
   B. 创业投资企业从事国家需要重点扶持和鼓励的创业投资项目
   C. 企业安置残疾人员及国家鼓励安置的其他就业人员所支付的工资
   D. 企业综合利用资源,生产符合国家产业政策规定的产品

8. 根据企业所得税法的相关规定,固定资产大修理支出应同时符合的条件有(　　)。
   A. 修理后固定资产改变了用途
   B. 修理后固定资产延长使用寿命1年以上
   C. 修理后固定资产延长使用寿命2年以上
   D. 修理支出达到取得固定资产时的计税基础50%以上

三、判断题

1. 注册地是我国判定居民与非居民企业的唯一标准。(　　)
2. 企业的收入总额,不包括企业以非货币形式取得的收入。(　　)
3. 企业安置残疾人员所支付的工资,在按照支付给残疾职工工资据实扣除的基础上,按照支付给残疾职工工资的100%加计扣除。(　　)
4. 小型微利企业一律按20%的企业所得税税率计算缴纳企业所得税。(　　)
5. 非居民企业取得的技术转让所得也适用企业所得税的优惠政策。(　　)
6. 企业已在境外缴纳的所得税税额超过抵免限额的部分,可以在以后五个年度内,用每年度抵免限额抵免当年应抵税额后的余额进行抵补。(　　)
7. 纳税人逾期归还银行贷款,银行按规定加收的罚息,因具有罚款性质,不允许在税前扣除。(　　)
8. 根据企业所得税法的规定,企业以买一赠一等方式组合销售本企业商品的,赠送的商品应当作视同销售处理,确认商品收入。(　　)

9. 企业为购置、建造固定资产发生借款的,在有关资产购置、建造期间发生的合理的借款费用,应予以资本化,作为资本性支出计入有关资产的成本。（　　）

10. 软件生产企业的职工培训费用,可按实际发生额在计算应纳税所得额时扣除。

（　　）

四、案例分析题

1. 某生产企业为劳动密集型企业,根据工作需要,在2022年度需要用工人数为400人,全年需要支付职工工资2 400万元。针对工作岗位的实际情况,其中有40人可以安排残疾人员,企业当年的应纳税所得为800万元。

要求：

（1）如果企业全部安排非残疾人员,计算应纳企业所得税税额。

（2）如果企业安排40名残疾人员,每年为这部分残疾人员支付工资200万元,计算应纳企业所得税税额,少缴企业所得税金额。

（3）企业享受安置残疾职工的优惠政策应同时具备哪些条件？

2. 某生产企业本年度实现销售收入15 000万元,当年发生业务招待费120万元,发生广告费和业务宣传费3 600万元。该企业为了达到节税目的,采取分立的办法进行纳税筹划。将企业的销售部门分离出去,成立独立法人的销售公司。企业生产的产品以12 600万元的价格卖给销售公司,销售公司再以15 000万元对外销售。费用在两个公司分配：生产企业与销售公司的业务招待费各分60万元,广告费和业务宣传费分别为1 600万元和2 000万元。

要求：

（1）计算纳税筹划前业务招待费、广告费和业务宣传费的扣除限额,计算超过扣除限额部分应纳企业所得税。

（2）计算分设销售公司后业务招待费、广告费和业务宣传费的扣除限额,计算超过扣除限额部分应纳企业所得税,节税金额是多少？

（3）对业务招待费做进一步的纳税筹划,计算分设后生产企业和销售公司最多可以税前扣除的业务招待费,当年应列支多少业务招待费？

3. 某企业上期末甲材料库存100公斤,每公斤价格100元。本期购进甲材料两笔业务,本月5日购进200公斤,每公斤价格150元；15日购进100公斤,每公斤价格200元。该公司的生产车间本期领用两批,本月8日领用200公斤,18日领用150公斤。

要求：请在先进先出法、加权平均法之间选择有利于降低企业当期税负的存货核算方法。

4. 甲企业本年度预计实现会计利润1 000万元（扣除捐赠后的利润额）,该企业计划向公益性事业捐赠120万元,其中通过公益性组织捐赠80万元,直接向受赠单位捐赠40万元。假设不考虑其他纳税调整因素。

要求：

（1）纳税筹划前,计算该企业当年应缴纳的企业所得税。

（2）为该企业捐赠行为作出纳税筹划方案。

（3）计算纳税筹划后少缴纳的企业所得税。

5. 某物业公司主要从事物业服务、家政服务和房屋维修服务。预计2022年的应纳税所得额为 800 万元,其中这三项业务的应纳税所得额分别为 300 万元、260 万元和 240 万元,假设没有纳税调整项目,即税前利润正好等于应纳税所得额。公司现有职工 320 人,资产总额 4 200 万元。

要求:

(1) 计算该物业公司 2022 年度应纳企业所得税。

(2) 为该物业公司作出纳税筹划方案。

(3) 计算纳税筹划后应纳企业所得税及少缴的企业所得税。

第六章

个人所得税的纳税筹划

本章学习要点

1. 个人所得税纳税人的纳税筹划。
2. 居民个人综合所得的纳税筹划。
3. 经营所得的纳税筹划。
4. 其他所得的纳税筹划。
5. 个人所得税优惠政策的纳税筹划。

案例引入

共同劳动报酬应合理分配

甲公司高级工程师李某本月完成了一项设计任务,按照该公司规定的奖励办法,李某本月应获得奖金 32 000 元。李某为了完成该项设计任务,不仅自己查阅了大量资料,还请本单位的实习生小王帮忙,小王还绘制了部分图纸。李某准备给小王 10 000 元作为帮助其完成设计的报酬,李某实际得到 22 000 元。已知李某每月平均工资 24 000 元,每个月由个人承担的基本"三险一金"为 2 640 元,专项附加扣除 1 000 元;小王每月平均工资 5 000 元,每个月由个人承担的基本"三险一金"为 550 元,专项附加扣除 2 000 元。

通过本章的学习,你认为奖金应如何分配有利于降低纳税人的税收负担?

个人所得税是对个人的各项应税所得征收的一种税,我国实行综合与分类相结合的混合所得税制。根据不同的应税项目,分别实行超额累进税率和比例税率两种税率形式。对居民个人和非居民个人取得不同的应税项目,分别采用多种不同的费用扣除方法。个人所得税征税范围广泛,税收负担的大小直接关系到每个纳税人的切身利益。因此,纳税人对个人所得税的纳税筹划非常重视。

第一节　个人所得税纳税人的纳税筹划

个人所得税的纳税人包括居民个人和非居民个人两种,分别承担不同的纳税义务。

居民个人是指在中国境内有住所,或者无住所而一个纳税年度内在中国境内居住累计满 183 天的个人。居民个人负有无限纳税义务,其从中国境内和境外取得的所得,都要在中国缴纳个人所得税。

非居民个人是指在中国境内无住所又不居住,或者无住所而一个纳税年度内在中国境内居住累计不满 183 的个人。非居民个人承担有限纳税义务,即仅就其来源于中国境内的所得,向中国缴纳个人所得税。

一、外籍人士在华居住时间的纳税筹划

(一) 外籍人士居住时间与纳税义务的规定

(1) 对在中国居住满 5 年的外籍人士,从第 6 年起的以后各年度中,凡在境内居住满

1年的,应当就其来源于中国境内和境外全球范围的工资、薪金所得申报纳税,被视为税收意义上的中国居民(即居民个人)。

(2) 对于在中国境内无住所的个人,中国境内居住累计满183天的年度连续不满6年的,经向主管税务机关备案,其来源于中国境外且由境外单位或者个人支付的所得,免予缴纳个人所得税。

(3) 在中国境内无住所,但在一个纳税年度在中国境内居住累计不超过90天的个人,其来源于中国境内的所得,由境外雇主支付并且不由该雇主在中国境内的机构、场所负担的部分,免予缴纳个人所得税。

(二) 外籍人士在华居住时间的纳税筹划方法

通过上述规定可以看出,对在中国境内无住所的外籍人士纳税义务轻重取决于其在中国境内居住时间的长短。外籍人士在华居住累计满183天的年度连续不满6年、90天以下这两个不同时间范围内,国家依此免除了外籍人士的部分纳税义务,其税负有较大差异。因此,外籍人士应当把握好这些时间界限,通过合理安排自己的居住时间,减轻个人所得税税负。具体做法如下。

(1) 对长期在华居住的外籍人士,应尽量避免自己在中国境内连续居住满6年时间,在中国境内居住累计满183天的任何年度中有一次离境超过30天的,其在中国境内居住累计满183天的年度的连续年限重新计算。这样,外籍人士就可以享受其来源于中国境外且由境外单位或者个人支付的所得,免予缴纳个人所得税的优惠。

(2) 对短期来华的外籍人士,应尽量将自己在中国境内居住时间控制在90天之内,使其来源于中国境内的所得,由境外雇主支付并且不由该雇主在中国境内的机构、场所负担的部分,免予缴纳个人所得税。

二、通过改变居住地点进行纳税筹划

住所标准是判断自然人纳税人居民身份的标准之一,一个中国的居民纳税人可以通过实际的移居,使自己成为一个低税率国居民(相当于中国而言),从而减轻税负。

第二节　居民个人综合所得的纳税筹划

居民个人综合所得按纳税年度合并计算个人所得税,适用3%~45%的七级超额累进税率,采用按月或按次预扣税款,年终汇算清缴制度,并对居民个人取得的综合所得规定了预扣率。

一、居民个人综合所得应纳个人所得税的相关规定

居民个人取得工资、薪金所得,劳务报酬所得,稿酬所得,特许权使用费所得,为综合所得。

(1) 工资、薪金所得是指个人因任职或者受雇而取得的工资、薪金、奖金、年终加薪、劳动分红、津贴、补贴,以及与任职或者受雇有关的其他所得。

(2) 劳务报酬所得是指个人独立从事劳务所取得的所得,包括从事设计、装潢、安装、制图、化验、测试、医疗、法律、会计、咨询、讲学、翻译、审稿、书画、雕刻、影视、录音、录像、演出、表演、广告、展览、技术服务、介绍服务、经纪服务、代办服务,以及其他劳务取得的所得。

(3) 稿酬所得是指个人因其作品以图书、报刊形式出版、发表而取得的所得,包括文学作品、书画作品、摄影作品等出版、发表取得的所得,以及财产继承人取得的遗作稿酬。

(4) 特许权使用费所得是指个人提供专利权、商标权、著作权、非专利技术,以及其他特许权的使用权取得的所得;提供著作权的使用权取得的所得,不包括稿酬所得。

(一) 应纳税所得额的确定

居民个人的综合所得,以每一纳税年度的收入额减除费用 60 000 元,以及专项扣除、专项附加扣除和依法确定的其他扣除后的余额,为应纳税所得额。

$$应纳税所得额 = 每一纳税年度的收入额 - 60\,000 - 专项扣除 - 专项附加扣除 - 依法确定的其他扣除$$

(二) 收入额的确定

(1) 工资、薪金所得的收入额是指在一个纳税年度内工资薪金总额。

(2) 劳务报酬所得、稿酬所得、特许权使用费所得以收入减除 20% 的费用后的余额为收入额。

(3) 稿酬所得的收入额减按 70% 计算。

(三) 扣除项目

1. 费用扣除标准

纳税人每一纳税年度费用扣除标准为 60 000 元。

2. 专项扣除

专项扣除包括居民个人按照国家规定的范围和标准缴纳的基本养老保险、基本医疗保险、失业保险等社会保险费和住房公积金等。

3. 专项附加扣除

专项附加扣除的具体范围、标准如下。

(1) 子女教育

纳税人的子女接受全日制学历教育的相关支出,按照每个子女每月 1 000 元的标准定额扣除。

父母可以选择由其中一方按扣除标准的 100% 扣除,也可以选择由双方分别按扣除标准的 50% 扣除,具体扣除方式在一个纳税年度内不能变更。

(2) 继续教育

纳税人在中国境内接受学历(学位)继续教育的支出,在学历(学位)教育期间按照每月 400 元定额扣除。同一学历(学位)继续教育的扣除期限不能超过 48 个月。纳税人接受技能人员职业资格继续教育、专业技术人员职业资格继续教育的支出,在取得相关证书的当年,按照 3 600 元定额扣除。

个人接受本科及以下学历(学位)继续教育,符合本办法规定扣除条件的,可以选择由其父母扣除,也可以选择由本人扣除。

(3) 大病医疗

在一个纳税年度内,纳税人发生的与基本医保相关的医药费用支出,扣除医保报销后个人负担(指医保目录范围内的自付部分)累计超过 15 000 元的部分,由纳税人在办理年度汇算清缴时,在 80 000 元限额内据实扣除。

纳税人发生的医药费用支出可以选择由本人或者其配偶扣除;未成年子女发生的医药费用支出可以选择由其父母一方扣除。

纳税人及其配偶、未成年子女发生的医药费用支出,分别计算扣除额。

(4) 住房贷款利息

纳税人本人或者配偶单独或者共同使用商业银行或者住房公积金个人住房贷款为本人或者其配偶购买中国境内住房,发生的首套住房贷款利息支出,在实际发生贷款利息的年度,按照每月 1 000 元的标准定额扣除,扣除期限最长不超过 240 个月。纳税人只能享受一次首套住房贷款的利息扣除。

经夫妻双方约定,可以选择由其中一方扣除,具体扣除方式在一个纳税年度内不能变更。

夫妻双方婚前分别购买住房发生的首套住房贷款,其贷款利息支出,婚后可以选择其中一套购买的住房,由购买方按扣除标准的 100% 扣除,也可以由夫妻双方对各自购买的住房分别按扣除标准的 50% 扣除,具体扣除方式在一个纳税年度内不能变更。

(5) 住房租金

纳税人在主要工作城市没有自有住房而发生的住房租金支出,可以按照以下标准定额扣除。

① 直辖市、省会(首府)城市、计划单列市及国务院确定的其他城市,扣除标准为每月 1 500 元。

② 除上述所列城市以外,市辖区户籍人口超过 100 万的城市,扣除标准为每月 1 100 元;市辖区户籍人口不超过 100 万的城市,扣除标准为每月 800 元。

纳税人的配偶在纳税人的主要工作城市有自有住房的,视同纳税人在主要工作城市有自有住房。

夫妻双方主要工作城市相同的,只能由一方扣除住房租金支出。

纳税人及其配偶在一个纳税年度内不能同时分别享受住房贷款利息和住房租金专项附加扣除。

(6) 赡养老人

纳税人赡养一位及以上被赡养人的赡养支出,统一按照以下标准定额扣除。

① 纳税人为独生子女的,按照每月 2 000 元的标准定额扣除。

② 纳税人为非独生子女的,由其与兄弟姐妹分摊每月 2 000 元的扣除额度,每人分摊的额度不能超过每月 1 000 元。可以由赡养人均摊或者约定分摊,也可以由被赡养人指定分摊。约定或者指定分摊的须签订书面分摊协议,指定分摊优先于约定分摊。具体分摊方式和额度在一个纳税年度内不能变更。

(7) 3 岁以下婴幼儿照护

① 纳税人照护 3 岁以下婴幼儿子女的相关支出,按照每个婴幼儿每月 1 000 元的标准定额扣除。

② 父母可以选择由其中一方按扣除标准的100%扣除,也可以选择由双方分别按扣除标准的50%扣除,具体扣除方式在一个纳税年度内不能变更。

4. 依法确定的其他扣除

其他扣除包括个人缴付符合国家规定的企业年金、职业年金,个人购买符合国家规定的商业健康保险、税收递延型商业养老保险的支出,以及国务院规定可以扣除的其他项目。

专项扣除、专项附加扣除和依法确定的其他扣除,以居民个人一个纳税年度的应纳税所得额为限额;一个纳税年度扣除不完的,不结转以后年度扣除。

(四) 应纳税额的计算

居民个人综合所得应纳税额的计算公式为

$$应纳税额 = 应纳税所得额 \times 适用税率 - 速算扣除数$$

居民个人综合所得在计算应纳个人所得税额时,适用七级超额累进税率,以每一纳税年度的应纳税所得额为依据,根据表6-1确定税率和速算扣除数。

表6-1 综合所得个人所得税税率表

级数	全年应纳税所得额	税率/%	速算扣除数
1	不超过36 000元的	3	0
2	超过36 000至144 000元的部分	10	2 520
3	超过144 000至300 000元的部分	20	16 920
4	超过300 000至420 000元的部分	25	31 920
5	超过420 000至660 000元的部分	30	52 920
6	超过660 000至960 000元的部分	35	85 920
7	超过960 000元的部分	45	181 920

注:本表所称全年应纳税所得额是指依照税法的规定,居民个人取得综合所得以每一纳税年度收入额减除费用60 000元,以及专项扣除、专项附加扣除和依法确定的其他扣除后的余额。

二、收入额的纳税筹划

(一) 通过发放非税项目收入,降低综合所得的收入额

企业应了解个人所得税的免税项目,按规定发放给职工,在提高职工个人收入水平的情况下并没有增加职工的应税收入。不予征收个人所得税的项目主要包括:

(1) 按照国家统一规定发放的补贴、津贴;

(2) 福利费、抚恤金、救济金;

(3) 按照国家统一规定发给干部、职工的安家费、退职费、退休工资、离休工资、离休生活补助费;

(4) 企业和个人按照国家或者地方政府规定的比例缴付的住房公积金、基本医疗保险费、基本养老保险费、失业保险费;

(5) 个人与用人单位因解除劳动关系而取得的一次性经济补偿收入,相当于当地上年职工平均工资3倍数额以内的部分;

(6) 破产企业的安置费收入；

(7) 据实报销的通信费用；

(8) 个人按照规定办理代扣代缴税款手续取得的手续费；

(9) 集体所有制企业改为股份合作制企业时，职工个人以股份形式取得的拥有所有权的企业量化资产；

(10) 独生子女补贴；

(11) 执行公务员工资制度未纳入基本工资总额的补贴、津贴差额和家属成员的副食品补贴；

(12) 托儿补助费；

(13) 差旅费津贴、误餐补贴等。

风险提示：企业在发放这些免税收入时，要注意必须单独进行核算，以避免发生因未单独核算而不得享受免税优惠的情况。

（二）通过非货币支付的方式，降低综合所得的收入额

对于职工因工作需要而发生的支出，通过由单位提供的方式，企业在不降低职工实际收入水平的前提下，通过非货币支付方式，尽量降低名义收入，以降低职工应纳个人所得税税负。具体做法包括：

(1) 由企业为员工提供上下班交通服务；

(2) 由企业为员工提供住宿服务；

(3) 由企业给员工提供培训机会；

(4) 由企业给员工提供必要的福利；

(5) 由企业为员工提供免费午餐；

(6) 企业为员工提供办公设施及用品等。

【例 6-1】

某企业因业务发展，将厂区迁至郊区，为解决职工就餐问题，单位设立了职工食堂，并决定职工在食堂就餐给予一定的补贴，现有两种做法可供选择：一是直接将补贴款项拨付给食堂，职工就餐时免费或象征性收取低于成本的餐费；二是给每个职工办就餐卡，定时定额地向就餐卡里打款，由职工拿着就餐卡在餐厅刷卡吃饭。

要求：通过纳税筹划分析，为该企业选择解决职工就餐问题的最佳方案。

解析：直接将补贴款项拨付给食堂，职工只要在食堂就餐就能享受福利，无法准确计算每个职工实际得到的利益，属于单位的集体福利，这种情况职工得到的福利是不征收个人所得税的；企业给每个职工办就餐卡，定时定额地向就餐卡里打款，企业给职工打进卡里的款项，就要归入工资薪金所得缴纳个人所得税。

解决职工就餐问题方案的确定：企业应采用直接将补贴款项拨付给食堂的做法，这样做没有增加职工的应税收入。

结论：非货币支付方式的纳税筹划是在消费水平提高时，通过降低所得额来达到减轻税负的目的，是在遵守国家法律的前提下，合理选择职工收入的支付方式，以帮助职工在提高消费水平的同时减轻个人所得税税负。

（三）综合所得项目内部转换

【例 6-2】

居民个人范某为一平面广告设计人员，因平面广告设计不要求范某必须到单位现场工作，范某工作时间比较灵活，便与三家企业签订了劳动合同，平均每年能从每家工作单位取得 15 万元的工资薪金（税前）。

要求：为范某综合所得作出纳税筹划方案。

解析：纳税筹划前，范某从三家单位取得的所得均为工资、薪金所得，因为，工资、薪金所得的收入额是指在一个纳税年度内的工资薪金总额，计算综合所得的收入额没有任何减除。

综合所得的收入额 $=15\times 3=45$（万元）

纳税筹划方案：范某选择一家单位签订劳动合同，取得的收入为工资、薪金所得。另两家单位签订劳务合同，取得的收入为劳务报酬所得。因为劳务报酬所得以收入减除 20% 的费用后的余额为收入额。

纳税筹划后，范某取得的收入既有工资、薪金所得，又有劳务报酬所得。

综合所得的收入额 $=15+15\times(1-20\%)\times 2=39$（万元）

纳税筹划后减少收入额 $=45-39=6$（万元）

结论：综合所得的劳务报酬所得、稿酬所得、特许权使用费所得以收入减除 20% 的费用后的余额为收入额，稿酬所得的收入额减按 70% 计算。在同等收入的情况下，纳税人可以通过综合所得内部项目转换，降低综合所得的收入额。

（四）合理分配共同劳动报酬

引入案例解析

纳税筹划前，李某获得奖金 32 000 元，以自己的奖金每月给为他帮忙的小王 10 000 元。32 000 元均属于李某的收入。

纳税筹划前李某本年度收入额 $=24\ 000\times 12+32\ 000=320\ 000$（元）

扣除项目金额 $=60\ 000+2\ 640\times 12+1\ 000\times 12=103\ 680$（元）

应纳税所得额 $=320\ 000-103\ 680=216\ 320$（元）

李某本年度应纳个人所得税 $=216\ 320\times 20\%-16\ 920=26\ 344$（元）

纳税筹划前小王本年度收入额 $=5\ 500\times 12=66\ 000$（元）

扣除项目金额 $=60\ 000+550\times 12+2\ 000\times 12=90\ 600$（元）

应纳税所得额 $=66\ 000-90\ 600=-24\ 600$（元）

小王本年度应纳个人所得税为零。

纳税筹划方案：李某应与单位沟通，说明其取得的奖金应该是其和小王二人共同劳动成果所得，单位根据李某的意愿支付给小王 10 000 元作为奖金，剩余奖励报酬支付给李某，即李某得到 22 000 元的奖金。

纳税筹划后，李某降低了收入额，小王增加了收入额。

纳税筹划后李某本年度收入额 $=24\ 000\times 12+22\ 000=310\ 000$（元）

扣除项目金额＝60 000＋2 640×12＋1 000×12＝103 680(元)
应纳税所得额＝310 000－103 680＝206 320(元)
李某本年度应纳个人所得税＝206 320×20％－16 920＝24 344(元)
李某少纳个人所得税＝26 344－24 344＝2 000(元)
纳税筹划后小王本年度收入额＝5 500×12＝66 000(元)
扣除项目金额＝60 000＋550×12＋2 000×12＝90 600(元)
应纳税所得额＝66 000－90 600＝－24 600(元)
小王本年度应纳个人所得税为零。

结论：由于小王作为实习生收入较低，增加的收入不会增加其税负，而李某取得相同报酬的情况下，降低了其综合所得的收入额，可以有效降低其个人所得税税负。合理分配共同劳动报酬，可以有效降低纳税人应纳个人所得税。

（五）没有收入的家庭成员合理承担工作分摊收入

【例6-3】

居民个人朱某和杨某为大学同学，均从事产品设计工作。组建家庭孩子出生后只有丈夫朱某一人工作，杨某在家照顾孩子。朱某工作之余为其他单位提供产品设计劳务，妻子杨某也经常参与，有时大部分工作是由妻子完成的。但劳务合同是朱某与其他单位签订的，取得的收入也属于朱某。朱某全年单位工作收入50万元(税前)，为其他单位提供产品设计劳务收入7.5万元。

要求：为朱某综合所得作出纳税筹划方案。

解析：纳税筹划前，朱某从单位取得工作收入均为工资、薪金所得，为其他单位提供产品设计劳务，为劳务报酬所得。

朱某综合所得的收入额＝50＋7.5×(1－20％)＝56(万元)

纳税筹划方案：朱某在为其他单位提供产品设计劳务时，以妻子杨某的名义签订劳务合同，并由杨某完成工作，其可以提供指导以保证工作质量。

纳税筹划后，朱某取得的收入为工资、薪金所得，杨某取得的收入为劳务报酬所得。

朱某综合所得的收入额＝50万元

朱某综合所得的收入额减少金额＝56－50＝6(万元)

朱某作为中高收入居民个人，其收入额的降低，可以有效降低其个人所得税税负。

杨某综合所得的收入额＝7.5×(1－20％)＝6(万元)

杨某作为居民个人，其取得6万元的收入额，扣除纳税人每一纳税年度费用扣除标准6万元，应纳税所得额为零，不需要缴纳个人所得税。

结论：居民个人每一纳税年度可以扣除费用6万元及其他扣除项目，对于没有收入的居民个人则无法行使这些扣除。对于一个家庭，在条件允许的情况下，通过无收入的个人参与主要取得收入的个人的工作，分摊其一部分收入，可以有效降低家庭的整体税负。

三、扣除项目的纳税筹划

（一）专项扣除的纳税筹划

专项扣除包括居民个人按照国家规定的范围和标准缴纳的基本养老保险、基本医疗保险、失业保险等社会保险费和住房公积金等。

【例 6-4】

某企业只按规定为单位职工缴纳国家要求的社会保险费，而没有缴纳住房公积金。居民个人黄某作为该企业的高级管理人员，本年度每月工资 30 000 元，每个月由个人承担的基本"三险一金"为 3 300 元，实际取得工资 26 700 元，黄某自己未缴纳住房公积金。黄某为独生子女，父母均满 60 周岁，有一女儿上初中，按揭还贷首套房，与其配偶约定子女教育与住房贷款利息全部由黄某扣除，黄某再无其他扣除项目。

要求：为黄某作出纳税筹划方案。

解析：

纳税筹划前黄某本年度收入额 = 30 000 × 12 = 360 000（元）

黄某本年度的扣除项目包括费用扣除 60 000 元，专项扣除的基本"三险一金"，专项附加扣除的子女教育、住房贷款利息、赡养老人三项支出。

扣除项目金额 = 60 000 + 3 300 × 12 + 2 000 × 12 + 1 000 × 12 + 1 000 × 12 = 147 600（元）

应纳税所得额 = 360 000 − 147 600 = 212 400（元）

黄某本年度应纳个人所得税 = 212 400 × 20% − 16 920 = 25 560（元）

纳税筹划方案：黄某所在的企业为职工缴纳住房公积金，住房公积金的缴纳比例为工资总额的 12%，黄某个人也按相同的金额缴纳，黄某缴纳的住房公积金作为专项扣除项目，可以税前扣除。

纳税筹划后，黄某取得的收入总额没有发生变化，但扣除项目金额增加了住房公积金，每月个人缴纳的住房公积金 = 30 000 × 12% = 3 600（元）。

扣除项目金额 = 60 000 + 3 300 × 12 + 3 600 × 12 + 2 000 × 12 + 1 000 × 12 + 1 000 × 12
= 190 800（元）

应纳税所得额 = 360 000 − 190 800 = 169 200（元）

黄某本年度应纳个人所得税 = 169 200 × 20% − 16 920 = 16 920（元）

纳税筹划后黄某全年少纳个人所得税 = 25 560 − 16 920 = 8 640（万元）

结论：企业应为职工缴纳住房公积金，企业缴纳的住房公积金可以企业所得税税前扣除，个人缴纳的住房公积金可以个人所得税税前扣除，可以有效降低企业和个人的税负。

（二）专项附加扣除的纳税筹划

七项专项附加扣除中，子女教育支出、住房贷款利息支出、住房租金支出、3 岁以下婴幼儿照护，均可以选择由夫妻一方扣除 100% 或双方分别扣除 50%；继续教育支出中的本科及以下继续教育，可以选择由其父母扣除，或选择由本人扣除；大病医疗支出可以选择由本人或者其配偶扣除；未成年子女发生的医药费用支出可以选择由其父母一方扣除；纳税人为非独生子女的，赡养老人的支出由其与兄弟姐妹分摊扣除。由于个人所得税中工资薪金所得属于综合所得，采用的是超额累进税率，所以当某一纳税人的所得超过一定金额后就应当按照更高一级的税率来交税,所以通过计算,将专项附加扣除在家庭内部适当调整,可以有效降低家庭成员总体的个税负担。

1. 选择合适的纳税人进行专项附加扣除

对于那些可以选择由纳税人一方扣除的项目,通过选择合适的纳税人扣除,其节税效果更加明显。

【例 6-5】

居民个人张某为某公司高管,本年其每月工资收入为 40 000 元,公司代扣代缴社会保险费及住房公积金共 7 400 元,其妻子王某本年每月工资收入为 10 000 元,单位代扣代缴社会保险费及住房公积金共 1 850 元,两人每月住房贷款支出为 8 000 元,约定由张某扣除。本年王某因病住院接受手术治疗,扣除医保报销后个人负担 61 000 元。假定双方无其他收入及其他专项附加扣除项目。

要求:通过纳税筹划分析,选择大病医疗支出的最佳扣除对象。

解析:王某的大病医疗支出应在年终汇算清缴时扣除,可以选择由其本人扣除或由其配偶张某扣除。

根据规定可以扣除金额=61 000-15 000=46 000(元)

如果选择由王某自己扣除:

张某全年应纳税所得额=40 000×12-60 000-7 400×12-1 000×12=319 200(元)

张某应纳个人所得税=319 200×25%-31 920=47 880(元)

王某全年应纳税所得额=10 000×12-60 000-1 850×12-46 000=-8 200(元)

王某应纳税所得额为负数,不需要缴纳个人所得税。

家庭合计应纳个人所得税为 47 880 元。

如果由王某配偶张某计算扣除:

张某全年应纳税所得额=40 000×12-60 000-7 400×12-1 000×12-46 000
=273 200(元)

张某应纳个人所得税=273 200×20%-16 920=37 720(元)

王某全年应纳税所得额=10 000×12-60 000-1 850×12=37 800(元)

王某应纳个人所得税=37 800×10%-2 520=1 260(元)

家庭合计应纳个人所得税=37 720+1 260=38 980(元)

大病医疗支出扣除对象的确定:选择由张某扣除大病医疗支出,可以少纳个人所得税=47 880-38 980=8 900(元),应选择由张某扣除。

结论:如果夫妻双方一方收入明显高于另一方,专项附加扣除可以考虑由高收入一方扣除,这样可以降低高收入一方的应纳税所得额,以降低其适用的税率,起到更好的节税效果。

2. 选择合理方式分摊专项附加扣除

对于那些可以由纳税人分摊或由一方扣除的项目,可以通过测算选择是由一方扣除还是由双方(或多方)分摊扣除,以达到节税的目的。

【例 6-6】

居民个人江某,本年每月工资收入 21 400 元,公司代扣代缴社会保险费及住房公积金共3 960元;妻子郑某,本年每月工资收入为21 400元,公司代扣代缴社会保险费及住房公积金共3 960元,两人每月共同的住房贷款支出为8 000元。假定双方无其他收入及其他专项附加扣除项目。

要求:通过纳税筹划分析,选择专项附加扣除的最佳分摊方式。

解析:住房贷款支出每月的扣除金额为1 000元,全年为12 000元,可以选择由夫妻一方扣除或者双方各自扣除50%。

如果选择由江某或郑某一方单独计算扣除:

扣除一方全年应纳税所得额=21 400×12-60 000-3 960×12-1 000×12=137 280(元)

扣除一方应纳个人所得税=137 280×10%-2 520=11 208(元)

未扣除一方全年应纳税所得额=21 400×12-60 000-3 960×12=149 280(元)

未扣除一方应纳个人所得税=149 280×20%-16 920=12 936(元)

家庭合计应纳个人所得税=11 208+12 936=24 144(元)

如果由双方分别计算扣除50%:

每人全年应纳税所得额=21 400×12-60 000-3 960×12-500×12=143 280(元)

每人应纳个人所得税=143 280×10%-2 520=11 808(元)

家庭合计应纳个人所得税=11 808×2=23 616(元)

专项附加扣除方式的确定:选择由双方分别扣除比一方扣除节税金额=24 144-23 616=528(元),应选择由双方分别扣除的扣除方式。

结论:如果夫妻双方收入水平接近,专项附加扣除可以考虑各自扣除50%,这样可以降低双方的应纳税所得额,以适用较低的税率,起到更好的节税效果。

四、全年一次性奖金的纳税筹划

全年一次性奖金是指行政机关、企事业单位等扣缴义务人根据其全年经济效益和对雇员全年工作业绩的综合考核情况,向雇员发放的一次性奖金,包括年终加薪,以及实行年薪制和绩效工资办法的单位根据考核情况年终兑现的年薪和绩效工资。雇员取得除全年一次性奖金以外的其他各种名目的奖金,如半年奖、季度奖、加班奖、先进奖、考勤奖等,一律与当月工资、薪金收入合并,按税法规定缴纳个人所得税。

(一) 全年一次性奖金的政策规定

居民个人取得全年一次性奖金,符合规定条件的,在2023年12月31日前,不并入当年综合所得,以全年一次性奖金收入除以12个月得到的数额,按照按月换算后的综合所得税率表(表6-2),确定适用税率和速算扣除数,单独计算纳税。计算公式为

应纳税额=全年一次性奖金收入×适用税率-速算扣除数

表6-2 按月换算后的综合所得税率表

级数	应纳税所得额	税率/%	速算扣除数
1	不超过3 000元的	3	0
2	超过3 000至12 000元的部分	10	210
3	超过12 000至25 000元的部分	20	1 410

续表

级数	应纳税所得额	税率/%	速算扣除数
4	超过25 000至35 000元的部分	25	2 660
5	超过35 000至55 000元的部分	30	4 410
6	超过55 000至80 000元的部分	35	7 160
7	超过80 000元的部分	45	15 160

居民个人取得全年一次性奖金,也可以选择并入当年综合所得计算纳税。

(二)全年一次性奖金的纳税筹划

【例6-7】

某公司2022年12月底发放全年一次性奖金,居民个人甲的综合所得应纳税所得额为150 000元(未考虑全年一次性奖金,下同),获得全年一次性奖金30 000元;居民个人乙的综合所得应纳税所得额为30 000元,获得全年一次性奖金150 000元。由于居民个人取得全年一次性奖金,既可以选择单独计算纳税,也可以选择并入当年综合所得计算纳税。

要求:通过纳税筹划分析,为甲、乙全年一次性奖金选择最佳纳税方法。

解析:

(1)选择将全年一次性奖金并入综合所得,计算甲、乙全年应纳个人所得税。

居民个人甲、乙综合所得全年应纳税所得额=150 000+30 000=180 000(元)

居民个人甲、乙全年应纳个人所得税=180 000×20%-16 920=19 080(元)

(2)选择将全年一次性奖金与综合所得分开,单独计算各自应纳个人所得税。

① 计算居民个人甲应纳个人所得税情况。

居民个人甲综合所得全年应纳个人所得税=150 000×20%-16 920=13 080(元)

30 000÷12=2 500(元),适用税率为3%,速算扣除数为0。

居民个人甲全年一次性奖金应纳个人所得税=30 000×3%=900(元)

居民个人甲全年应纳个人所得税合计=13 080+900=13 980(元)

甲全年一次性奖金最佳纳税方法的确定:分别计算纳税比合并计算纳税少纳个人所得税=19 080-13 980=5 100(元),应选择分别计算缴纳个人所得税。

② 计算居民个人乙应纳个人所得税情况。

居民个人乙综合所得全年应纳个人所得税=30 000×9%=900(元)

150 000÷12=12 500(元),适用税率为20%,速算扣除数为1 410(元)。

居民个人乙全年一次性奖金应纳个人所得税=150 000×20%-1 410=28 590(元)

居民个人乙全年应纳个人所得税合计=900+28 590=29 490(元)

乙全年一次性奖金最佳纳税方法的确定:分别计算纳税比合并计算纳税多纳个人所得税=29 490-19 080=10 410(元),应选择合并计算缴纳个人所得税。

结论:全年一次性奖金适用的税率,低于综合所得应纳税所得额(未考虑全年一次性奖金)适用的税率,选择全年一次性奖金单独计算纳税,有利于降低纳税人的税负;反之,当全年一次性奖金适用的税率,远远高于综合所得应纳税所得额(未考虑全年一次性奖金)适用的税率,选择全年一次性奖金并入当年综合所得计算纳税,有利于降低纳税人的税负。

【例6-8】

居民个人吴某,本年平均每月工资收入10 000元,每月个人负担的社会保险费及住房公积金共2 000元,专项附加扣除3 000元,再无其他综合所得扣除项目。吴某取得当年全年一次性奖金48 000元。

要求:通过纳税筹划分析,为吴某全年一次性奖金选择最佳纳税方法。

解析: 选择将全年一次性奖金并入综合所得,计算全年应纳个人所得税。

居民个人吴某综合所得全年应纳税所得额=(10 000-5 000-2 000-3 000)×12+48 000=0+48 000=48 000(元)

居民吴某全年应纳个人所得税=48 000×10%-2 520=2 280(元)

选择将全年一次性奖金与综合所得分开,单独计算各自应纳个人所得税。

吴某综合所得全年应纳个人所得税为0元。

48 000÷12=4 000(元),适用税率为10%,速算扣除数为210元。

居民个人吴某全年一次性奖金应纳个人所得税=48 000×10%-210=4 590(元)

居民个人吴某全年应纳个人所得税合计=0+4 590=4 590(元)

吴某全年一次性奖金最佳纳税方法的确定:分别计算纳税比合并计算纳税多纳个人所得税=4 590-2 280=2 310(元),居民个人吴某应选择合并缴纳个人所得税。

结论: 对于年度综合所得应纳税所得额(未考虑全年一次性奖金)低于0的居民个人,全年一次性奖金选择合并缴纳个人所得税更有利。全年一次性奖金可以抵减整体的应纳税所得额,在税率一致的情况下,合并纳税《综合所得个人所得税税率表》的速算扣除数高于《按月换算后的综合所得税率表》的速算扣除数。

第三节 经营所得的纳税筹划

个体工商户、个人独资企业投资者、合伙企业个人合伙人、承包承租经营者个人,以及其他从事生产经营活动的个人取得的经营所得,包括以下情形。

(1)个体工商户从事生产、经营活动取得的所得,个人独资企业投资人、合伙企业的个人合伙人来源于境内注册的个人独资企业、合伙企业生产、经营的所得。

(2)个人依法从事办学、医疗、咨询,以及其他有偿服务活动取得的所得。

(3)个人对企业、事业单位承包经营、承租经营,以及转包、转租取得的所得。

(4)个人从事其他生产、经营活动取得的所得。

一、应纳税额计算方法的纳税筹划

(一)应纳税额的计算方法

应纳税额的计算方法包括查账征收和核定征收两种方法。

(二) 选择合适的应纳税额的计算方法

核定征收与查账征收是经营所得应纳税额计算的两种方法,取得经营所得的个人必须根据自己的实际利润情况进行选择。一般情况下,如果取得经营所得的个人每年的利润较高且稳定,采用核定征收方式比较好;如果利润不稳定,或盈利能力较差或处于亏损情况,则采用查账征收方式比较好。另外,纳税人实行核定征收方式的,不得享受某些个人所得税的优惠政策。所以,取得经营所得的个人在考虑享受某项个人所得税优惠政策时,便不宜采取核定征收方式。

二、查账征收个人所得税的纳税筹划

经营所得,以每一纳税年度的收入总额减除成本、费用及损失后的余额,为应纳税所得额。取得经营所得的个人,没有综合所得的,计算其每一纳税年度的应纳税所得额时,应当减除费用 6 万元、专项扣除、专项附加扣除及依法确定的其他扣除。专项附加扣除在办理汇算清缴时减除。查账征收缴纳个人所得税的纳税人,其纳税筹划主要是针对收入和成本费用进行筹划。

(一) 收入的纳税筹划

1. 在税法允许的范围内,递延收入实现的时间

查账征收经营所得应纳个人所得税,采取的是按月预缴、年终汇算清缴的征管方式。经营所得,在计算应纳个人所得税额时,适用 5%～35% 的五级超额累进税率,以每一纳税年度的应纳税所得额为依据,根据表 6-3 确定税率和速算扣除数。

表 6-3 经营所得个人所得税税率表

级数	全年应纳税所得额	税率/%	速算扣除数
1	不超过 30 000 元部分	5	0
2	超过 30 000 元至 90 000 元部分	10	1 500
3	超过 90 000 元至 300 000 元部分	20	10 500
4	超过 300 000 元至 500 000 元部分	30	40 500
5	超过 500 000 元部分	35	65 500

如果个体工商户某一纳税年度的应纳税所得额过高,就要按较高一级的税率纳税。个体工商户可以在税法允许的范围内,通过采取递延收入的方式,以实现延期纳税或适用较低的税率的纳税筹划目标。常用的做法有:一是让客户暂缓支付货款或劳务费用;二是改一次性收款销售为分期收款销售。

【例 6-9】

甲个体工商户经营一家礼品店。2022 年由于当地经营礼品的店铺较少,甲个体工商户取得应纳税所得额 350 000 元,其中包括年末预定春节礼品收到的购货款对应的应纳税所得额 50 000 元。2023 年由于当地经营礼品的店铺增加,预计甲个体工商户当年的应纳税所得额只有 200 000 元。假设不考虑税收优惠对应纳个人所得税的影响。

要求:为甲个体工商户作出纳税筹划方案。

解析: 纳税筹划前,应纳个人所得税情况。

2022 年应纳个人所得税＝350 000×30％－40 500＝64 500(元)

2023 年应纳个人所得税＝200 000×20％－10 500＝29 500(元)

两年合计应纳个人所得税＝64 500＋29 500＝94 000(元)

纳税筹划方案: 通过只收取较少的定金,在实际销货时再收取剩余款项的做法,将 2022 年末预定 2023 年春节礼品收到的购货款作为预收款处理,实际实现销售时再确认收入。这样处理,这部分收入应属于 2023 年度,对应的应纳税所得额应 50 000 元应计入 2022 年度。纳税筹划后,应纳个人所得税情况:

2022 年的应纳税所得额＝350 000－50 000＝300 000(元)

2023 年的应纳税所得额＝200 000＋50 000＝250 000(元)

2022 年应纳个人所得税＝300 000×20％－10 500＝49 500(元)

2023 年应纳个人所得税＝250 000×20％－10 500＝39 500(元)

两年合计应纳个人所得税＝49 500＋39 500＝89 000(元)

纳税筹划后少纳个人所得税＝94 000－89 000＝5 000(元)

结论: 均衡各年经营所得的应纳税所得额,有利于降低其税负。

2. 利用分散收入进行纳税筹划

取得经营所得的个人通过分散收入,可以使其适用较低的税率,从而达到节税的目的。常用的方法如下。

(1) 区分收入的性质,不同性质的收入分别适用不同的税目。

(2) 合理借助与分支机构和关联机构的交易将收入分散。

(3) 合理变更投资人数。

由于我国个人所得税实行的是"先分后税"的原则,将一人投资变更为多人投资,便可以将全年实现的应纳税所得额分散到多个投资人的名下。

【例 6-10】

个体工商户王某现经营一家旅店,由于客流量减少,只得缩小经营规模,空出一些房间准备出租。现有两个方案可供选择,方案一是以旅店名义对外出租;方案二是先把这些空房间产权转移到王某名下,王某再以个人名义对外出租。假设王某的旅店年应纳税所得额为 800 000 元(不考虑房屋出租业务),房屋出租年租金收入为 120 000 元(不适用减按 10％的税率征收个人所得税),扣除相关成本费用的应纳税所得额为 100 000 元。

要求: 通过纳税筹划分析,为王某选择最佳出租方案。

解析:

方案一

全年应纳税所得额＝800 000＋100 000＝900 000(元)

王某应纳个人所得税＝900 000×35％－65 500＝249 500(元)

方案二

旅店经营应纳个人所得税＝800 000×35％－65 500＝214 500(元)

出租房屋应纳个人所得税＝120 000×(1－20％)×20％＝192 000(元)

应纳个人所得税合计＝214 500＋192 000＝233 700(元)

出租方案的确定:方案二比方案一少纳个人所得税=249 500-233 700=15 800(元),应选择方案二。

结论:经营所得适用较高等级税率时,通过出租方式分散收入,可以达到节税的目的。

(二)成本费用的纳税筹划

合理扩大成本费用的列支范围,是个体工商户减少应纳税所得额进而实现节税目的的有效手段。个体工商户利用扩大成本费用列支节税的纳税筹划方法如下。

1. 在法律允许的范围内,将一些家庭支出转换成费用开支

对于很多个体工商户来说,其经营场所也是其家庭生活场所,其家庭的很多日常开支很难与其经营支出区分开。电话费、水电费、交通费等支出应计入个体工商户经营成本中。

2. 如果使用自己的房产进行经营,则可以采用收取租金的方法扩大经营支出范围

虽然收取租金会增加个人的应纳税所得额,但租金作为一项经营费用可以冲减个人的应纳税所得额,减少个人经营所得的纳税额。同时自己的房产维修费用也可列入经营支出,这样既扩大了经营支出范围,又可以实现自己房产的保值、增值。一般来讲,这种做法适用于个体工商户应纳税所得额较高,适用较高税率的情况。

3. 使用家庭成员或雇用临时工,扩大工资等费用支出范围

雇用家庭成员或临时工的开支具有较大的灵活性,既能增加家庭收入,又能扩大一些与之相关的人员费用支出范围,增加税前列支费用,从而降低应纳税所得额。

三、综合所得转化为经营所得的纳税筹划

综合所得适用七级超额累进税率,最高级次的税率为45%。经营所得适用五级超额累进税率,最高级次的税率为35%。两种所得的税率差异,为纳税筹划提供了条件。

【例6-11】

秦某是一位画家,常年为多家企业提供各种广告图画设计,以获取厂家支付的报酬。经测算,秦某每年可以从厂家取得广告图画设计收入150万元,需要花费的各项支出为60万元。秦某每年的专项扣除、专项附加扣除合计为10万元。已知秦某再无其他收入来源。

要求:为秦某从厂家取得的收入作出纳税筹划方案。

解析:纳税筹划前,秦某从厂家取得广告图画设计收入为劳务报酬所得。

全年的应纳税所得额=1 500 000×(1-20%)-60 000-100 000=1 040 000(元)

全年应纳个人所得税=1 040 000×45%-181 920=286 080(元)

纳税筹划方案:秦某应设立一家个人独资企业,以企业的名义从事广告图画设计服务,按经营所得缴纳个人所得税。

纳税筹划后,从厂家取得广告图画设计收入,为企业的经营收入,应以个人独资企业缴纳个人所得税。

全年的应纳税所得额=1 500 000-600 000-5 000×12-100 000=740 000(元)

全年应纳个人所得税=740 000×35%-65 500=193 500(元)

纳税筹划后少纳个人所得税=286 080-193 500=92 580(元)

结论:对于高收入的居民个人,在合理合法的前提下,实现将综合所得转化为经营所得,可以有效降低其个人所得税税负。

风险提示:纳税人在实现将综合所得转化为经营所得的过程中,一定要注意有些所得是无法进行转化的。比如明星的代言费收入等专属于个人的收入,如果将其转化为经营所得,其行为就属于违法行为,将受到法律的制裁。

第四节 其他所得的纳税筹划

综合所得和经营所得采用超额累进税率计算应纳个人所得税,其应纳税所得额的计算也比较复杂,纳税筹划空间相对较大。而其他所得除特殊规定外,适用20%的个人所得税税率,其应纳个人所得税的计算相对比较简单。本节主要介绍财产转让所得和财产租赁所得的纳税筹划。

一、财产转让所得的纳税筹划

财产转让所得,是指个人转让有价证券、股权、合伙企业中的财产份额、不动产、机器设备、车船及其他财产取得的所得。财产转让所得,以纳税人每次转让财产的收入额减除财产原值和合理费用后的余额为应纳税所得额。计算公式为

财产转让所得应纳税所得额=财产的收入额-财产原值-合理费用

另外,对个人通过拍卖市场取得的财产拍卖所得适用财产转让所得项目计征个人所得税时,存在两种计算方法:一种是按照应纳税所得额适用20%的税率计算应纳税额;另一种是按照转让收入额适用3%的征收率计算应纳税额。这两种计算方法计算的应纳税额往往会存在很大的差异,这为拍卖财产提供了纳税筹划空间。

【例6-12】

刘某于2022年5月通过拍卖市场拍卖一套位于市中心的住房(非唯一的家庭生活用房),最终拍卖成交价为1 500万元,在拍卖过程中刘某支付相关税费共计100万元。该住房购置于20世纪90年代,当时的购买价格为300万元,购房发票及相关凭证均保存完好。

要求:通过纳税筹划分析,为刘某拍卖房屋选择最佳纳税方法。

解析:

(1)按照财产转让所得,按20%的税率计算缴纳个人所得税。

财产转让所得应纳税所得额=1 500-300-100=1 100(万元)

应纳个人所得税=1 100×20%=220(万元)

(2)转让收入额适用3%的征收率计算应纳税额。

应纳个人所得税=1 500×3%=45(万元)

纳税方法的确定:按照转让收入额适用3%的征收率计算个人所得税,比按财产转让所得计征个人所得税少纳个人所得税175万元(220-45),应选择按照转让收入额适用3%的征收率计算缴纳个人所得税的纳税方法。

结论:对于个人转让增值较大的财产,最好采用拍卖形式,可以有效降低纳税人的税负。

二、财产租赁的纳税筹划

财产租赁所得是指个人出租建筑物、土地使用权、机器设备、车船及其他财产取得的所得。这里所称的财产包括动产和不动产。个人取得的财产转租收入,属于"财产租赁所得"的征税范围,由财产转租人缴纳个人所得税。

(一) 应纳税所得额的确定

财产租赁所得按次计征个人所得税,以一个月内取得的收入为一次。计算应纳税所得额税前扣除税费的次序如下。

(1) 准予扣除的项目,主要指财产租赁过程中缴纳的税费。

(2) 向出租方支付的租金,主要指个人将承租房屋转租取得的租金收入,支付给房屋出租方的租金。

(3) 由纳税人负担的租赁财产实际开支的修缮费用,以每次800元为限,一次扣除不完的,准予下次继续扣除,直到扣完为止。

(4) 税法规定的费用扣除标准,每次收入不超过4 000元的,定额减除费用800元;每次收入在4 000元以上的,定率扣除20%,其余额为应纳税所得额。

(二) 应纳税额的计算

财产租赁所得适用20%的比例税率,但对个人按市场价格出租住房的居民住房取得的所得,暂减按10%的税率征收个人所得税,计算公式为

$$应纳税额 = 应纳税所得额 \times 适用税率(20\% 或 10\%)$$

(三) 财产租赁所得的纳税筹划方法

【例6-13】

王某2022年12月准备按市场价格出租一套三居室房屋给赵某,该房屋坐落于市区。合同约定租期为1年,月租金6 300元,按年预收,房屋的修缮费由出租人负责,因年久失修,预计房屋的维修费需要8 000元。在维修的时间上王某有两个出租方案可供选择,方案一:王某2022年12月将房屋维修后,于2023年1月出租给赵某;方案二:王某于2023年1月出租给赵某的同时进行维修。

要求:通过纳税筹划分析,为王某选择最佳财产租赁方案。(假设不考虑自然人出租房屋免征增值税的相关规定)

解析:个人出租住房,应按照5%的征收率减按1.5%计算应纳增值税;对个人出租住房,不区分用途,按4%的税率征收房产税。

方案一 先维修后出租,王某应纳个人所得税情况如下。

收到租金当月应纳增值税=6 300÷(1+5%)×1.5%×12=1 080(元)

收到租金当月应纳城市维护建设税和教育费附加=1 080×(7%+3%)=108(元)

每月应纳房产税=6 300÷(1+5%)×4%=240(元)

王某第一个月应纳个人所得税=(6 300−1 080−108−240)×(1−20%)×10%
=389.76(元)

王某后11个月应纳个人所得税=(6 300−240)×(1−20%)×10%×11=5 332.8(元)

王某全年应纳个人所得税＝389.76＋5 332.8＝5 722.56(元)

方案二　出租的同时进行维修,王某应纳个人所得税情况如下。

财产租赁过程中缴纳的税费不变,王某支付的 8 000 元维修费,可以分 10 个月按 800 元从应纳税所得额中扣除。

王某第一个月应纳个人所得税＝(6 300－1 080－108－240－800)×(1－20％)×10％
　　　　　　　　　　＝325.76(元)

王某后 2—10 月应纳个人所得税＝(6 300－240－800)×(1－20％)×10％×9
　　　　　　　　　　＝3 787.2(元)

王某后 2 个月应纳个人所得税＝(6 300－240)×(1－20％)×10％×2＝969.6(元)

王某全年应纳个人所得税＝325.76＋3 787.2＋969.6＝5 082.56(元)

租赁方案的确定:方案二比方案一少纳个人所得税＝5 722.56－5 082.56＝640(元),王某应选择方案二。

结论:纳税人在房屋租赁前发生的维修费,无法在以后取得的租赁收入中扣除。纳税人出租房屋应在租赁期间发生维修费,这样可以抵减纳税人的应纳税所得额,降低纳税人的税负。

风险提示:出租房屋后同时进行维修,需要征得承租人的同意,或给予承租人一定的经济补偿。

第五节　利用个人所得税优惠政策的纳税筹划

一、个人所得税的优惠政策

(一) 免征个人所得税项目

(1) 省级人民政府、国务院部委和中国人民解放军军以上单位,以及外国组织、国际组织颁发的科学、教育、技术、文化、卫生、体育、环境保护等方面的奖金;

(2) 国债和国家发行的金融债券利息;

(3) 按照国家统一规定发给的补贴、津贴;

(4) 福利费、抚恤金、救济金;

(5) 保险赔款;

(6) 军人的转业费、复员费、退役金;

(7) 按照国家统一规定发给干部、职工的安家费、退职费、基本养老金或退休工资、离休费、离休生活补助费;

(8) 依照有关法律规定应予免税的各国驻华使馆、领事馆的外交代表、领事官员和其他人员的所得;

(9) 中国政府参加的国际公约、签订的协议中规定免税的所得;

(10) 国务院规定的其他免税所得。

(二) 减征个人所得税项目

有下列情形之一的,可以减征个人所得税,具体幅度和期限,由省、自治区、直辖市人民政府规定,并报同级人民代表大会常务委员会备案:

(1) 残疾、孤老人员和烈属的所得;
(2) 因严重自然灾害造成重大损失的。

国务院可以规定其他减税情形,报全国人民代表大会常务委员会备案。

(三) 其他税收优惠项目

(1) 个人举报、协查各种违法、犯罪行为而获得的奖金免征个人所得税;

(2) 个人办理代扣代缴税款手续,按规定取得的扣缴手续费免征个人所得税;

(3) 个人转让自用达 5 年以上并且是唯一的家庭居住用房取得的所得免征个人所得税;

(4) 对个人购买福利彩票、赈灾彩票、体育彩票,一次中奖收入在 1 万元以下的(含 1 万元)暂免征收个人所得税,超过 1 万元的全额征收个人所得税;

(5) 达到离休、退休年龄,但确因工作需要,适当延长离休、退休年龄的高级专家(指享受国家发放的政府特殊津贴的专家、学者),其在延长离休、退休期间的工资、薪金所得,视同离休、退休工资免征个人所得税;

(6) 对单位及其职工个人按照《失业保险条例》规定的比例,实际缴付的失业保险费,均不计入职工个人当期的工资、薪金收入,免予征收个人所得税;

(7) 企业和个人按照国家或地方政府规定的比例,提取并向指定金融机构实际缴付的住房公积金、医疗保险金、基本养老保险金,免予征收个人所得税;

(8) 个人领取原提存的住房公积金、医疗保险金、基本养老保险金,以及具备《失业保险条例》规定条件的失业人员领取的失业保险金,免予征收个人所得税;

(9) 按照国家或省级地方政府规定的比例缴付的住房公积金、医疗保险金、基本养老保险金、失业保险金存入银行个人账户所取得的利息所得,免予征收个人所得税;

(10) 生育妇女按照县级以上人民政府根据国家有关规定制定的生育保险办法,取得的生育津贴、生育医疗费或其他属于生育保险性质的津贴、补贴,免征个人所得税;

(11) 对个人转让上市公司股票取得的所得暂免征收个人所得税;

(12) 对个人出租房屋取得的所得减按 10% 税率征收个人所得税。

二、利用个人所得税优惠政策进行纳税筹划

(一) 了解个人所得税的优惠政策

个人所得税的纳税人和扣缴义务人应充分了解个人所得税的优惠政策,防止因对政策掌握不准而多缴纳个人所得税的情况发生。

(二) 将资金投资于国家免税的投资项目

国债和国家发行的金融债券利息免征个人所得税。纳税人可以投资上述项目,享受免征个人所得税的优惠政策。

(三) 盈利企业应为职工发放福利费、抚恤金和救济金

福利费、抚恤金、救济金免征个人所得税。其中,福利费是指根据国家有关规定,从企业、事业单位、国家机关、社会团体提留的福利费或者工会经费中支付给个人的生活补助费;救济金是指各级人民政府民政部门支付给个人的生活困难补助费。盈利企业为职工发放福利费、抚恤金和救济金,既可以降低企业的应纳税所得额,也可以使职工享受免征个人所得

税的优惠政策。

(四) 中奖收入的纳税筹划

1. 通过税后收益确定奖金发放方案

【例 6-14】

某政府部门针对灾情决定发行赈灾彩票,在设立奖项时有两种方案可供选择。方案一:设置 5 个奖项,每个奖项的中奖金额为 12 000 元,共计发放奖金 60 000 元。方案二:同样发放 60 000 元奖金,设置一、二、三等奖,设置 3 个一等奖,每个一等奖中奖金额为 10 000 元;设置 5 个二等奖,每个二等奖中奖金额为 4 000 元;设置 10 个三等奖,每个三等奖中奖金额为 1 000 元。

要求:通过纳税筹划分析,选择最佳的奖金发放方案。

解析:对个人购买福利彩票、赈灾彩票、体育彩票,一次中奖收入在 1 万元以下的(含 1 万元)暂免征收个人所得税,超过 1 万元的,全额征收个人所得税。

方案一 设置 5 个奖项,每个奖项的中奖金额为 12 000 元,超过 1 万元,发行方应代扣代缴个人所得税。

对每个中奖个人应代扣代缴的个人所得税=12 000×20%=2 400(元)

每个中奖个人的税后收益=12 000−2 400=9 600(元)

代扣代缴个人所得税合计金额=2 400×5=12 000(元)

税后收益合计金额=9 600×5=48 000(元)

方案二 设置一、二、三等奖,由于每个奖项的中奖金额均未超过 1 万元,享受免征个人所得税的优惠政策,中奖个人不需要缴纳个人所得税,中奖金额即为税后收益。

奖金发放方案的确定:方案二比方案一中奖个人少纳个人所得税 12 000 元,多得收益 12 000 元。应选择方案二作为奖金发放方案。

2. 运用税后收益无差别点确定奖金的发放禁区

通过以上分析可以看出,纳税人获得 12 000 元奖金的税后收益低于获得 10 000 元奖金的税后收益。超过 1 万元的奖金定为多少,才能获得高于 1 万元的税后收益,该区间的奖金为奖金发放禁区。将 10 000 元确定为临界点,小于等于 10 000 元则不需要缴纳个人所得税,大于 10 000 元就需要缴纳个人所得税,将超过 1 万元的奖金设定为 X 元,计算与临界点税后收益相同时奖金金额。

$$X \times (1-20\%) = 10\ 000$$

则 $X=12\ 500$(元)。

结论:福利彩票、赈灾彩票、体育彩票,在设计中奖金额时应注意,中奖金额在 10 000~12 500 元区间为奖金发放禁区,要么将奖金设定为 10 000 元,获取免征个人所得税的优惠政策;要么将奖金设定为高于 12 500 元,使得增加的收入足以弥补多交的个人所得税。

思 考 题

1. 简述个人所得税纳税人的纳税筹划方法。
2. 简述个人所得税综合所得有关收入的纳税筹划方法。

3. 简述专项附加扣除的纳税筹划方法。
4. 为了达到节税的目的,企业可以通过哪些非货币支付方式降低职工的名义收入?
5. 简述全年一次性奖金的纳税筹划方法。
6. 简述经营所得的纳税筹划方法。
7. 简述财产转让所得的纳税筹划方法。
8. 简述财产租赁所得的纳税筹划方法。

练 习 题

一、单项选择题

1. 依据个人所得税法的相关规定,中国居民纳税人与非居民纳税人的划分标准是( )。
   A. 户籍所在地标准
   B. 住所标准和居住时间标准
   C. 住所标准和国籍标准
   D. 工作地点所在地标准

2. 以下项目所得,应按"工资、薪金所得"缴纳个人所得税的是( )。
   A. 个人提供担保取得的收入
   B. 兼职收入
   C. 出租汽车经营单位将出租车所有权转移给驾驶员的,出租车驾驶员从事客货运营取得的收入
   D. 出租汽车经营单位对出租车驾驶员采取单车承包或承租方式运营,出租车驾驶员从事客货营运取得的收入

3. 在商品营销活动中,企业和单位对营销业绩突出的非雇员(营销人员)以培训班、研讨会、工作考察等名义组织旅游活动,通过免收差旅费、旅游费对个人实行的营销业绩奖励,所发生的费用,该营销人员( )。
   A. 不缴纳个人所得税
   B. 按工资、薪金所得缴纳个人所得税
   C. 按劳务报酬所得缴纳个人所得税
   D. 按偶然所得缴纳个人所得税

4. 根据个人所得税法的规定,下列各项中,属于专项扣除的是( )。
   A. 基本医疗保险
   B. 继续教育支出
   C. 符合规定的商业健康保险
   D. 符合规定的企业年金

5. 居民个人取得的下列应税所得中,按次计征个人所得税的是( )。
   A. 劳务报酬所得
   B. 稿酬所得
   C. 工资、薪金所得
   D. 财产转让所得

6. 根据个人所得税法的规定,下列各项专项附加扣除项目中,只能在办理汇算清缴时扣除的是( )。
   A. 继续教育支出
   B. 大病医疗支出
   C. 赡养老人支出
   D. 住房租金支出

7. 李某接受房产赠与,手续齐全、合法,赠与合同上注明该房产原值25万元,李某支付相关税费2.5万元。经税务机关评估,该房产市场价格为35万元。李某获赠房产应缴纳个人所得税为( )万元。
   A. 2
   B. 1.5
   C. 7
   D. 6.5

8. 根据个人所得税法的规定,计算财产转让所得的个人所得税应纳税所得额时,下列各项准予扣除的是(　　)。
  A. 定额800元　　　　　　　　B. 定率20%
  C. 财产净值　　　　　　　　　D. 财产原值和合理费用

9. 某高校教师本月所取得的下列收入中,应计算缴纳个人所得税的是(　　)。
  A. 国债利息收入　　　　　　　B. 任职高校发放的误餐补助
  C. 为某企业开设讲座取得的酬金　D. 任职高校为其缴付的住房公积金

10. 某作家指控某杂志社侵犯其著作权,法院裁定作家胜诉,该作家取得杂志社的经济赔偿款30 000元,该作家取得的赔偿收入应被预扣预缴的个人所得税为(　　)元。
  A. 0　　　　B. 3 360　　　　C. 4 800　　　　D. 5 200

11. 作家王某的一篇小说在一家日报上连载一个月,月末报社共支付稿酬7 000元。王某所获稿酬被预扣预缴的个人所得税为(　　)元。
  A. 728　　　B. 784　　　　C. 812　　　　D. 868

12. 刘某2022年2月退休,每月按国家统一规定领取退休工资2 300元,4月被一家公司聘用,月工资6 600元,2022年4月刘某被预扣预缴的个人所得税为(　　)元。
  A. 117　　　B. 48　　　　C. 0　　　　D. 267

二、多项选择题

1. 下列各项中,属于我国个人所得税纳税人的有(　　)。
  A. 一人有限责任公司　　　　　B. 合伙企业的法人投资者
  C. 在中国有所得的外籍人员　　D. 个体工商户

2. 下列收入中,应按照"特许权使用费所得"项目缴纳个人所得税的有(　　)。
  A. 个人取得特许权的经济赔偿收入
  B. 某作家将其文字作品手稿复印件公开拍卖取得的收入
  C. 个人从电视剧制作中心获得的剧本使用费收入
  D. 个人转让土地使用权取得的收入

3. 根据个人所得税法的规定,下列各项中,属于纳税人(非独生子女)赡养老人支出的扣除方式的是(　　)。
  A. 不摊　　B. 均摊　　　C. 约定分摊　　　D. 被赡养人指定分摊

4. 下列各项中,属于我国个人所得税法规定的专项扣除项目的有(　　)。
  A. 基本养老保险　　　　　　　B. 继续教育支出
  C. 失业保险　　　　　　　　　D. 住房公积金

5. 按照个人所得税法的规定,下列在中国境内无住所的外籍人员中,属于2022年度居民个人的有(　　)。
  A. 皮特2021年11月1日来到中国,2022年4月5日离开中国
  B. 杰克2021年1月1日来到中国,2022年12月1日离开中国
  C. 史密斯2021年9月1日来到中国,2022年2月5日离开中国
  D. 约翰2022年5月1日来到中国,2022年12月20日离开中国

6. 根据个人所得税法的规定,个人发生的下列公益性捐赠支出中,准予税前全额扣除的有(　　)。

A. 通过非营利社会团体向公益性青少年活动场所的捐赠

B. 通过国家机关向贫困地区的捐赠

C. 通过非营利社会团体向农村义务教育的捐赠

D. 通过国家机关向红十字事业的捐赠

7. 根据个人所得税法的规定，下列各项中，按年计征个人所得税的有（　　）。

A. 非居民个人的工资、薪金所得　　B. 居民个人的综合所得

C. 财产租赁所得　　　　　　　　　D. 经营所得

8. 依据个人所得税法的相关规定，下列所得中，属于来源于中国境内的所得的有（　　）。

A. 外籍个人在中国境内任职、受雇而取得的工资、薪金所得

B. 中国居民将财产出租给承租人在中国境外使用而取得的所得

C. 外籍个人转让中国境内的建筑物取得的所得

D. 外籍个人持有我国境内企业的债券而从境内企业取得的利息所得

三、判断题

1. 某日本公民于2022年1月10日入境，2022年10月10日离境，期间未离境，该日本公民属于我国个人所得税的居民个人。（　　）

2. 某外籍个人受某外国公司委派于2022年1月开始赴中国担任其驻华代表处首席代表，截至2022年12月31日未离开中国。该外籍个人2022年10月将其拥有的境外房产出租给中国境内一公司驻该国常设机构取得的租金收入，属于来源于中国境内所得。（　　）

3. 对非居民纳税人来源于中国境内但支付地点在国外的所得，免征个人所得税。（　　）

4. 个体工商户业主的工资薪金支出，在计算个人所得税经营所得应纳税所得额时，准予扣除。（　　）

5. 个人转让自用达3年以上并且是唯一的家庭居住用房取得的所得免征个人所得。（　　）

6. 对于大病医疗支出项目，居民个人在计算个人所得税时，可以选择在预扣预缴时扣除，也可以选择在办理汇算清缴申报时扣除。（　　）

7. 扣缴义务人向居民个人支付工资、薪金所得时，应当按照累计预扣法计算预扣税款，并按月办理扣缴申报。（　　）

8. 非居民个人的工资、薪金所得、劳务报酬所得、稿酬所得、特许权使用费所得，有扣缴义务人的，由扣缴义务人按月或按次分项代扣代缴个人所得税，不办理汇算清缴。（　　）

9. 在一个纳税年度，个人所得税的纳税人发生的医药费用支出，扣除医保报销后个人负担累计超过15 000元的部分，由纳税人在办理年度汇算清缴时，在80 000元限额内据实扣除。（　　）

10. 个人从公开发行和转让市场取得的上市公司股票，持股期限在1个月以内（含1个月）的，其股息、红利所得免征个人所得税。（　　）

四、案例分析题

1. 中国公民李某本年度的应纳税所得额为20万元，其妻子姜某本年度的应纳税所得额为9万元，以上应纳税所得额未考虑大病医疗的扣除。本年度他们的女儿因病住院接受手

术治疗,扣除医保报销后个人负担10万元。假定双方无其他纳税调整项目。

要求:通过纳税筹划分析,选择应由谁扣除大病医疗支出。

2. 居民个人石某为独生子,本年度平均每月工资收入9 000元,每月个人负担的社会保险费及住房公积金共1 500元,专项附加扣除3 500元,再无其他综合所得扣除项目。石某当年取得全年一次性奖金60 000元。

要求:通过纳税筹划分析,为石某全年一次性奖金选择最佳纳税方法。

3. 陈先生和妻子开设了一家美容院,以陈先生的名义注册为个人独资企业,在开展美容业务的同时还销售美容产品。每年美容业务可以获利100万元,美容产品的销售利润为70万元,上述利润没有扣除二人的工资。假设不考虑其他扣除项目。

要求:

(1) 纳税筹划前,计算该美容院应纳个人所得税。

(2) 为陈先生夫妻二人的个人所得税作出纳税筹划方案。

(3) 计算纳税筹划后少缴纳的个人所得税。

4. 白某为自由职业者,常年为多家企业提供各种平面设计服务,以获取劳务报酬所得。经测算,白某取得10 000元的税前劳务收入,需要发生5 000元的支出。预计白某每年可以获得税前劳务收入1 200 000元,全年专项扣除、专项附加扣除合计为50 000元。已知白某无其他收入来源。

要求:

(1) 纳税筹划前,计算白某全年应纳个人所得税。

(2) 为白某作出个人所得税的纳税筹划方案。

(3) 计算纳税筹划后白某少缴纳的个人所得税。

第七章

其他税种的纳税筹划

第七章 其他税种的纳税筹划

本章学习要点

1. 关税、城市维护建设税的纳税筹划。
2. 资源税、土地增值税的纳税筹划。
3. 城镇土地使用税、房产税的纳税筹划。
4. 车船税、车辆购置税的纳税筹划。
5. 印花税、契税的纳税筹划。

老厂房利用的多税种纳税筹划

甲公司近年来通过技术创新,公司得到快速发展。为满足市场需求扩大生产能力,公司在异地新建厂房已竣工投入使用。老厂区地处市区交通便利,乙物流公司准备购置该厂区用于仓储物流使用,双方协商乙物流公司以9 500万元的价格购置甲公司厂房及土地使用权。协议约定厂房及构筑物的销售价格为4 500万元,厂区土地使用权转让价格为5 000万元。以上价格均不含增值税。

已知甲公司老厂区的构筑物包括围墙、水塔、变电塔等设施,评估价值为1 500万元。当地政府规定的房产扣除比例为30%。通过本章的学习,提出甲、乙公司应如何签订转让协议,可以有效降低税负。

第一节 关税的纳税筹划

关税是由海关依法对进出境的货物、物品征收的一种税。由于它是对进出境货物和物品的流转额征收,应属于流转税范畴。同时,关税仅对"进出境货物和物品"征税,它又与其他流转税有所不同。关税具有涉外性,由海关负责征收的特点。

一、关税完税价格的纳税筹划

我国关税以进出口货物的完税价格为计税依据。进出口货物的完税价格,由海关以该货物的成交价格为基础审查确定。成交价格不能确定时,完税价格由海关估定。

按照关税的征收标准分类,可以将关税分为从价税、从量税、复合税、选择税和滑准税。但关税的计税依据只有两种:一是从量计征,二是从价计征。从量计征适用的范围窄,从价计征适用的范围宽。在税率固定的前提下,完税价格的高低直接关系到纳税人关税负担的多少,而且在某些情况下,完税价格的高低还会影响到关税的适用税率。

(一) 进口货物完税价格的纳税筹划

我国进口货物完税价格的确定主要有两种情况,一是由海关以该货物的成交价格为基础审查确定;二是在成交价格不能确定时,完税价格由海关估定。

1. 以货物成交价格为基础确定完税价格的纳税筹划

进口货物以海关审定的正常成交价格为基础的到岸价格作为完税价格。到岸价格包括货价,加上货物运抵我国境内输入地点起卸前的包装费、运输费、保险费和其他劳务费等费用。

【例 7-1】

某钢铁公司,需要进口 100 万吨铁矿石,可供选择的进货渠道有两家:一是从 A 国进口,由于该国铁矿石的品位较高,每吨成交价格为 20 美元,运抵我国境内输入地点起卸前的运输费、保险费等费用共计 60 万美元;二是从 B 国进口,由于 A 国铁矿石品位较低,每吨成交价格为 19 美元,运抵我国境内输入地点起卸前的运输费、保险费等费用共计 200 万美元。铁矿石的关税税率为 20%,假设不考虑其他影响因素。

要求:通过纳税筹划分析,选择最佳进口国。

解析:从 A 国进口铁矿石,应纳税情况如下。

完税价格 = 20×100+60 = 2 060(万美元)

应纳进口关税 = 2 060×20% = 412(万美元)

从 B 国进口铁矿石,应纳税情况如下。

完税价格 = 19×100+200 = 2 100(万美元)

应纳进口关税 = 2 100×20% = 420(万美元)

进口国的确定:从 A 国进口铁矿石比从 B 国进口铁矿石少纳关税 = 420−412 = 8(万美元),应选择从 A 国进口铁矿石。

结论:进口货物以海关审定的正常成交价格为基础的到岸价格作为完税价格,纳税人在进行纳税筹划时,应选择同类产品中成交价格比较低以及运输费、保险费和其他杂费相对较小的货物进口,通过降低关税完税价格,实现节税目的。

2. 由海关估定完税价格的纳税筹划

进口货物的价格不符合进出口关税条例有关规定,或成交价格不能确定的,海关应当依次按下列方法估定完税价格。

(1) 相同或类似货物成交价格方法。相同或类似货物成交价格方法是以与被估的进口货物同时或大约同时(在海关接受申报进口之日的前后 45 天以内)进口的相同或类似货物的成交价格为基础估定完税价格。

以该方法估定完税价格时,应按照以下顺序。

① 使用同一生产商生产的相同或类似货物的成交价格。

② 使用同一出口国或者地区生产的相同或类似货物的成交价格。如果有多个相同或类似货物的成交价格,应当以最低的成交价格为基础来估定进口货物的完税价格。

(2) 倒扣价格法。倒扣价格法是以被估的进口货物相同或者类似货物在境内销售的价格为基础估定完税价格。

用倒扣价格法估定完税价格时,应当扣除:

① 该货物的同等级或同种类货物在境内销售时的利润和一般费用及通常支付的佣金。

② 货物运抵境内输入地点之后的运费、保险费、装卸费及其他相关费用。

③ 进口关税、进口环节税和其他与进口或销售上述货物有关的国内税。

(3) 计算价格法。计算价格法是以生产该货物所使用的原材料价值和进行装配或其他加工费用加上与向境内进口销售同等级或同种类货物的利润、一般费用相符的利润和一般费用,以及货物运抵境内输入地点起卸前的运输及相关费用、保险费。

(4) 以其他方法估定价格。使用其他方法估定价格时,应当以在境内获得的数据资料为基础估定完税价格。

【例 7-2】

某公司进口一批尚未面世的高科技产品,目前国际市场上还没有这种产品,没有确定的市场价格,按类似产品的市场价格计算,该批产品的价格应为 180 万美元。该公司预计进口的这批产品未来市场价格将远远高于类似产品的市场价格,进口该产品支付了 200 万美元。该产品的关税税率为 25%。

要求: 为该公司作出纳税筹划方案。

解析: 纳税筹划前,该公司应按实际成交价格 200 万元作为完税价格申报关税。

应纳关税 = 200 × 25% = 50(万元)

纳税筹划方案:该公司应以不完整的单证进行申报,不申报实际成交价格,由海关估定完税价格。

纳税筹划后,海关因无法获得相同产品的成交价格,只能按照类似产品的成交价格确定完税价格,这样,该进口商品的完税价格将被评估为 180 万美元。

应纳关税 = 180 × 25% = 45(万元)

纳税筹划后少纳关税 = 50 - 45 = 5(万元)

结论: 对于估定完税价格低于实际成交价格的进口货物,纳税人可以通过无法提供完整单证等做法,使成交价格不能确定,以实现少纳关税的目的。

(二) 出口货物关税完税价格的纳税筹划

出口货物的完税价格,由海关以该货物向境外销售时的实际成交价格为基础审查确定。具体包括成交价格加上货物运至我国境内输出地点装卸前的运输及其相关费用、保险费,但其中包含的出口关税应当扣除。

出口货物的成交价格不能确定时,海关应当依次按下列方法估定:同时或大约同时向同一国家或地区出口相同货物的成交价格;同时或大约同时向同一国家或地区出口类似货物的成交价格;根据境内生产相同或类似货物的成本、利润和一般费用、境内发生的运费及其相关费用、保险费计算所得的价格;按照合理方法估定的价格。

纳税筹划时需要注意的是,出口货物的离岸价格,应以该项货物运离国境前的最后一个口岸的离岸价格为实际离岸价格。如果出口货物的成交价格为货价加运费价格,或为国外口岸的到岸价格时,应先扣除运费和保险费后再计算完税价格。当运费成本在价格中所占比重较大时,这一点就显得更为重要。另外,如果在成交价格外,还支付了国外的与此项业务有关的佣金,则应当在纳税申报表上单独列明。这样,该项佣金就可予以扣除。但如未单独列明,则不予以扣除。

二、关税税率的纳税筹划

关税税率分为进口关税税率和出口关税税率。我国进口关税税率设有最惠国税率、协定税率、特惠税率、普通税率、关税配额税率等税率形式,对进口货物在一定期限内可以实行暂定税率。我国对出口货物一般免征关税,只对少数资源性产品或需要限制其大量出口的商品才征收一定数量的关税。由于我国普遍对进口货物征收关税,很少对出口货物征收关税,因此关税税率的纳税筹划重点是进口关税税率。

(一) 进口关税税率的相关规定

1. 税率设置与适用

适用最惠国税率、协定税率、特惠税率的国家或者地区名单,由国务院关税税则委员会决定。

(1) 最惠国税率适用原产于与我国共同适用最惠国待遇条款的世界贸易组织(WTO)成员国或地区的进口货物,或原产于与我国签订有相互给予最惠国待遇条款的双边贸易协定的国家或地区进口的货物,以及原产于我国境内的进口货物。

(2) 协定税率适用原产于与我国签订含有关税优惠条款的区域性贸易协定的国家或地区的进口货物。

(3) 特惠税率适用原产于与我国签订含有特殊关税优惠条款的贸易协定的国家或地区的进口货物。

(4) 普通税率适用原产于上述国家或地区以外的其他国家或者地区的进口货物,以及原产地不明的进口货物。

2. 暂定税率与配额税率

(1) 暂定税率适用情况复杂,除了规定对进口货物在一定期限内可以实行暂定税率外,还规定适用最惠国税率的进口货物有暂定税率的,应当适用暂定税率;适用协定税率、特惠税率的进口货物有暂定税率的,应当从低适用税率;适用普通税率的进口货物,不适用暂定税率。

(2) 配额税率适用按照国家规定实行关税配额管理的进口货物,关税配额内的适用关税配额税率;关税配额外的按照《进出口关税条例》的规定适用其他相应税率。

3. 特别关税

特别关税包括报复性关税、反倾销税与反补贴税、保障性关税。征收特别关税的货物、适用国别、税率、期限和征收办法,由国务院关税税则委员会决定,海关总署负责实施。

(二) 选择与我国签订有关税优惠条款的国家和地区进口产品

我国进口关税税率设有七种,进口相同产品因国家和地区不同,适用的税率也不同。纳税人在进口产品时,同等条件下应选择与我国签订有关税优惠条款的国家和地区,以适用较低的关税税率。

(三) 选择进口零部件代替产成品

在关税税率的设定上,一般来说,原材料和零部件的关税税率最低,半成品税率次之,产成品的税率最高。纳税人在条件允许的情况下,可以考虑进口原材料和零部件,然后进行加工生产出自己所需的产成品,以降低关税税负。

【例 7-3】

甲公司是一家跨国公司,主要生产销售大型医疗设备,该公司决定将在中国市场销售其生产的医疗设备。已知进口该设备的关税税率为25%,进口该设备零部件的关税税率为10%。

要求:为甲公司作出纳税筹划方案。

解析:甲公司如果将设备直接销售给中国买家,将适用25%的关税税率,进口该设备的成本较高。

纳税筹划方案:甲公司可以在我国投资设立装配公司。先将设备的零部件销售给装配公司,由于零部件进口适用10%的关税税率,这样可以有效降低组装后的设备成本。

结论:跨国公司可以通过在销售国设立组装公司的方式,降低关税税率。购买国通过这种关税税率的差异,可以吸引境外资本投资,有利于本国的发展。

三、利用关税优惠政策进行纳税筹划

(一) 了解关税的优惠政策

关税减免是对某些纳税人和征税对象给予鼓励和照顾的一种特殊调节手段。

1. 法定减免税

我国《海关法》和《进出口条例》明确规定,下列货物、物品予以减免关税:

(1) 关税税额在人民币50元以下的一票货物;
(2) 无商业价值的广告品和货样;
(3) 外国政府、国际组织无偿赠送的物资;
(4) 在海关放行前损失的货物;
(5) 在海关放行前遭受损失的货物,可以根据海关认定的受损程度减征关税;
(6) 进出境运输工具装载的途中必需的燃料、物料和饮食用品;
(7) 我国缔结或者参加的国际条约规定减征、免征关税的货物、物品;
(8) 法律规定减征、免征关税的其他货物、物品。

2. 特定减免税

特定减免也称政策性减免,是在法定减免税之外,国家按照国际通行规则和我国实际情况,制定发布的有关进出口货物减免关税的政策。具体包括:

(1) 科教用品;
(2) 残疾人专用品;
(3) 扶贫、慈善性捐赠物资;
(4) 其他特定减免税规定。

3. 临时减免税

临时减免是指在法定减免税和特定减免税之外,由国务院根据《中华人民共和国海关法》对某个单位、某类商品、某个项目或某批进出口货物的特殊情况,给予特别照顾,一案一批,专门下达的减免税。

(二) 创造条件享受关税的减免优惠

根据我国《海关法》和《进出口关税条例》的规定,关税减免以最惠国税率或普惠税率为基准,纳税人应创造条件,使其进出口业务能够享受关税的减免税优惠,以降低关税税负。

第二节　城市维护建设税的纳税筹划

城市维护建设税简称城建税,是国家对缴纳增值税和消费税的单位和个人,就其实际缴纳的增值税和消费税的税额为计税依据而征收的一种税。城建税属于附加税,征收范围广泛,根据城镇规模设计不同的比例税率,要求税款专款专用。

一、城市维护建设税税率的纳税筹划

城市维护建设税在全国范围内征收,包括城市、县城、建制镇及城镇以外的地区。即只要是缴纳增值税和消费税的地方,除税法另有规定外,都属于城市维护建设税的征税范围。

(一)城市维护建设税的税率

城市维护建设税按纳税人所在地的不同,设置了三档地区差别比例税率,即:
(1)纳税人所在地为市区的,税率为7%;
(2)纳税人所在地为县城、镇的,税率为5%;
(3)纳税人所在地不在市区、县城或者镇的,税率为1%。

(二)城市维护建设税税率的纳税筹划方法

由于不同的地区,规定了不同的城市维护建设税税率,因此,纳税人应根据自身情况,在不影响经济效益的前提下,选择城市维护建设税税率低的区域设立企业,这样不仅可以少缴城市维护建设税,还能降低房产税和城镇土地使用税的税负。

二、选择委托加工地点的纳税筹划

下列两种情况,可按缴纳增值税、消费税所在地的规定税率缴纳城市维护建设税:一是由受托方代扣代缴、代收代缴消费税的单位和个人,其代扣代缴、代收代缴的城市维护建设税按受托方所在地适用税率执行;二是流动经营等无固定纳税地点的单位和个人,在经营地缴纳增值税和消费税的,其城市维护建设税的缴纳按经营地适用税率执行。

纳税人在委托加工时,可以选择城市维护建设税税率比自己低的地区的受托单位进行委托加工,可以降低城市维护建设税税负。

三、城市维护建设税计税依据的纳税筹划

(一)城市维护建设税计税依据的相关规定

城市维护建设税以纳税人依法实际缴纳的增值税、消费税税额为计税依据。

依法实际缴纳的增值税税额,是指纳税人依照增值税相关法律法规和税收政策规定计算应当缴纳的增值税税额,加上增值税免抵税额,扣除直接减免的增值税税额和期末留抵退税退还的增值税税额(以下简称留抵退税额)后的金额。

依法实际缴纳的消费税税额,是指纳税人依照消费税相关法律法规和税收政策规定计算应当缴纳的消费税税额,扣除直接减免的消费税税额后的金额。

应当缴纳的两税税额,不含因进口货物或境外单位和个人向境内销售劳务、服务、无形资产缴纳的两税税额。

纳税人自收到留抵退税额之日起,应当在下一个纳税申报期从城建税计税依据中扣除。留抵退税额仅允许在按照增值税一般计税方法确定的城建税计税依据中扣除。当期未扣除完的余额,在以后纳税申报期按规定继续扣除。

(二) 降低城市维护建设税的计税依据

纳税人可以通过合理合法的手段降低应纳增值税、消费税的税额;通过对出口退税业务的纳税筹划降低当期免抵的增值税税额,从而降低城市维护建设税的计税依据,进而降低城市维护建设税的税负。

【例 7-4】

甲工业企业为增值税一般纳税人,生产的产品适用 13% 的税率,具有进出口经营权,出口业务实行"免、抵、退"税办法,出口货物的退税率为 9%。本年 5 月有关业务如下:外购原材料、燃料、动力取得增值税专用发票,注明价款 600 万元,增值税 78 万元;当月内销货物取得不含税销售收入 300 万元,款项已存入银行;当月外销货物取得不含税销售收入 500 万元。甲企业适用的城市维护建设税税率为 7%,本年 4 月还有 200 万元的购进货物因结算问题,未取得增值税专用发票。

要求:为甲企业作出纳税筹划方案。

解析: 纳税筹划前,计算甲企业出口退税业务的退税金额。

当期免抵退不得免征和抵扣的税额 $=500 \times (13\% - 9\%) = 20$(万元)

当期应纳税额 $= 300 \times 13\% - (78 - 20) = -19$(万元)

免抵退税额 $= 500 \times 9\% = 45$(万元)

当期期末留抵税额≤当期免抵退税额,当期应退税额=当期期末留抵税额。

当期应退税额 $= 19$ 万元

当期免抵税额 $= 45 - 19 = 26$(万元)

当期免抵的增值税税额,应纳入城市维护建设税和教育费附加的计征范围。

甲企业应纳城市维护建设税和教育费附加 $= 26 \times (7\% + 3\%) = 2.60$(万元)

纳税筹划方案:甲企业应将本年 4 月购进的 200 万元货物与对方协商,以取得增值税专用发票,这样可以增加进项税额 26 万元($200 \times 13\%$)。

纳税筹划后,计算甲企业出口退税业务的退税金额。

当期免抵退不得免征和抵扣的税额 $= 500 \times (13\% - 9\%) = 20$(万元)

当期应纳税额 $= 300 \times 13\% - (78 + 26 - 20) = -45$(万元)

免抵退税额 $= 500 \times 9\% = 45$(万元)

当期期末留抵税额≤当期免抵退税额,当期应退税额=当期期末留抵税额。

当期应退税额 $= 45$ 万元

当期免抵税额 $= 0$

因为当期免抵的增值税税额为 0,甲企业应纳城市维护建设税和教育费附加也为 0。

纳税筹划后,甲企业出口退税金额增加 26 万元($45 - 19$),少纳城市维护建设税和教育费附加 2.60 万元。

结论：对于出口业务实行"免、抵、退"税办法的纳税人，当期出口业务较大时，应获取尽可能多的进项税额，使当期免抵税额为零，可以免予缴纳因增值税免抵税额计提的城市维护建设税。

第三节　资源税的纳税筹划

资源税是对在我国领域及管辖的其他海域开发应税资源的单位和个人，就其应税产品的销售额或销售数量为计税依据而征收的一种税。我国现行资源税只对特定的资源征税，实行"普遍征收，级差调节"的原则。

一、资源税征税范围的纳税筹划

（一）资源税的征税范围

从理论上讲，资源税的征税范围应当包括一切可以开发和利用的国有资源，但我国目前只将以下项目列入征税范围。资源税税目包括五大类，在5个税目下面又设有若干个子目。具体包括：

（1）能源矿产。包括原油、天然气、页岩气、天然气水合物、煤、煤成（层）气、铀、钍、油页岩、油砂、天然沥青、石煤、地热。

（2）金属矿产。包括黑色金属和有色金属。

（3）非金属矿产。包括矿物类、岩石类和宝玉石类矿产。

（4）水气矿产。包括二氧化碳、硫化氢、氦气、氡气、矿泉水。

（5）盐。包括钠盐、钾盐、镁盐、锂盐、天然卤水、海盐。

（二）利用征税范围的有限性进行纳税筹划

目前，我国森林资源、草原资源等其他自然资源的开发利用还未列入资源税征税范围。资源税征税范围的有限性为纳税筹划提供了条件，纳税人在准备对自然资源进行开发投资时，可以选择那些没有包含在资源税征税范围的自然资源，以避免成为资源税的纳税人。

二、资源税计税依据的纳税筹划

资源税应纳税额的计算分为从价定率和从量定额两种方法。其计税依据为销售额和销售数量。因此，计税依据的纳税筹划重点是在税法允许的情况下，降低计税销售额或者销售数量。

（一）分别核算应税产品

纳税人的减税、免税项目，应当单独核算销售额或者销售数量；未单独核算或者不能准确提供减税、免税产品销售额或者销售数量的，不予减税或者免税。纳税人开采或者生产不同税目应税产品的，应当分别核算不同税目应税产品的销售额或者销售数量。未分别核算或者不能准确提供不同税目应税产品的销售额或者销售数量的，从高适用税率。

因此，纳税人不仅要准确划分征税与减税、免税项目，而且对不同税目的应税产品要准确区分，分别核算，按各自适用的税率计税，避免出现无法享受税收优惠政策及从高适用税率的情况，增加不必要的税收负担。

(二) 降低计税销售额的纳税筹划

计税销售额是指纳税人销售应税产品向购买方收取的全部价款和价外费用,不包括增值税销项税额。对同时符合以下条件的运杂费用,纳税人在计算应税产品计税销售额时,可予以扣减:

(1) 包含在应税产品销售收入中;

(2) 属于纳税人销售应税产品环节发生的运杂费用,具体是指运送应税产品从坑口或者洗选(加工)地到车站、码头或者购买方指定地点的运杂费用;

(3) 取得相关运杂费用发票或者其他合法有效凭据;

(4) 将运杂费用与计税销售额分别进行核算。

纳税人扣减的运杂费用明显偏高导致应税产品价格偏低且无正当理由的,主管税务机关可以合理调整计税价格。

【例 7-5】

某煤矿企业为增值税一般纳税人,8月该煤矿销售原煤一批,开具增值税专用发票注明不含税价款 600 万元,其中包括从坑口到车站的运输费用,该企业配备自己的运输车辆负责运输原煤到车站,经测算,如果按市场价格运输这些原煤需要支付运费 100 万元。该煤矿资源税税率为 5%。

要求:为该企业作出纳税筹划方案。

解析:纳税筹划前,资源税的计税销售额为 600 万元。

应纳资源税 = 600 × 5% = 30(万元)

纳税筹划方案:该企业应设立独立法人的运输公司,负责本企业原煤从坑口或者洗选(加工)地到车站、码头或者购买方指定地点的运输服务,并向企业开具相关运输费发票,该企业将运杂费用与计税销售额分别进行核算。这样,100 万元的运输费用同时满足规定条件,纳税人在计算应税产品计税销售额时,可予以扣减。

纳税筹划后,资源税的计税销售额 = 600 − 100 = 500(万元)

应纳资源税 = 500 × 5% = 25(万元)

纳税筹划后少纳资源税 = 30 − 25 = 5(万元)

结论:资源的开采地点往往距离车站、码头较远,资源税纳税人应充分考虑属于销售应税产品环节发生的运杂费用,即运送应税产品从坑口或者洗选(加工)地到车站、码头或者购买方指定地点的运杂费用,由于这部分费用往往比较多,纳税人通过分别核算,取得相关运杂费用发票或者其他合法有效凭据,满足可以在计算应税产品计税销售额时,可予以扣减的条件,有效降低计税销售额,以实现降低税负的目的。

三、利用资源税优惠政策进行纳税筹划

(一) 资源税的优惠政策

1. 免征资源税的情形

(1) 开采原油及在油田范围内运输原油过程中用于加热的原油、天然气;

(2) 煤炭开采企业因安全生产需要抽采的煤成(层)气。

2. 减征资源税的情形

(1) 从低丰度油气田开采的原油、天然气,减征20%资源税;

(2) 高含硫天然气、三次采油和从深水油气田开采的原油、天然气,减征30%资源税;

(3) 稠油、高凝油减征40%资源税;

(4) 从衰竭期矿山开采的矿产品,减征30%资源税。

3. 省、自治区、直辖市可以决定免征或者减征资源税的情形

(1) 纳税人开采或者生产应税产品过程中,因意外事故或者自然灾害等原因遭受重大损失;

(2) 纳税人开采共伴生矿、低品位矿、尾矿。

纳税人的免税、减税项目,应当单独核算销售额或者销售数量;未单独核算或者不能准确提供销售额或者销售数量的,不予免税或者减税。

(二) 运用资源税优惠政策进行纳税筹划

(1) 准确核算开采原油及在油田范围内运输原油过程中用于加热的原油、天然气,避免出现未单独核算或者不能准确提供使用原油、天然气的数量,不予免税的情况发生。

(2) 提高开采水平,开采低丰度油气田、衰竭期矿山等享受减征资源税的项目,通过降低资源税应纳税额,实现纳税筹划目标。

(3) 纳税人开采或者生产应税产品过程中,因意外事故或者自然灾害等原因造成重大损失的,应准确核算损失金额,及时报请税务机关予以减免税款。

第四节 土地增值税的纳税筹划

土地增值税,是对转让国有土地使用权、地上建筑物及其附着物并取得收入的单位和个人,就其转让房地产所取得的增值额征收的一种税。土地增值税实行四级超率累进税率,以纳税人转让房地产取得的增值额占扣除项目的比率高低确定税率,增值比率越高适用的税率也越高,税收负担较为合理,但税收负担比较重。

一、土地增值税征税范围的纳税筹划

土地增值税可以通过以下标准来界定其征税范围。一是转让的土地使用权是国有土地使用权;二是国有土地使用权、地上的建筑物及其附着物的权属发生转移;三是对转让房地产并取得收入的行为征税。根据上述判断标准,某些方式的建房行为不属于土地增值税的征税范围,不用缴纳土地增值税。纳税人可以通过对征税范围的纳税筹划,避免成为土地增值税的纳税人。

(一) 变房地产销售为代建行为

代建行为是指房地产开发公司代客户进行房地产开发,开发完成后向客户收取代建收入的行为。因没有发生房地产权属的转移,不属于土地增值税的征税范围。代建行为不用缴纳土地增值税,属于为甲供工程提供建筑服务,可以选择适用简易计税方法,按3%的征收率计算缴纳增值税。而土地增值税适用30%~60%的四级超率累进税率,销售不动产还应

按 9% 的税率缴纳增值税,代建行为节税效果明显。

如果房地产开发公司在开发之初便能确定最终取得房屋权属的客户,可与客户协商采用代建方式进行开发。房地产开发公司以客户的名义取得土地使用权和购买各种建筑材料及设备,也可以由客户自行购买,房地产开发公司只收取代建劳务收入,以降低税负。

(二)变房地产销售为合作建房行为

对于一方出地,一方出资金,双方合作建房,建成后按比例分房自用的,暂免征收土地增值税;建成后转让的,应征收土地增值税。如果房地产开发公司在开发前能够找到需要购房的单位和个人,可以协商由房地产开发公司提供土地的使用权,由购房者出资共同开发,开发完成后按约定比例分房,这样就符合合作建房的条件。购房者分得的自用部分房产不必缴纳土地增值税,房地产开发公司在出售剩余部分住房时,才需要对这部分收入缴纳土地增值税,大大降低了房地产开发公司的税负。

(三)变房地产销售为投资、联营行为

以房地产进行投资、联营的,投资、联营的一方以房地产作价入股进行投资或作为联营条件,将房地产转让到所投资、联营的企业中时,暂免征收土地增值税。对投资、联营企业将上述房地产再转让的,应征收土地增值税。纳税人可以通过变房地产销售为投资、联营,避免成为土地增值税的纳税人,但上述纳税筹划方法只适用于投资、联营的各方均为非房地产企业。

对于以土地(房地产)作价投资入股进行投资或联营的,凡所投资、联营的企业从事房地产开发的,或者房地产开发企业以其建造的商品房进行投资和联营的,均应按规定缴纳土地增值税。

二、转让房地产收入的纳税筹划

纳税人转让房地产所取得的收入,是指转让房地产取得的全部价款及有关的经济收益,包括货币收入、实物收入和其他收入。

(一)将房地产销售与装修分开核算

在现实生活中,很多房地产在出售之前已经进行了简单的装修和维护,并安装了一些必要的设施。如果将房地产的装修、维护及设施的安装单独核算,从房地产销售收入中分离出来,可以合理合法地降低房地产的销售价格,控制房地产的增值率,从而降低纳税人的土地增值税税负。

【例 7-6】

甲房地产开发企业准备开发一栋精装修的楼房,预计精装修房屋的市场售价是 2 800 万元,其中包含装修费 900 万元。

要求:为该企业作出纳税筹划方案。

解析:纳税筹划前,甲企业房地产销售收入应为 2 800 万元,装修费计入销售收入。

纳税筹划方案:甲企业可以分两次签订合同,在毛坯房建成后先签订 1 900 万元的房屋销售合同,装修时再签订 900 万元的房屋装修合同。

纳税筹划后,纳税人销售毛坯房属于土地增值税征税范围,需要对其增值额计算缴纳土地增值税;而房屋装修不属于土地增值税征收范围,其增值额不需要缴纳土地增值税。纳税人还

可以在合理范围内降低毛坯房的销售价格,提高装修费收入,降低土地增值税纳税金额。

(二) 合理确定普通标准住宅的销售价格以享受免税优惠

土地增值税暂行条例规定,纳税人建造普通标准住宅出售,增值额未超过扣除项目金额的20%,免缴土地增值税;增值额超过扣除项目金额的20%,应就其全部增值额按规定缴纳土地增值税。企业可以利用上述规定进行纳税筹划,合理确定普通标准住宅的销售价格,使增值额不超过扣除项目金额的20%,以达到最佳的节税效果。

【例7-7】

某市房地产开发公司。本年6月出售普通标准住宅总面积8 000平方米。有关支出如下:取得土地使用权支付的土地出让金1 400万元,房地产的开发成本3 200万元,房地产开发费用400万元,其中借款利息支出210万元(能够按照转让房地产项目计算分摊利息并提供金融机构证明),当地省政府规定,不包括利息支出的其他开发费用的扣除标准为5%。城市维护建设税税率为7%,教育费附加率为3%。通过测算,该公司的增值税税负为4.50%。企业营销部门在制订售房方案时,拟订了两个方案。方案一:销售价格为平均售价9 000元/平方米(不含增值税);方案二:销售价格为平均售价8 966元/平方米(不含增值税)。

要求:分别计算各方案该公司应缴纳的土地增值税,通过纳税筹划分析选择最佳销售方案。

方案一:

(1) 销售额=9 000×8 000÷10 000=7 200(万元)。

(2) 扣除项目金额:

取得土地使用权所支付的金额=1 400万元

房地产开发成本=3 200万元

房地产开发费用=210+(1 400+3 200)×5%=440(万元)

与转让房地产有关的税金=7 200×4.50%×(7%+3%)=32.4(万元)

加计20%扣除金额=(1 400+3 200)×20%=920(万元)

扣除项目合计=1 400+3 200+440+32.4+920=5 992.4(万元)

(3) 增值额=7 200-5 992.4=1 207.6(万元)。

(4) 增值额与扣除项目的比例=1 207.6÷5 992.4×100%=20.15%。

(5) 增值额未超过扣除项目的50%,适用的土地增值税税率为30%,速算扣除率为0。

应纳土地增值税=1 207.6×30%=362.28(万元)

方案二:

(1) 销售额=8 966×8 000÷10 000=7 172.8(万元)。

(2) 扣除项目金额:

取得土地使用权所支付的金额=1 400万元

房地产开发成本=3 200万元

房地产开发费用=210+(1 400+3 200)×5%=440(万元)

与转让房地产有关的税金=7 172.8×4.50%×(7%+3%)=32.28(万元)

加计20%扣除金额=(1 400+3 200)×20%=920(万元)

扣除项目合计=1 400+3 200+440+32.28+920=5 992.28(万元)

(3) 增值额＝7 172.8－5 992.28＝1 180.52（万元）。

(4) 增值额与扣除项目的比例＝1 180.52÷5 992.28×100％＝19.7％。

(5) 由于该公司开发普通标准住宅出售，增值额未超过扣除项目的20％，根据税法的规定，免征土地增值税，故应纳土地增值税金额为0。

在选择方案时应比较各方案扣除土地增值税后的收益。

方案一的收益＝7 200－(1 400＋3 200＋400＋32.4＋362.28)＝1 805.32（万元）

方案二的收益＝7 172.8－(1 400＋3 200＋400＋32.28)＝2 140.52（万元）

销售方案的确定：该公司降低普通标准住宅销售价格的行为，使公司享受了免税优惠，使收益增加335.2万元(2 140.52－1 805.32)，应选择方案二。

结论：在对普通标准住宅进行纳税筹划时，在增值额与扣除项目之比略高于20％时，可以适当降低房屋的销售价格，使增值额与扣除项目之比小于20％，以享受免征土地增值税的优惠；在增值额与扣除项目之比远高于20％时，可以采用提高材料档次，或提高绿化品质，或选择好的设计院提高设计费，给合作单位让利等方法增加房地产开发成本，提高扣除项目，使增值额与扣除项目之比控制在20％及以下，从而享受免征土地增值税的优惠。另外，提高房屋品质后更有利于房屋的销售。

风险提示：纳税人既建造普通标准住宅，又进行其他房地产开发的，应分别核算增值额；不分别核算增值额或不能准确核算增值额的，其建造的普通标准住宅不享受免税优惠。

三、土地增值税扣除项目的纳税筹划

土地增值税的扣除项目包括：取得土地使用权所支付的金额，房地产开发成本，房地产开发费用，与转让房地产有关的税金和财政部规定的其他扣除项目。

（一）均衡分配开发成本

此方法主要是适用于房地产开发业务较多的企业。这类企业通常同时进行多处房地产的开发，不同地点的开发成本会因为地价或其他原因产生不同，这会导致有的房屋开发项目销售后增值率较高，而有的房地产开发项目增值率较低，这种不均匀会加重企业的税收负担，这就要求企业在合理合法的前提下，对开发成本进行必要的调整，使各房地产开发项目的增值率大致相同，从而节省税款。

均衡分配开发成本是抵销增值额、减少应纳税款的极好选择。房地产开发企业可将一段时间内发生的各项开发成本进行最大限度的调整分配，就可以将获得的增值额进行最大限度的平均，就不会出现某些开发项目增值率过高的现象，从而节省部分税款的缴纳。如果结合其他纳税筹划方法，使增值率刚好在某一临界点以下，可以享受免税优惠政策，则节税效果更加明显。

（二）将开发费用转化为开发成本

在计算土地增值税时，房地产开发费用即期间费用不以实际发生数扣除，而是根据利息是否按转让房地产项目计算分摊作为一定条件，按房地产项目直接成本的一定比例扣除。纳税人可以通过事前筹划，在合理合法的前提下，将实际发生的期间费用转移到房地产开发成本中。例如，属于房地产公司总部人员的工资、福利费等都属于期间费用的开支范围，人事部门可以在不影响总部工作的前提下，把总部的一些人员安排到每个具体房地产开发项目中,这些人的工资、福利费就可以部分计入房地产开发成本。期间费用的减少不影响土地增值税的计算,而房地产的开发成本的增加,却可以有效降低增值额。

房地产开发公司在不增加任何开支的情况下,通过将开发费用转化为开发成本,可以增加土地增值税扣除项目金额,从而达到节税的目的。

(三) 利用利息支出进行纳税筹划

财务费用中的利息支出,凡能够按转让房地产项目计算分摊并提供金融机构证明的,允许据实扣除,但最高不能超过按商业银行同类同期贷款利率计算的金额。其他房地产开发费用,按本条(一)、(二)项规定计算的金额之和的5%以内计算扣除。凡不能按转让房地产项目计算分摊利息支出或不能提供金融机构证明的,房地产开发费用按本条(一)、(二)项规定计算的金额之和的10%以内计算扣除。

这里所说的"(一)"为取得土地使用权所支付的金额,是指纳税人为取得土地使用权所支付的地价款和按国家统一规定缴纳的有关费用。这里所说的"(二)"为开发土地和新建房及配套设施的成本,是指纳税人房地产开发项目实际发生的成本,包括土地征用及拆迁补偿费、前期工程费、建筑安装工程费、基础设施费、公共配套设施费、开发间接费用。

【例 7-8】

甲房地产公司开发一住宅楼,共支付地价款800万元,发生开发成本1 400万元,该公司在开发过程中主要依靠负债筹资,财务费用中可以按转让房地产项目计算分摊利息的利息支出为200万元,不超过商业银行同类同期贷款利率。该企业在确定开发费用时有两种方法可供选择。方法一:提供金融机构贷款证明,并按房地产项目计算分摊利息支出;方法二:不提供金融机构贷款证明或不计算分摊利息支出。

要求:通过纳税筹划分析,为该企业选择开发费用的计算方法。

解析:

方法一 提供金融机构贷款证明,并按房地产项目计算分摊利息支出。

房地产开发费用 $=200+(800+1\,400)\times 5\%=310$(万元)

方法二 不提供金融机构贷款证明或不计算分摊利息支出。

房地产开发费用 $=(800+1\,400)\times 10\%=220$(万元)

开发费用计算方法的确定:方法一比方法二开发费用多扣除90万元(310-220),企业应选择方法一,作为开发费用的计算方法。

结论:在利息费用所占比例较大时,企业应提供金融机构贷款证明,并按房地产项目计算分摊利息支出。反之,如果企业主要依靠权益资本筹资,开发过程中借款较少,利息费用较低,则可不提供金融机构贷款证明或不计算分摊利息支出,这样可多扣除房地产开发费用。

四、不同增值率的房地产分开与合并纳税的选择

土地增值税适用四档超率累进税率,其中最低税率为30%,最高税率为60%,如果对增值率不同的房地产合并纳税,有可能降低高增值率房地产的适用税率,使该部分房地产的税负下降,同时也可能提高低增值率房地产的适用税率,增加这部分房地产的税负。因此,纳税人需要具体测算分开纳税与合并纳税应纳税款情况,选择低税负的纳税方法,以达到节税的目的。

【例 7-9】

某房地产开发公司同时开发 A、B 两幢商业用房,且处于同一片土地上,销售 A 房产取得收入 3 000 万元,允许扣除的金额为 2 000 万元;销售 B 房产取得收入 4 000 万元,允许扣除的项目金额为 1 000 万元。该房地产企业既可以分开核算,也可以合并核算 A、B 两幢商业用房的收入和成本。

要求:通过纳税筹划分析,为该房地产企业选择最佳纳税方法。

解析: 分开核算,分别纳税。

A 房地产的增值率=(3 000－2 000)÷2 000×100%=50%,适用税率 30%。

应纳土地增值税=(3 000－2 000)×30%=300(万元)

B 房地产的增值率=(4 000－1 000)÷1 000×100%=300%,适用税率 60%。

应纳土地增值税=(4 000－1 000)×60%－1 000×35%=1 450(万元)

共缴纳土地增值税=300＋1 450=1 750(万元)

合并核算,合并纳税。

两幢房地产的收入总额=3 000＋4 000=7 000(万元)

允许扣除的金额=2 000＋1 000=3 000(万元)

增值率=(7 000－3 000)÷3 000×100%=133.30%,适用税率 50%。

应纳土地增值税=(7 000－3 000)×50%－3 000×15%=1 550(万元)

纳税方法的确定:合并纳税少纳土地增值税=1 750－1 550=200(万元),应选择合并纳税。

结论: 对于增值率相差很大的不同房地产项目,如果合并纳税有利,房地产开发公司应将两处房地产安排在一起开发、出售,并将两处房地产的收入和扣除项目合并在一起核算,一起申报纳税,可以达到少缴税的目的。

五、个人转让房地产的纳税筹划

(一)了解个人转让房地产的优惠政策

(1)因国家建设需要依法征用、收回的房地产,免征土地增值税。

因国家建设需要依法征用、收回的房地产,是指因城市实施规划、国家建设的需要而被政府批准征用的房产或收回的土地使用权。

因城市实施规划、国家建设的需要而搬迁,由纳税人自行转让原房地产的,比照有关规定免征土地增值税。

(2)个人因工作调动或改善居住条件而转让原自用住房的,经向税务机关申报核准,凡居住满 5 年或 5 年以上的,免于征收土地增值税;居住满 3 年未满 5 年的,减半征收土地增值税;居住未满 3 年的,按规定征收土地增值税。

(二)利用优惠政策进行纳税筹划

(1)在价格合理的情况下,转让免征土地增值税的房地产。

(2)合理确认出售时点,使转让的自用住房满足居住满 5 年或 5 年以上的条件,享受免征土地增值税的优惠政策。

第五节　城镇土地使用税的纳税筹划

城镇土地使用税是以城镇土地为征税对象,对在城镇范围内拥有土地使用权的单位和个人征收的一种税。城镇土地使用税按纳税人实际占用的土地面积乘规定的税额计算应纳税额。城镇土地使用税可以从以下几方面进行筹划。

一、经营用地所属区域的纳税筹划

城镇土地使用税的征税范围,包括在城市、县城、建制镇和工矿区内的国家所有和集体所有的土地。城镇土地使用税实行差别幅度税额,不同城镇适用不同税额,对同一城镇的不同地段,根据市政建设状况和经济繁荣程度也确定不等的负担水平,其目的是调节土地的级差收入,公平税负。经营者占有并实际使用的土地,其所在区域直接关系到缴纳城镇土地使用税数额的大小。因此,经营者可以结合投资项目的实际需要在下列几方面进行选择:一是在征税区与非征税区之间的选择;二是在经济发达与经济欠发达省份之间的选择;三是在同一省份内的大中小城市及县城和工矿区之间的选择;四是在同一城市、县城和工矿区之内的不同等级土地之间的选择。

【例 7-10】

甲、乙两自然人拟投资设立一有限责任公司,公司需占地 2 000 平方米。现在有三个地址可供选择:一是设立在 A 地,其适用的城镇土地使用税税率为每平方米 10 元;二是设立在 B 地,其适用的城镇土地使用税税率为每平方米 7 元;三是设立在 C 地,其适用的城镇土地使用税税率为每平方米 4 元,假设不考虑其他因素。

要求:通过纳税筹划分析,为该公司选择设立地点。

解析:

设立在 A 地,应纳城镇土地使用税金额＝2 000×10＝20 000(元)

设立在 B 地,应纳城镇土地使用税金额＝2 000×7＝14 000(元)

设立在 C 地,应纳城镇土地使用税金额＝2 000×4＝8 000(元)

设立地点的确定:在不考虑其他因素的情况下,该有限公司应选择 C 地设立,缴纳的城镇土地使用税最少。

结论:企业在选址时,在不影响企业生产经营的情况下,选择城镇土地使用税税率较低的地点,有利于较低税负。

二、城镇土地使用税优惠政策的纳税筹划

(一) 城镇土地使用税的优惠政策

1. 法定免缴城镇土地使用税的优惠

(1) 国家机关、人民团体、军队自用的土地。

(2) 由国家财政部门拨付事业经费的单位自用的土地。
(3) 宗教寺庙、公园、名胜古迹自用的土地。
(4) 市政街道、广场、绿化地带等公共用地。
(5) 直接用于农、林、牧、渔业的生产用地。
(6) 经批准开山填海整治的土地和改造的废弃土地,从使用的月份起免缴城镇土地使用税 5 年至 10 年。
(7) 对非营利性医疗机构、疾病控制机构和妇幼保健机构等卫生机构自用的土地,免征城镇土地使用税。
(8) 企业办的学校、医院、托儿所、幼儿园,其用地能与企业其他用地明确区分的,免征城镇土地使用税。
(9) 免税单位无偿使用纳税单位的土地,免征城镇土地使用税。纳税单位无偿使用免税单位的土地,纳税单位应照章缴纳城镇土地使用税。
(10) 对行使国家行政管理职能的中国人民银行总行(含国家外汇管理局)所属分支机构自用的土地,免征城镇土地使用税。
(11) 为了体现国家的产业政策,支持重点产业的发展,对石油、电力、煤炭等能源用地,民用港口、铁路等交通用地和水利设施用地,三线调整企业、盐业、采石场、邮电等一些特殊用地划分了征免税界限和给予政策性减免税照顾。具体规定如下。
① 对石油天然气生产建设中用于地质勘探、钻井、井下作业、油气田地面工程等施工临时用地,暂免征收城镇土地使用税。
② 对企业的铁路专用线、公路等用地,在厂区以外、与社会公用地段未加隔离的,暂免征收城镇土地使用税。
③ 对企业厂区以外的公共绿化用地和向社会开放的公园用地,暂免征收土地使用税。
④ 对盐场的盐滩、盐矿的矿井用地,暂免征收城镇土地使用税。

2. 由省、自治区、直辖市税务局确定的减免税项目
(1) 个人所有的居住房屋及院落用地。
(2) 房产管理部门在房租调整改革前经租的居民住房用地。
(3) 免税单位职工家属的宿舍用地。
(4) 集体和个人办的各类学校、医院、托儿所、幼儿园用地。

(二) 利用城镇土地使用税优惠政策进行纳税筹划

【例 7-11】

某企业厂区外有一块 30 000 平方米的空地没有利用,由于该地在厂区后面远离街道,地理位置不好,目前的商业开发价值不大,所以一直闲置,目前主要是职工及家属,以及周边居民将其作为休闲娱乐之用。该地区适用的城镇土地使用税税率为每平方米 7 元。

要求:为该企业作出纳税筹划方案。

解析:纳税筹划前,该企业每年需为该地块负担的城镇土地使用税计算如下。

应纳城镇土地使用税 = 30 000 × 7 = 210 000(元)

纳税筹划方案:企业将该块空地改造成公共绿化用地,划分到厂区以外,供社会公众

使用。

纳税筹划后,因为厂区以外的公共绿化用地和向社会开放的公园用地,暂免征收城镇土地使用税。该企业每年可以少纳城镇土地使用税 210 000 元。

结论:对于企业拥有的暂时还未使用的土地,可以通过将其划分到企业厂区以外,建设成公共绿化用地和向社会开放的公园用地,享受暂免征收城镇土地使用税的优惠,以降低企业税负。

第六节 房产税的纳税筹划

房产税是以房屋为征税对象,按照房屋的计税余值或者租金收入,向产权所有人征收的一种财产税。

一、房产税征税范围的纳税筹划

(一) 房产税的征税范围

房产税的征税范围是在城市、县城、建制镇和工矿区内的房产。

(1) 城市是指经国务院批准设立的市,其征税范围包括市区、郊区和市辖县的县城,不包括农村。

(2) 县城是指县人民政府所在地。

(3) 建制镇是指经省、自治区、直辖市人民政府批准设立的建制镇,其征税范围为镇人民政府所在地,不包括所辖的行政村。

(4) 工矿区是指工商业比较发达,人口比较集中,符合国务院规定的建制镇标准而尚未设立建制镇的大中型工矿企业所在地。开征房产税的工矿区必须经省、自治区、直辖市人民政府批准。

(二) 将企业设立在农村,避免成为房产税的纳税人

房产税的征税范围仅限于城市、县城、建制镇和工矿区内的房产,而对坐落于此区域之外的农村房屋不征收房产税。

【例 7-12】

甲公司欲投资建厂,预计房产原值为 6 000 万元。现有两种方案可供选择:一是建在市区,当地政府规定的扣除比例为 30%;二是建在农村。假设该公司无论将厂区建在何处都不影响公司的生产经营。

要求:通过纳税筹划分析,为该公司选择厂区建设地点。

解析:将厂区建在市区,应纳税情况如下。

应纳房产税 = 6 000 × (1 − 30%) × 1.2% = 50.4(万元)

将厂区建在农村,可以免缴房产税。

厂区建设地点的确定:该公司应将厂区建在农村,可以少纳房产税 50.4 万元。

结论:纳税人在不影响企业生产经营的情况下,将企业设立在农村,就可以免缴房产税。

另外,企业设在农村还可以免缴城镇土地使用税,城市维护建设税的税率为1%,而设在市内为7%,可以节约大量城市维护建设税。

二、房产税计税依据的纳税筹划

房产税的计税依据是房产的余值或房产的租金收入。按照房产的余值征税的,称为从价计征;按照房产的租金收入征税的,称为从租计征。

(一) 房产原值的纳税筹划

1. 房产原值的相关规定

纳税人自用的房产,以房产余值为计税依据。

房产余值按照房产原值一次减除10%~30%后的余值计算缴纳。具体减除幅度,由省、自治区、直辖市人民政府规定。

房产原值是指纳税人按有关会计制度的规定,在账簿"固定资产"科目中记载的房屋原价。对依照房产原值计税的房产,不论是否记载在会计账簿固定资产科目中,均应按照房屋原价计算缴纳房产税。房屋原价应根据国家有关会计制度规定进行核算。对纳税人未按国家会计制度规定核算并记载的,应按规定予以调整或重新评估,具体规定如下。

(1) 房产原值包括与房屋不可分割的各种附属设备或一般不单独计算价值的配套设施。主要有:暖气、卫生、照明、通风、煤气等设备;各种管线,如蒸汽、压缩空气、石油、给水排水等管道及电力、电讯、电缆导线;电梯、升降机;过道、晒台等。

(2) 凡以房屋为载体,不可随意移动的附属设备和配套设施,如给排水、采暖、消防、中央空调、电气及智能化楼宇设备等,无论在会计核算中是否单独记账与核算,都应计入房产原值,计征房产税。对于更换房屋附属设备和配套设施的,在将其价值计入房产原值时,可扣减原来相应设备和设施的价值;对附属设备和配套设施中易损坏、需要经常更换的零配件,更新后不再计入房产原值。

(3) 纳税人对原有房屋进行改建、扩建的,要相应增加房屋的原值。

(4) 对按照房产原值计税的房产,无论会计上如何核算,房产原值应包括为取得土地使用权支付的价款、开发土地发生的成本费用等。宗地容积率低于0.5的,按房产建筑面积的2倍计算土地面积并据此确定计入房产原值的地价。

2. 通过降低房产原值实现从价计征房产税的纳税筹划

独立于房屋之外的建筑物,如围墙、烟囱、水塔、变电塔、油池油柜、酒窖菜窖、酒精池、糖蜜池、室外游泳池、玻璃暖房、砖瓦石灰窑及各种油气罐等,不属于房产。

由于税法对房产的界定非常明确,同时规定地价应包括在房产原值中计征房产税,因此,按照房产原值从价计征房产税的经营用房,其纳税筹划空间较小,企业在纳税筹划中应注意把企业的一些露天建筑,如室外游泳池、停车场等与企业房产分开核算,避免出现将这部分建筑物的价值计入房产原值,缴纳房产税的情况。

【例7-13】

甲企业位于某市市区,企业除厂房、办公用房外,还包括厂区围墙、烟囱、水塔、变电塔、游泳池、停车场等建筑物,总计工程造价5亿元,除厂房、办公用房外的建筑设施工程造价1亿元。假设当地政府规定的扣除比例为30%。

要求：为甲企业作出房产税的纳税筹划方案。

解析：如果将所有建筑物都作为房产计入房产原值。

每年应纳房产税＝50 000×(1－30％)×1.2％＝420(万元)

纳税筹划方案：将厂房、办公用房外的建筑设施，如游泳池、停车场等都建成露天的，并把这些露天建筑物在会计账簿中单独核算，与厂房、办公用房严格分开。

纳税筹划后，露天建筑物不属于房产税征税项目。

应纳房产税＝(50 000－10 000)×(1－30％)×1.2％＝336(万元)

纳税筹划后少纳房产税＝420－336＝84(万元)

结论：对于拥有露天建筑物的房产税纳税人，应把企业的露天建筑，与企业其他房产分开核算，使独立于房屋之外的露天建筑物满足不属于房产的条件，可以少纳房产税。

3. 合理使用土地降低房产税计税依据

【例7-14】

某公司取得一块土地用于建造仓库，该宗土地占地面积16 000平方米，每平方米地价为5 000元，共计8 000万元。仓库的建设有两种方案可供选择：方案一，建造正常高度的仓库，预计需要占地8 400平方米；方案二，提高仓库的建设高度，获取相同储存空间的前提下占地面积6 400平方米。两种方案的建设成本相同，均为6 000万元。当地房产税原值减除比例为20％。

要求：通过纳税筹划分析，选择最佳仓库建设方案。

解析：

采用方案一，建造正常高度的仓库，需要占地8 400平方米。

宗地容积率＝8 400÷16 000＝0.525

宗地容积率高于0.5，该公司应将这块土地的价值全部计入房产原值。

每年应纳房产税＝(6 000＋8 000)×(1－20％)×1.2％＝134.4(万元)

采用方案二，提高仓库的建设高度，需要占地6 400平方米。

宗地容积率＝6 400÷16 000＝0.4

宗地容积率低于0.5，该公司应按房产建筑面积的2倍计算土地面积并据此确定计入房产原值的地价。

计入房产原值的地价＝5 000×6 400×2÷10 000＝6 400(万元)

每年应纳房产税＝(6 000＋6 400)×(1－20％)×1.2％＝119.04(万元)

仓库建设方案的确定：方案二比方案一每年少纳房产税＝134.4－119.04＝15.36(万元)，应选择方案二作为仓库的建设方案。

结论：纳税人建筑的房产，如果宗地容积率略高于0.5，应考虑通过合理有效的方法将宗地容积率降到0.5以下，减少计入房产原值的地价成本，通过降低房产税计税依据实现纳税筹划目的。

(二) 地下建筑的纳税筹划

1. 地下建筑的政策规定

(1) 凡在房产税征收范围内的具备房屋功能的地下建筑，包括与地上房屋相连的地下建筑，以及完全建在地面以下的建筑、地下人防设施等，均应当依照有关规定征收房产税。

上述具备房屋功能的地下建筑是指有屋面和维护结构,能够遮风避雨,可供人们在其中生产、经营、工作、学习、娱乐、居住或储藏物资的场所。

(2) 自用的地下建筑,按以下方式计税。

① 工业用途房产,以房屋原价的50%～60%作为应税房产原值。

② 商业和其他用途房产,以房屋原价的70%～80%作为应税房产原值。

房屋原价折算为应税房产原值的具体比例,由各省、自治区、直辖市和计划单列市财政和地方税务部门在上述幅度内自行确定。

③ 对于与地上房屋相连的地下建筑,如房屋的地下室、地下停车场、商场的地下部分等,应将地下部分与地上房屋视为一个整体按照地上房屋建筑的有关规定计算征收房产税。

(3) 出租的地下建筑,按照出租地上房屋建筑的有关规定计算征收房产税。

2. 地下建筑的纳税筹划方法

(1) 自用的地下建筑,应尽量做工业用途房产,其应税房产原值较低。

(2) 地下建筑应尽量不与地面建筑相连,根据房产用途对房产原值做一定的减除,可以降低应税房产原值。

(3) 地下建筑尽量不进行出租,因为出租地下建筑必须按照出租地上房屋建筑的有关规定计算征收房产税。而自用地下建筑,根据房产用途对房产原值做一定的减除,可以降低应税房产原值。

(三) 分别签订合同降低房产租金

【例7-15】

某集团公司准备将其下属的一家开工不足的工厂出租给甲企业,双方约定厂房连同设备一起出租,厂房和设备的租金各为1 000万元(不含增值税),一年的租金共计2 000万元,厂房连同设备合并签订一份租赁合同。

要求: 在只考虑房产税的情况下,为该集团公司作出纳税筹划方案。

解析: 纳税筹划前,由于厂房连同设备一起签订的租赁合同,应按2 000万元计算缴纳房产税。

应纳房产税=2 000×12%=240(万元)

纳税筹划方案:应分别签订房产租赁合同和设备租赁合同,并分别核算房产的租金收入和设备的租金收入。

纳税筹划后,只有房产的租金收入需要计算缴纳房产税,而设备出租不涉及房产税。

应纳房产税=1 000×12%=120(万元)

纳税筹划后每年少纳房产税=240−120=120(万元)

纳税人将厂房连同设备合并签订一份租赁合同,属于未分别核算不同税率的应税销售行为,应从高适用税率,一般纳税人应按13%的税率确认销项税额。如果能够分别签订合同,分别核算其销售额,可以分别按各种适用的税率计算销项税额。因此,在纳税筹划时分别核算可以少缴纳流转税,本题为了突出房产税的筹划,在此不考虑增值税。

结论: 企业在出租房屋时,有时房屋内部或外部的一些附属设施也同时出租,纳税人应把这些设施与房屋加以区分,不能同时写在一份租赁合同里,避免相关设施也要交纳房产税的情况发生。

(四) 变更业务类型改变房产税的计算方式

由于房产税按房产余值或租金收入计算,不同方法计算的结果存在差异,这为纳税筹划提供了空间。

【例7-16】

某市区一房地产开发企业为增值税一般纳税人,其开发的一栋房产闲置,价值1 000万元,企业经研究提出以下两种利用方案:一是出租方案,将闲置房产出租收取租赁费,年租金收入为109万元(含税价);二是仓储方案,配备保管人员为客户提供仓储服务,保管员年工资6万元,年用电金额2.18万元(含税),能取得增值税专用发票。为取得相同现金收入,每年收取仓储费117.18万元(含税价)。已知当地房产余值按房产原值一次性减除30%计算。

要求:通过纳税筹划分析,为该企业选择闲置房产最佳利用方案。

解析:出租方案如下。

应确认的增值税销项税额=109÷(1+9%)×9%=9(万元),由于没有相关进项税额,该业务应纳增值税也是9万元。

应纳房产税=109÷(1+9%)×12%=12(万元)

现金净流入=109-9-12=88(万元)

仓储方案如下。

根据规定,一般纳税人提供仓储服务,可以选择适用简易计税方法计税。

按简易计税方法计税,应纳税情况如下。

应纳增值税=117.18÷(1+3%)×3%=3.41(万元)

应纳房产税=1 000×(1-30%)×1.2%=8.4(万元)

现金净流入=117.18-6-2.18-3.41-8.4=97.19(万元)

按一般计税方法计税,应纳税情况如下。

应纳增值税=117.18÷(1+6%)×6%-2.18÷(1+13%)×13%=6.38(万元)

应纳房产税=1 000×(1-30%)×1.2%=8.4(万元)

现金净流入=117.18-6-2.18-6.38-8.4=94.22(万元)

闲置房产利用方案的确定:通过上述比较分析,应选择仓储方案,并按简易计税方法计算应纳增值税,该做法综合节税效果最佳。

结论:如果按租金缴纳房产税的金额高于按房产原值缴纳房产税的金额,纳税人可以通过变更合同类型,将按照租金收入缴纳房产税的情况,改变为按照自营房产缴纳房产税,实现纳税筹划的目的。

风险提示:纳税人在选择提供仓储服务时应注意,租赁只要提供空库房就可以了,存放商品的安全问题由承租企业自行负责;而仓储则需对存放商品的安全性负责,出租方必须配有专门的仓储管理人员,添置有关的设备,从而会增加人员工资和经费开支。如果存放物品发生失窃、霉烂、变质等损失,出租方还需承担赔偿责任。假如扣除这些开支后,出租方仍可取得较为可观的收益,则采用仓储方式才是最佳方案。

三、房产税优惠政策的纳税筹划

（一）房产税的优惠政策

1. 减免税基本规定

下列房产免征房产税。

（1）国家机关、人民团体、军队自用的房产。

（2）由国家财政部门拨付事业经费的单位自用的房产。

（3）宗教寺庙、公园、名胜古迹自用的房产。

（4）个人拥有的非营业用的房产。

2. 减免税特殊规定

（1）企业办的各类学校、医院、托儿所、幼儿园自用的房产，免征房产税。

（2）经有关部门鉴定，对毁损不堪居住的房屋和危险房屋，在停止使用后，可免征房产税。

（3）纳税人因房屋大修导致连续停用半年以上的，在房屋大修期间免征房产税，免征税额由纳税人在申报缴纳房产税时自行计算扣除，并在相关申报表中填列。

（4）在基建工地为基建工地服务的各种工棚、材料棚、休息棚和办公室、食堂、茶炉房、汽车房等临时性房屋，无论是施工企业自行建造还是由基建单位出资建造交施工企业使用的，在施工期间一律免征房产税。但是，如果在基建工程结束以后，施工企业将这种临时性房屋交还或者估价转让给基建单位的，应当从基建单位接收的次月起，依照规定征收房产税。

（5）纳税单位与免税单位共同使用的房屋，按各自使用的部分划分，分别征收或免征房产税。

（6）对按政府规定价格出租的公有住房和廉租住房，包括企业和自收自支事业单位向职工出租的单位自有住房、房管部门向居民出租的公有住房、落实私房政策中带户发还产权并以政府规定租金标准向居民出租的私有住房等，暂免征收房产税。

（7）非营利性医疗机构、疾病控制机构和妇幼保健机构等卫生机构自用的房产，免征房产税。

（8）老年服务机构自用的房产，免征房产税。

（二）利用房产税优惠政策进行纳税筹划

（1）纳税人如果能够具备房产税优惠政策的条件，应该积极争取享受优惠政策。

（2）企业在厂区内兴办各类学校、医院、托儿所、幼儿园，需要将这部分房产单独列示，并向主管税务机关申请减免税。

（3）纳税人对房屋进行大修理，应尽量使房屋停用半年以上，这样可以获得大修理期间免征房产税的税收优惠。

第七节 车船税的纳税筹划

车船税是以车船为征税对象，向拥有应税车船的单位和个人所征收的一种税。车船税实行分类、分级（项）的定额税率，实行保险机构代收代缴税款为主的征收办法，有利于车船的管理和合理配置,也有利于调节财富差异。

一、车船税税率的纳税筹划

(一) 车船税税率的相关规定

车船税采用定额税率。车船的适用税额,依照《车船税税目税额表》执行,如表 7-1 所示。

表 7-1 车船税税目税额表

税 目		计税单位	年基准税额	备 注
1. 乘用车按发动机汽缸容量(排气量)分档	1.0升(含)以下的	每辆	60元至360元	核定载客人数9人(含)以下
	1.0升以上至1.6升(含)的		300元至540元	
	1.6升以上至2.0升(含)的		360元至660元	
	2.0升以上至2.5升(含)的		660元至1 200元	
	2.5升以上至3.0升(含)的		1 200元至2 400元	
	3.0升以上至4.0升(含)的		2 400元至3 600元	
	4.0升以上的		3 600元至5 400元	
2. 商用车客车	每辆		480元至1 440元	核定载客人数9人以上,包括电车
3. 商用车货车	整备质量每吨		16元至120元	包括半挂牵引车、三轮汽车和低速载货汽车等
4. 挂车	整备质量每吨		按照货车税额的50%计算	
5. 其他车辆专用作业车	整备质量每吨		16元至120元	不包括拖拉机
6. 其他车辆轮式专用机械车	整备质量每吨		16元至120元	不包括拖拉机
7. 摩托车	每辆		36元至180元	
8. 机动船舶	净吨位不超过200吨的	净吨位每吨	3元	拖船、非机动驳船分别按照机动船舶税额的50%计算;拖船按照发动机功率每1 000瓦折合净吨位0.67吨计算
	净吨位超过200吨但不超过2 000吨的		4元	
	净吨位超过2 000吨但不超过10 000吨的		5元	
	净吨位超过10 000吨的		6元	
9. 游艇	艇身长度不超过10米的	艇身长度每米	600元	辅助动力帆艇按每米600元
	艇身长度超过10米但不超过18米的		900元	
	艇身长度超过18米但不超过30米的		1 300元	
	艇身长度超过30米的		2 000元	

车辆的具体适用税额由省、自治区、直辖市人民政府依照《车船税税目税额表》规定的税额幅度和国务院的规定确定。

(二) 车船税税率的纳税筹划方法

1. 降低车船税适用的年税额

乘用车是按发动机汽缸容量(排气量)分档确定年基准税额。纳税人在购买车辆时,在不影响正常生产经营的情况下,应尽量购买排气量小的乘用车,以降低车船税适用税额,从而降低车船税的税负。另外,使用排气量小的乘用车还有利于环境保护,这也是车船税税率差异化的目的。

2. 通过临界点分析进行纳税筹划

机动船舶根据净吨位的不同等级,赋予不同的单位税额;游艇根据艇身长度的不同等级,赋予不同的单位税额。这种规定实质上是一种全额累计性质的定额税率,依据标准达到哪一等级,即全部按相应的单位税额征税,等级越高,适用的单位税额越大。

【例 7-17】

某旅游公司欲购置一艘游艇,现有两艘游艇可供选择:一艘游艇为 18 米,另一艘游艇为 19 米。

要求:通过纳税筹划分析,为该企业选择最佳游艇购置方案。

解析:购置 18 米的游艇,适用单位税额 900 元。

游艇每年应纳车船税=18×900=16 200(元)

购置 19 米的游艇,适用单位税额 1 300 元。

游艇每年应纳车船税=19×1 300=24 700(元)

游艇购置方案的确定:购置 18 米的游艇比购置 19 米的游艇每年少纳车船税=24 700-16 200=8 500(元),应购置 18 米的游艇。

结论:纳税人在购置机动船舶和游艇时应关注单位税额的临界点标准,避免在略高于各级临界点处购买机动船舶和游艇,出现税额大幅度增加的情况。

二、车船税优惠政策的纳税筹划

(一) 车船税的优惠政策

1. 法定减免项目

(1) 捕捞、养殖渔船。

(2) 军队、武装警察部队专用的车船。

(3) 警用车船。

(4) 悬挂应急救援专用号牌的国家综合性消防救援车辆和国家综合性消防救援专用船舶。

(5) 依照法律规定应当予以免税的外国驻华使领馆、国际组织驻华代表机构及其有关人员的车船。

(6) 对节约能源的车船,减半征收车船税;对使用新能源的车船,免征车船税。

(7) 对受严重自然灾害影响纳税困难,以及有其他特殊原因确需减税、免税的,可以减征或者免征车船税。

(8) 授权省、自治区、直辖市人民政府规定的减免税项目。

2. 特定减免

(1) 经批准临时入境的外国车船和香港特别行政区、澳门特别行政区、台湾地区的车船,不征收车船税。

(2) 按照规定缴纳船舶吨税的机动船舶,自车船税法实施之日起5年内免征车船税。

(3) 依法不需要在车船登记管理部门登记的机场、港口、铁路站场内部行驶或者作业的车船,自车船税法实施之日起5年内免征车船税。

(二) 利用车船税优惠政策进行纳税筹划

(1) 纳税人应了解车船税优惠政策的条件,对受严重自然灾害影响纳税困难,以及有其他特殊原因确需减税、免税的,应当积极争取享受减免税优惠。

(2) 在不影响纳税人正常生产经营的情况下,尽量购置节约能源的车船或新能源车船。

第八节　车辆购置税的纳税筹划

车辆购置税是以在中国境内购置规定车辆为课税对象,在特定的环节向车辆购置者征收的一种税。车辆购置税具有征收范围和征收环节单一、特定目的和价外征收的特点。

一、车辆购置税计税依据的相关规定

车辆购置税的计税依据是车辆的计税价格。计税价格根据不同情况,具体规定如下。

(一) 购买自用的应税车辆的计税价格

纳税人购买自用的应税车辆,计税价格为纳税人实际支付给销售者的全部价款,依据纳税人购买应税车辆时相关凭证载明的价格确定,不包含增值税税款。

(二) 进口自用的应税车辆的计税价格

纳税人进口自用的应税车辆的计税价格,为关税完税价格加上关税和消费税。其计算公式为

$$进口自用应税车辆计税价格＝关税完税价格＋关税＋消费税$$

(三) 纳税人自产自用应税车辆的计税依据

纳税人自产自用应税车辆的计税价格,按照同类应税车辆(即车辆配置序列号相同的车辆)的销售价格确定,不包括增值税税款;没有同类应税车辆销售价格的,按照组成计税价格确定。组成计税价格计算公式如下:

$$组成计税价格＝成本×(1＋成本利润率)$$

属于应征消费税的应税车辆,其组成计税价格中应加计消费税税额。

(四) 纳税人以受赠、获奖或者其他方式取得自用应税车辆的计税价格

纳税人以受赠、获奖或者以其他方式取得自用的应税车辆的计税价格,按照购置应税车辆时相关凭证载明的价格确定,不包括增值税税款。

纳税人申报的应税车辆计税价格明显偏低,又无正当理由的,由税务机关依照《中华人民共和国税收征收管理法》的规定核定其应纳税额。

二、车辆购置税的纳税筹划方法

【例 7-18】

某个体工商户从甲汽车销售公司购买一辆面包车供经营使用,面包车价款为 135 600 元(含税),该个体工商户委托甲汽车销售公司代办各项与购置车辆相关的业务,需要支付给甲汽车销售公司代办的各项费用有:牌照费用 200 元,配备各种随车工具费 3 000 元,代办保险费 7 500 元,车辆装饰费 11 900 元。甲汽车销售公司收取全部款项后,按收取的全部金额给该个体工商户开具一张发票。

要求:为该个体工商户购置汽车业务作出纳税筹划方案。

解析:纳税筹划前,纳税人购买自用的应税车辆,计税价格为纳税人实际支付给销售者的全部价款,依据纳税人购买应税车辆时相关凭证载明的价格确定,不包含增值税税款。销售公司就全部款项开具一张发票,其计税依据为全部款项。

车辆购置税的计税依据=(135 600+200+3 000+7 500+11 900)÷(1+13%)
=140 000(元)

应纳车辆购置税=140 000×10%=14 000(元)

纳税筹划方案:甲汽车销售公司收取的车辆牌照费和保险费,应做代收款项处理,另外开具代收款项的票据,或将款项交付给有关单位,由相关单位向该个体工商户开具票据。而配备各种随车工具和车辆装饰,可以在车辆购置后再行购买及装饰,不要在购置车辆时同时支付相关款项,否则这部分款项就属于价外费用,应并入应税车辆的计税依据。

纳税筹划后,甲汽车销售公司只对收取的 135 600 元(含税)向该个体工商户开具发票。

车辆购置税的计税依据=135 600÷(1+13%)=120 000(元)

应纳车辆购置税=120 000×10%=12 000(元)

纳税筹划后少纳车辆购置税=14 000-12 000=2 000(元)

结论:汽车销售公司为提高服务质量而代办的各项业务,应根据业务的特点,做代收款项处理,使其不并入车辆购置税的计税依据。同时建议纳税人对随车工具的购买和车辆装饰等行为,在车辆购置后投入使用时再进行,避免计入车辆购置税的计税依据,增加车辆购置税的缴纳。

第九节 印花税的纳税筹划

印花税是对经济活动和经济交往中书立、使用、领受应税凭证的单位和个人征收的一种税。印花税具有征税范围广泛,税收负担较轻,纳税人自行完税的特点。印花税属于行为税,相对于企业缴纳的各类流转税、所得税来说,其计算方法简便,税款支出金额较低,企业对印花税的重视一般也较低。但是,从节省税收成本的角度出发,企业应加强对印花税的纳税筹划，以减轻自身的税收负担。

一、印花税计税依据的纳税筹划

2022年7月1日起施行的《中华人民共和国印花税法》，采用从价计征方式计算应纳印花税。

（一）印花税计税依据的相关税法规定

1. 计税依据的一般规定

（1）应税合同的计税依据，为合同所列的金额，不包括列明的增值税税款。

（2）应税产权转移书据的计税依据，为产权转移书据所列的金额，不包括列明的增值税税款。

（3）应税营业账簿的计税依据，为账簿记载的实收资本（股本）、资本公积合计金额。

（4）证券交易的计税依据，为成交金额。

2. 计税依据的特殊规定

（1）应税合同、产权转移书据未列明金额的，印花税的计税依据按照实际结算的金额确定。按照上述规定仍不能确定的，按照书立合同、产权转移书据时的市场价格确定；依法应当执行政府定价或者政府指导价的，按照国家有关规定确定。

（2）证券交易无转让价格的，按照办理过户登记手续时该证券前一个交易日收盘价计算确定计税依据；无收盘价的，按照证券面值计算确定计税依据。

（二）印花税计税依据的纳税筹划方法

1. 减少合同上所载金额

印花税的计税依据是合同上所载金额。税法规定，凡由两方或两方以上当事人共同书立的，其当事人各方都是印花税的纳税人，应当由各方就所持凭证的计税金额各自履行纳税义务。因而出于共同利益，双方或多方当事人可以经过合理筹划，使某些金额通过非违法的途径从合同所载金额中减除，压缩合同的计税金额，达到少缴印花税的目的。

【例7-19】

甲企业需要委托乙企业加工一批产品，双方签订一份承揽合同，合同金额为300万元，其中包括由乙企业提供的辅助材料成本100万元。

要求：为该合同签订作出纳税筹划方案。

解析：纳税筹划前，合同金额为300万元。

双方各自应纳印花税 = 300 × 0.3‰ × 10 000 = 900（元）

承揽合同的计税依据是取得的报酬，是指合同中规定的受托方的加工费收入和提供的辅助材料金额之和。如果双方当事人能将辅助材料金额降低或去掉，可以减少合同上所载金额，降低应纳印花税。

纳税筹划方案：甲企业自己提供辅助材料，双方只对加工费签订承揽合同。

纳税筹划后，甲企业自己提供辅助材料，承揽合同的金额降低100万元。

双方各自应纳印花税 = (300 − 100) × 0.3‰ × 10 000 = 600（元）

双方各自少纳印花税 = 900 − 600 = 300（元）

印花税的纳税筹划,双方都可以节省印花税支出。如果这种合同数量较多,将为企业带来较多的纳税筹划收益。

结论:由于纳税人签订承揽合同,无论加工费和辅助材料金额是否分别记载,均以辅助材料与加工费的合计数为计税依据,按照承揽合同计税贴花。因此,纳税人在签订承揽合同时应只列示承揽收入,而将辅助材料等支出由委托方支付,可以降低印花税的计税依据。

2. 签订不定额合同进行纳税筹划

在现实经济交往中,经济合同的当事人在签订合同时,有时会遇到计税金额无法确定的情况。在签订时无法确定计税金额的合同,可先按定额5元贴花,以后结算时再按实际金额计税,补贴印花。这为纳税人进行纳税筹划提供了条件。

【例7-20】

甲公司将办公楼的第一层1 000平方米租赁给乙超市,双方约定的租金标准为每平方米90元/月,租赁期为3年,合同约定总租金为324万元,每年年初支付年租金。

要求:为甲、乙企业双方签订的租赁合同作出纳税筹划方案。

解析:如果在签订合同时明确规定3年租金为324万元。

两企业各自应纳印花税=3 240 000×1‰=3 240(元)

如果两企业在签订合同时仅规定每天的租金数,而不具体确定租赁合同的执行时限,由于计税金额无法确定,两企业在签订合同时只需各自缴纳5元的印花税,余下部分等到结算时才缴纳。

纳税筹划方案:甲、乙企业双方签订租赁合同时仅规定每天的租金数,而不具体确定租赁合同的执行时限。

纳税筹划后,签订合同时只需各自缴纳5元的印花税,递延纳税可以使双方企业获得资金的时间价值。

结论:纳税人通过签订租赁期限不确定的租赁合同,使合同的计税金额无法确定,可以实现递延纳税。

3. 在合理合法的前提下保守确认合同金额

印花税是一种行为税,应税合同在签订时纳税义务即已发生,不论合同是否兑现或是否按期兑现,均应计算应纳税额并贴花。已贴花的凭证,修改后所载金额增加的,其增加部分应当补贴印花税票。对已履行并贴花的合同,实际结算金额与合同所载金额不一致的,只要双方未修改合同金额,一般不再补贴印花。

纳税人在签订合同时,要考虑到很多合同会因为各种原因而无法实现或无法完全实现的情况。在合同的设计上,应充分考虑未来的不确定因素,在确定合同金额时,在合理合法的前提下,保守地确认合同金额,将合同的金额确认为较低数额,可以降低印花税的缴纳。

4. 减少签订承包合同的环节

建筑安装工程承包合同是印花税中的一种应税凭证,该种合同的计税依据为合同上记载的承包金额,其适用税率为0.3‰。税法规定,建筑安装工程承包合同的计税依据为承包金额。施工单位将自己承包的建设项目分包或转包给其他施工单位,其所签订的分包或转包合同,应按新的分包或转包合同所载金额另行贴花。

【例 7-21】

甲建筑公司与 A 商场签订了一份建筑合同,总计金额为 1 亿元,甲公司因业务需要又分别与建筑公司乙和丙签订了分包合同,分包合同金额分别为 4 000 万元和 3 000 万元,乙公司又将 2 000 万元分包给丁建筑公司。

要求:为工程各方签订建筑安装工程承包合同作出纳税筹划方案。

解析:纳税筹划前,根据各方签订的合同金额,应纳印花税如下。

(1) 依据甲公司与 A 商场签订的合同计算印花税。

双方各自应纳印花税 = 10 000 × 0.3‰ = 3(万元)

(2) 依据甲公司与乙、丙公司签订的分包合同计算印花税。

甲公司应纳印花税 = (4 000 + 3 000) × 0.3‰ = 2.10(万元)

乙公司应纳印花税 = 4 000 × 0.3‰ = 1.20(万元)

丙公司应纳印花税 = 3 000 × 0.3‰ = 0.90(万元)

(3) 依据乙公司与丁公司签订的分包合同计算印花税。

双方各自应纳印花税 = 2 000 × 0.3‰ = 0.60(万元)

(4) 这四家建筑公司共应纳印花税 = 3 + 2.10 + 1.20 + 0.90 + 0.60 + 0.60 = 8.40(万元)。

纳税筹划方案:工程各方应直接与 A 商场签订建筑安装工程承包合同,减少分包环节,这样可以有效降低应纳印花税税额。

纳税筹划后:

甲公司应纳印花税 = (10 000 − 4 000 − 3 000) × 0.3‰ = 0.90(万元)

乙公司应纳印花税 = (4 000 − 2 000) × 0.3‰ = 0.60(万元)

丙公司应纳印花税 = 3 000 × 0.3‰ = 0.90(万元)

丁公司应纳印花税 = 2 000 × 0.3‰ = 0.60(万元)

四家建筑公司共应纳印花税 = 0.90 + 0.60 + 0.90 + 0.60 = 3(万元)

纳税筹划后少纳印花税 = 8.40 − 3 = 5.40(万元)

结论:纳税人应尽量减少签订承包合同的环节,尽量减少书立应税凭证,从而达到节约印花税的目的。

二、印花税适用税率的纳税筹划

(一)印花税税率的相关规定

印花税的税目税率具体规定如表 7-2 所示。

表 7-2 印花税税目税率表

税 目		税 率	备 注
合同(指书面合同)	借款合同	借款金额的万分之零点五	指银行业金融机构、经国务院银行业监督管理机构批准设立的其他金融机构与借款人(不包括同业拆借)的借款合同

续表

税　目		税　率	备　注
合同（指书面合同）	融资租赁合同	租金的万分之零点五	
	买卖合同	价款的万分之三	指动产买卖合同（不包括个人书立的动产买卖合同）
	承揽合同	报酬的万分之三	
	建设工程合同	价款的万分之三	
	运输合同	运输费用的万分之三	指货运合同和多式联运合同（不包括管道运输合同）
	技术合同	价款、报酬或者使用费的万分之三	不包括专利权、专有技术使用权转让书据
	租赁合同	租金的千分之一	
	保管合同	保管费的千分之一	
	仓储合同	仓储费的千分之一	
	财产保险合同	保险费的千分之一	不包括再保险合同
产权转移书据	土地使用权出让书据	价款的万分之五	转让包括买卖（出售）、继承、赠与、互换、分割
	土地使用权、房屋等建筑物和构筑物所有权转让书据（不包括土地承包经营权和土地经营权转移）	价款的万分之五	
	股权转让书据（不包括应缴纳证券交易印花税的）	价款的万分之五	
	商标专用权、著作权、专利权、专有技术使用权转让书据	价款的万分之三	
营业账簿		实收资本（股本）、资本公积合计金额的万分之二点五	
证券交易		成交金额的千分之一	

（二）通过分开核算进行纳税筹划

同一凭证因载有两个或两个以上经济事项而适用不同税目税率的，如分别载有金额，则应分别计算应纳税额，相加后按合计税额贴花；如未分别记载金额，则按税率较高的计税贴花。

【例7-22】

某企业与铁道部门签订运输合同,合同中所载运输费及保管费共计400万元,合同没有分别记载运输费及保管费金额。

要求:为该合同作出纳税筹划方案。

解析:纳税筹划前,合同未分别记载金额。

该合同中涉及货物运输合同和仓储保管合同两个印花税税目,而且两者税率不相同,前者为0.3‰,后者为1‰。由于合同未分别记载金额,按税率高的计税贴花,即按1‰税率计算应纳印花税。

双方企业各自应纳印花税＝400×1‰×10 000＝4 000(元)

纳税筹划方案:纳税人应在合同上分别记载运输费及保管费金额,如果运输费为240万元,仓储保管费为160万元,纳税人应按分别适用的税率,计算缴纳印花税。

纳税筹划后,合同上分别记载运输费及保管费金额。

双方企业各自应纳印花税＝(240×0.3‰＋160×1‰)×10 000＝2 320(元)

双方各自少纳印花税＝4 000－2 320＝1 680(元)

三、印花税优惠政策的纳税筹划

(一)印花税的优惠政策

下列凭证免征印花税。

(1)应税凭证的副本或者抄本;

(2)依照法律规定应当予以免税的外国驻华使馆、领事馆和国际组织驻华代表机构为获得馆舍书立的应税凭证;

(3)中国人民解放军、中国人民武装警察部队书立的应税凭证;

(4)农民、家庭农场、农民专业合作社、农村集体经济组织、村民委员会购买农业生产资料或者销售农产品书立的买卖合同和农业保险合同;

(5)无息或者贴息借款合同、国际金融组织向中国提供优惠贷款书立的借款合同;

(6)财产所有权人将财产赠与政府、学校、社会福利机构、慈善组织书立的产权转移书据;

(7)非营利性医疗卫生机构采购药品或者卫生材料书立的买卖合同;

(8)个人与电子商务经营者订立的电子订单。

根据国民经济和社会发展的需要,国务院对居民住房需求保障、企业改制重组、破产、支持小型微型企业发展等情形可以规定减征或者免征印花税,报全国人民代表大会常务委员会备案。

(二)利用印花税优惠政策进行纳税筹划

印花税的优惠政策都有特定限制,能广泛应用的很少,纳税人可以从以下几方面进行优惠政策的纳税筹划。

(1)充分把握印花税的各项减免税优惠规定,享受减免税待遇,达到节税效果。

(2)将应税项目与减免税项目分开核算,避免未分开核算减免税项目一并纳税的情况发生。

(3)针对不同税目、税率,选择低税率纳税,实现少纳税和递延纳税。

第十节 契税的纳税筹划

契税是以在中华人民共和国境内转移的土地、房屋权属为征税对象,向产权承受人征收的一种财产税。契税采用幅度比例税率,税率为3%~5%。具体执行税率由各省、自治区、直辖市人民政府在该幅度内根据本地区实际情况确定,并报财政部和国家税务总局备案。

一、契税计税依据的纳税筹划

(一)契税的计税依据

契税的计税依据是不动产的价格。按照土地、房屋权属转移方式、定价方法的不同,契税的计税依据具体规定如下。

(1)国有土地使用权出让、土地使用权出售、房屋买卖,以成交价格为计税依据。土地使用者将土地使用权及所附建筑物、构筑物等(包括在建的房屋、其他建筑物、构筑物和其他附着物)转让给他人的,应按照转让的总价款计征契税。

(2)土地使用权赠与、房屋赠与,由征收机关参照土地使用权出售、房屋买卖的市场价格核定。

(3)土地使用权交换、房屋交换,以交换的土地使用权、房屋价格的差额为计税依据。交换价格不相等的,由多交付货币、实物、无形资产或者其他经济利益的一方缴纳契税;交换价格相等的,免征契税。土地使用权与房屋所有权之间相互交换,也应按照上述办法确定计税依据。

(4)以划拨方式取得土地使用权的,经批准转让房地产时应由房地产转让者补缴契税,以为补缴的土地使用权出让费用或者土地收益为计税依据。

(5)对于承受与房屋相关的附属设施按下列规定征收契税。

① 对于承受与房屋相关的附属设施(包括停车位、汽车库、自行车库、顶层阁楼及储藏室,下同)所有权或土地使用权的行为,按照契税法律、法规的规定征收契税;对于不涉及土地使用权和房屋所有权转移变动的,不征收契税。

② 采取分期付款方式购买房屋附属设施土地使用权、房屋所有权的,应按合同规定的总价款计征契税。

③ 承受的房屋附属设施权属如为单独计价的,按照当地确定的适用税率征收契税;如与房屋统一计价的,适用与房屋相同的契税税率。

(6)个人无偿赠与不动产行为(法定继承人除外),应对受赠人全额征收契税。

上述土地、房屋权属转移方式的成交价格明显低于市场价格并且无正当理由的,或者所交换土地使用权、房屋价格的差额明显不合理并且无正当理由的,征收机关可以参照市场价格核定计税依据。

(二)进行房地产等价交换享受免征契税政策

【例 7-23】

甲公司有一块土地价值 2 000 万元拟出售给乙公司,然后再从乙公司购买其另外一块价值 2 000 万元的土地。双方分别签订了土地销售与购买合同,当地政府规定的契税税率为 4%。

要求: 为上述业务作出纳税筹划方案。

解析: 纳税筹划前,双方分别签订了土地销售与购买合同。

甲公司应纳契税 = 2 000×4% = 80(万元)

乙公司应纳契税 = 2 000×4% = 80(万元)

纳税筹划方案: 甲公司与乙公司改变合同订立方式,签订土地使用权交换合同,约定以 2 000 万元的价格等价交换双方各自的土地所有权。

纳税筹划后,土地使用权交换、房屋交换,交换价格相等的,免征契税。甲、乙公司各自免缴契税 80 万元。

结论: 纳税人通过转让已有土地、房屋权属后再承受新的土地、房屋权属时,在条件允许的情况下,应通过交换的方式实现,可以有效降低契税的计税依据。

二、契税优惠政策的纳税筹划

(一)契税的优惠政策

纳税人有下列情形之一的,免征或者减征契税。

(1) 国家机关、事业单位、社会团体、军事单位承受土地、房屋用于办公、教学、医疗、科研和军事设施的,免征契税。

(2) 城镇职工按规定第一次购买公有住房的,免征契税。此项规定仅限于第一次,并且是经县以上人民政府批准,在国家规定标准面积以内购买的公有住房。

(3) 因不可抗力灭失住房而重新购买住房的,酌情准予减征或者免征契税。

(4) 土地、房屋被县级以上人民政府征用、占用后,重新承受土地、房屋权属的,是否减征或者免征契税,由省、自治区、直辖市人民政府确定。

(5) 纳税人承受荒山、荒沟、荒丘、荒滩土地使用权,并用于农、林、牧、渔业生产的,免征契税。

(6) 经外交部确认,依照我国有关法律规定及我国缔结或参加的双边和多边条约或协定,应当予以免税的外国驻华使馆、领事馆、联合国驻华机构及其外交代表、领事官员和其他外交人员承受土地、房屋权属的,免征契税。

(7) 公租房经营单位购买住房作为公租房的,免征契税。

(8) 对个人购买家庭唯一住房(家庭成员范围包括购房人、配偶及未成年子女,下同),面积为 90 平方米及以下的,减按 1% 的税率征收契税;面积为 90 平方米以上的,减按 1.5% 的税率征收契税。

(9) 对个人购买家庭第二套改善性住房,面积为 90 平方米及以下的,减按 1% 的税率征收契税;面积为 90 平方米以上的,减按 2% 的税率征收契税。

(二) 利用契税优惠政策进行纳税筹划

(1) 了解契税的各项减免税优惠规定,以享受减免税待遇。
(2) 用好个人购买家庭唯一住房的税收优惠政策。
(3) 享受城镇职工按规定第一次购买公有住房的,免征契税的优惠政策。

引入案例解析

纳税筹划前,厂房及构筑物合并定价,确定的销售价格为4 500万元,乙公司契税的计税依据也为4 500万元,未来的房产税计税依据为4 500万元。由于土地使用权对纳税筹划不产生影响,分析时不予考虑。

乙公司应纳契税=4 500×4%=180(万元)

乙公司每年应纳房产税=4 500×(1-20%)×1.2%=43.2(万元)

纳税筹划方案:甲、乙公司应在协议中分别约定厂房销售价格为3 000万元;独立于厂房的构筑物销售价格为1 500万元。

纳税筹划后,由于独立于房屋之外的建筑物,如围墙、烟囱、水塔、变电塔、油池油柜、酒窖菜窖、酒精池、糖蜜池、室外游泳池、玻璃暖房、砖瓦石灰窑及各种油气罐等,不属于房产,乙公司承受房屋的价值降低了,房产税和契税的计税依据均实现下降。

乙公司应纳契税=3 000×4%=120(万元)

乙公司每年应纳房产税=3 000×(1-20%)×1.2%=28.8(万元)

纳税筹划后少纳契税=180-120=60(万元)

纳税筹划后每年少纳房产税=43.2-28.8=14.4(万元)

思 考 题

1. 简述关税的纳税筹划思路。
2. 资源税的纳税人可以通过哪些途径减轻税负?
3. 土地增值税开发费用的扣除是如何规定的?怎样利用该规定进行纳税筹划?
4. 土地增值税的纳税筹划为什么要控制增值率?有哪些具体做法?
5. 怎样通过减少房地产的流转环节降低应缴纳的契税?
6. 纳税人如何运用城镇土地使用税征税范围的规定进行纳税筹划?
7. 简述房产税的纳税筹划方法。
8. 根据印花税计税依据的规定,纳税人应从哪些方面降低印花税的税负?

练 习 题

一、单项选择题

1. 根据契税法律制度的规定,下列各项中,属于契税纳税人的是(   )。
   A. 转让土地使用权的甲公司　　　B. 受让土地使用权的乙公司
   C. 抵押房屋的刘某　　　　　　　D. 出租房屋的王某
2. 王某拥有一套90万元的住房,李某拥有一套70万元的住房,双方交换住房,由李某补差价 20 万元给王某。已知,上述价格均不含增值税,契税的税率 3%。下列各项中,正确的是( )。

    A. 王某应缴纳契税 2.7 万元　　　　B. 王某应缴纳契税 0.6 万元

    C. 李某应缴纳契税 2.7 万元　　　　D. 李某应缴纳契税 0.6 万元

3. 某公司本年实际占地面积为 19 600 平方米,其中办公楼占地面积为 500 平方米,厂房仓库占地面积为 11 600 平方米,厂区内铁路专用线、公路等用地为 7 500 平方米。该公司所处地段适用年税额为 5 元/平方米。该公司应缴纳的城镇土地使用税为( )元。

    A. 60 500　　　B. 98 000　　　C. 40 000　　　D. 95 500

4. 2022 年甲公司的房产原值为 1 000 万元,已提折旧 400 万元。当地规定的房产原值扣除比例为 30%。甲公司当年应缴纳的房产税为( )万元。

    A. 5.04　　　B. 7.2　　　C. 8.4　　　D. 12

5. 根据土地增值税法律制度的规定,下列各项中,属于土地增值税纳税人的是( )。

    A. 自建房屋转为自用的企业　　　　B. 出租房屋的企业

    C. 转让国有土地使用权的企业　　　D. 将办公楼用于抵押的企业,处于抵押期间

6. 根据土地增值税法律制度的规定,下列各项中,免征土地增值税的是( )。

    A. 由一方出地,另一方出资金,企业双方合作建房,建成后转让的房地产

    B. 因国家建设的需要而搬迁,企业自行转让原房地产

    C. 企业之间交换房地产

    D. 企业以房地产抵债而发生权属转移的房地产

7. 某市大华公司委托下属县城宏利加工厂加工材料,加工后收回产品时,加工厂为该公司代扣代缴消费税 20 万元,则应代扣代缴城市维护建设税为( )元。

    A. 10 000　　　B. 14 000　　　C. 6 000　　　D. 2 000

8. 根据印花税法律制度的规定,下列各项中,应当征收印花税的是( )。

    A. 甲公司与乙公司签订的运输合同

    B. 会计咨询合同

    C. 企业与主管部门之间签订的供用电合同

    D. 电网与用户之间签订的供用电合同

9. 甲公司与乙公司分别签订了两份合同:一是以货换货合同,甲公司的货物价值 200 万元,乙公司的货物价值 150 万元;二是采购合同,甲公司购买乙公司 50 万元货物,但因故合同未能兑现,甲公司应缴纳印花税( )元。(购销合同印花税税率为 0.3‰)

    A. 150　　　B. 600　　　C. 1 050　　　D. 1 200

10. 某企业拥有运输车辆共计 56 辆,其中商用货车 36 辆(整备质量吨位全部为 10 吨),商用客车 20 辆。已知商用货车整备质量每吨年税额 120 元,商用客车每辆年税额 1 500 元。该企业应缴纳的车船税( )元。

    A. 13 200　　　B. 30 000　　　C. 43 200　　　D. 73 200

11. 根据资源税法律制度的规定,下列各项中,需要计算缴纳资源税的是( )。

    A. 甲企业进口铁矿石

    B. 乙企业销售自产的井矿盐

    C. 丙企业开采原油过程中加热、修井用的原油

D. 丁企业销售其他矿区采购的铜矿石

12. 甲汽车4S店本月购进4辆小汽车并作下列处置,其中应当由甲汽车4S店缴纳车辆购置税的是( )。

A. 赠送给乙企业1辆　　　　　B. 自用为通勤车1辆
C. 作为有奖销售奖品奖励客户1辆　D. 加价转让给丙企业1辆

13. 根据车辆购置税法律制度的规定,纳税人购买自用的应税车辆,自购买之日起60日内申报缴纳车辆购置税,"购买之日"是指( )。

A. 签订购买合同的当天　　　　B. 交付货款的当天
C. 购车发票上注明的销售日期　　D. 办理车辆登记注册手续的当天

14. 下列各项中,经海关审查无误后可以免征关税的是( )。

A. 关税税额为人民币230元的一票货物
B. 广告品和货样
C. 外国公司无偿赠送的物资
D. 进出境运输工具装载的途中必需的物料和饮食用品

二、多项选择题

1. 根据关税法律制度的规定,进出境物品的所有人,包括该物品的所有人和推定为所有人的人。一般情况下,推定为所有人的包括( )。

A. 对于携带进境的物品,推定其携带人为所有人
B. 对分离运输的行李,推定相应的进出境旅客为所有人
C. 对以邮递方式进境的物品,只推定其寄件人为所有人
D. 对以邮递或其他运输方式出境的物品,推定其寄件人或托运人为所有人

2. 根据资源税法律制度的规定,下列各项中,属于资源税征税范围的有( )。

A. 原油　　B. 柴油　　C. 海盐原盐　　D. 稀土矿原矿

3. 某天然气生产企业将其自采的天然气用于下列用途,其中需要征收资源税的有( )。

A. 销售给市政供气企业　　　B. 本企业职工食堂领用
C. 捐赠给市福利院　　　　　D. 与货车生产企业交换货车

4. 根据城镇土地使用税法律制度的规定,下列各项中,属于城镇土地使用税纳税人的有( )。

A. 承租土地使用权的单位　　B. 拥有土地使用权的个人
C. 土地使用权共有方　　　　D. 出租土地使用权的单位

5. 根据房产税法律制度的规定,下列各项中,应当计入房产原值,计征房产税的有( )。

A. 中央空调　　　　　　　　B. 房屋的给水排水管道
C. 独立于房屋之外的围墙　　D. 室外游泳池

6. 根据房产税法律制度的规定,关于房产税纳税义务发生时间,下列各项中,表述正确的是( )。

A. 纳税人将原有房产用于生产经营,从生产经营之月起,缴纳房产税
B. 纳税人自行新建房屋用于生产经营,从建成之次月起,缴纳房产税

C. 纳税人购置新建商品房,从房屋交付使用之次月,缴纳房产税
D. 纳税人出租、出借房产,自交付出租、出借房产之月起,缴纳房产税

7. 根据契税法律制度的规定,关于契税的计税依据,下列表述正确的有(　　)。
   A. 以协议方式出让国有土地使用权的,以土地出让合同确定成交价格为计税依据
   B. 土地使用权出售,以土地权属转移合同确定的成交价格为计税依据
   C. 土地使用权互换的,以互换的土地使用权的价格作为计税依据
   D. 受赠房屋的,以税务机关参照房屋买卖的市场价格核定计税依据

8. 根据土地增值税法律制度的规定,纳税人转让旧房及建筑物,在计算土地增值税时,允许扣除的项目应包括(　　)。
   A. 房屋及建筑物的评估价格　　　B. 取得土地使用权支付的地价款
   C. 重置成本价　　　　　　　　　D. 转让环节缴纳的各项税金

9. 根据土地增值税法律制度的规定,下列情形中,纳税人应当进行土地增值税清算的有(　　)。
   A. 直接转让土地使用权
   B. 整体转让未竣工决算房地产开发项目的
   C. 房地产开发项目全部竣工并完成销售的
   D. 取得房地产销售(预售)许可证满2年尚未销售完毕的

10. 下述合同中,属于印花税征税范围的有(　　)。
    A. 财产保险合同　　　　　　　B. 人身保险合同
    C. 借款合同　　　　　　　　　D. 技术合同

11. 根据城市维护建设税法律制度的规定,下列表述中,正确的有(　　)。
    A. 对出口货物退还增值税、消费税的,同时退还已缴纳的城市维护建设税
    B. 对增值税实行先征后退办法的,除另有规定外,不退还随增值税、消费税附征的城市维护建设税
    C. 对增值税实行即征即退的办法的,除另有规定外,不退还随增值税、消费税附征的城市维护建设税
    D. 对进口货物或境外单位和个人向境内销售劳务、服务、无形资产缴纳的增值税、消费税税额不纳入城建税计税依据,不需要缴纳城建税

12. 车辆购置税以列举的车辆作为征税对象,下列车辆属于车辆购置税征税对象的是(　　)。
    A. 汽车　　　B. 汽车挂车　　　C. 有轨电车　　　D. 电动摩托车

三、判断题

1. 对于因故退还的中国出口货物,经海关审查属实,可予免征进口关税,但已征收的出口关税不予退还。(　　)
2. 对原产于与我国签订含有税收优惠条款的区域性贸易协定的国家或地区的进口货物,按最惠国税率征收关税。(　　)
3. 纳税人开采或者生产资源税应税产品,自用于连续生产应税产品或者精矿产品的,视同销售,应缴纳资源税。(　　)
4. 拥有土地使用权的纳税人不在土地所在地的,由代管人或者实际使用人缴纳城镇土

地使用税。 （　）

5. 从事机动车交强险业务的保险机构为机动车车船税的扣缴义务人。（　）

6. 对购置已征车辆购置税的车辆,不再征收车辆购置税。 （　）

7. 对出口货物、劳务和跨境销售服务、无形资产,以及因优惠政策退还增值税、消费税的,不退还已缴纳的城市维护建设税。 （　）

四、案例分析题

1. 某市区一企业有一栋房产闲置,价值 4 000 万元,企业经研究提出以下两种利用方案：一是出租方案,将闲置房产出租收取租赁费,年租金收入为 436 万元(含税价);二是仓储方案,配备保管人员为客户提供仓储服务,保管员年工资 10.11 万元,年用电金额 45.2 万元(含税),能取得增值税专用发票。为取得相同现金收入,每年收取仓储费 491.31 万元(含税价)。已知当地房产余值按房产原值一次性减除 30% 计算。

要求：为该公司选择闲置房产的利用方案。

2. 某房地产开发公司本年度计划出售普通标准住宅 15 000 平方米。有关支出如下：该房地产支付土地出让金 4 000 万元,房地产的开发成本 7 000 万元,利息支出 1 200 万元,其中 50 万元为银行罚息(利息支出能够按照收入项目准确分摊)。当地省政府规定,不包括利息支出的其他开发费用的扣除标准为 5%,包括利息支出的开发费用的扣除标准为 10%。城市维护建设税税率为 7%,教育费附加率为 3%,通过测算,该公司的增值税税负为 4%。企业营销部门在制订售房方案时,拟订了两个方案。方案一：销售价格为平均售价 12 000 元/平方米(不含增值税);方案二：销售价格为平均售价 11 960 元/平方米(不含增值税)。

要求：

(1) 分别计算各方案该公司应缴纳的土地增值税。

(2) 比较分析哪个方案对房地产公司更为有利。

3. 某水上运输公司欲购置一艘机动船舶,现有两艘机动船舶可供选择：一艘机动船舶的净吨位为 2 050 吨,另一艘机动船舶的净吨位为 2 000 吨。已知净吨位 201～2 000 吨的,车船税税额为每吨 4 元;净吨位 2 001～10 000 吨的,车船税税额为每吨 5 元。

要求：通过纳税筹划分析,为该公司选择最佳机动船舶购置方案。

第八章

企业设立的纳税筹划

📚 **本章学习要点**

1. 企业设立组织形式的纳税筹划。
2. 企业设立分支机构的纳税筹划。
3. 企业设立地点的纳税筹划。
4. 企业设立注册资本的纳税筹划。

设立之初巧安排,降低税负是关键

甲制药集团是一家大型制药生产企业,2023年6月欲投资建立一家小型制药厂。在咨询税务专家时了解到,企业设立之初安排得好坏,将直接影响新设企业未来的税负。甲集团企业在设立时需要考虑是设立分公司还是子公司,同时还要考虑企业的设立地点和资金投入等内容。

通过本章的学习,可以掌握企业设立的纳税筹划方法,帮助甲制药集团作出最佳的设立方案。

第一节　企业设立组织形式的纳税筹划

在设立企业时,必须对企业未来的纳税事项作出充分的考量,企业首先面临的问题是组建何种形式的企业,有利于降低企业今后的税负。

一、我国企业的组织形式

依据财产组织形式和法律责任权限,我国企业组织形式包括以下三种。

(一) 个人独资企业

个人独资企业是依据《中华人民共和国个人独资企业法》在我国境内设立的,由一个自然人投资,财产为投资人个人所有,投资人以其个人财产对企业债务承担无限责任的经营实体。个人独资企业的投资人取得的经营所得,只缴纳个人所得税,税率适用五级超额累进税率。

(二) 合伙企业

合伙企业是指自然人、法人和其他组织,依照《中华人民共和国合伙企业法》,在中国境内设立的普通合伙企业和有限合伙企业。其中,普通合伙企业由普通合伙人组成,合伙人对合伙企业债务承担无限连带责任。有限合伙企业由普通合伙人和有限合伙人组成,普通合伙人对合伙企业债务承担无限连带责任,有限合伙人以其认缴的出资额为限对合伙企业债务承担责任。

合伙企业的自然人投资者取得的经营所得,只缴纳个人所得税,税率适用五级超额累进税率。

（三）公司制企业

公司是指依照《中华人民共和国公司法》在中国境内设立的有限责任公司和股份有限公司。公司是企业法人,有独立的法人财产,享有法人财产权。公司以其全部财产对公司的债务承担责任。有限责任公司的股东以其认缴的出资额为限对公司承担责任;股份有限公司的股东以其认购的股份为限对公司承担责任。我国税法规定,公司制企业以应纳税所得额为基础计算、缴纳企业所得税。

二、企业组织形式选择的纳税筹划

由于我国税法规定,个人独资企业和合伙企业的自然人投资者只缴纳个人所得税,而公司制企业既要以法人单位缴纳企业所得税,另外其自然人投资者在收到税后利润时还要缴纳个人所得税。所以企业组织形式直接影响企业今后的税负高低,在进行纳税筹划时应考虑以下几种情况。

（一）对盈利能力较低的企业,应选择非公司制企业

个人独资企业和合伙企业不存在重复征税问题,只缴纳一次个人所得税;而公司制企业公司和个人都要缴纳所得税,存在两个层次的纳税,税负较高。个人独资企业、合伙企业的个人投资者取得的经营所得,适用 5%～35% 的五级超额累进税率,具体税率见表 8-1 所示。

表 8-1 经营所得个人所得税税率表

级数	全年应纳税所得额	税率/%	速算扣除数
1	不超过 30 000 元部分	5	0
2	超过 30 000 元至 90 000 元部分	10	1 500
3	超过 90 000 元至 300 000 元部分	20	10 500
4	超过 300 000 元至 500 000 元部分	30	40 500
5	超过 500 000 元部分	35	65 500

注:本表所称全年应纳税所得额,是指依照税法规定,以每一纳税年度的收入总额减除成本、费用以及损失后的余额。

从该税率表可以看出,对盈利能力较低的企业,其适用的税率也就较低,应纳税所得额低于 30 万元以下的,其三档税率分别为 5%、10% 和 20%,均低于 25% 的企业所得税税率。(不考虑小型微利企业及个体工商户所得税的税收优惠政策)

【例 8-1】

甲、乙、丙三个自然人准备设立一家企业,三人投资比例相同。假设拟设立的企业预计年应纳税所得额 75 万元。企业在设立时有两个方案可供选择:方案一,设立合伙企业;方案二,设立公司制企业。(假设不考虑税收优惠因素)

要求:通过纳税筹划分析,选择最佳的企业设立方式。

解析:

方案一　设立合伙企业。

甲、乙、丙三个自然人分别应纳个人所得税 $=750\,000 \div 3 \times 20\% - 10\,500 = 39\,500$(元)

甲、乙、丙三个自然人合计纳税总额＝39 500×3＝118 500(元)

方案二　设立公司制企业。

公司应纳企业所得税＝750 000×25％＝187 500(元)

假设公司税后利润全部平均分配给甲、乙、丙三个自然人，每个人收到的利润属于利息、股息、红利所得，还需按20％的税率缴纳个人所得税。

甲、乙、丙三个自然人合计应纳个人所得税＝(750 000－187 500)×20％＝112 500(元)

采用方案二应纳所得税总额＝187 500＋112 500＝300 000(元)

企业设立方式的确定：如果不考虑其他因素，仅从所得税的角度考虑，方案一比方案二少负担所得税181 500元(300 000－118 500)，投资者应作出设立合伙企业的选择。

结论：一般来说，如果预期企业盈利能力较低，且只有一个投资人，应选择个人独资企业作为组织形式；如果预期企业盈利能力不高，但投资人数较多，应选择合伙企业作为组织形式。

(二) 对盈利能力较强、投资规模较大的企业应选择公司制组织形式

在我国个人独资企业、合伙企业的个人投资者取得的经营所得，适用5％～35％的五级超额累进税率。对于独资企业、合伙企业的个人投资者，应纳税所得额超过50万元的部分，适用35％的税率，高于企业所得税25％的税率，因此利润远远超过50万元的企业，应选择公司制企业，可以通过滞后分配利润的方法，推迟个人所得税的缴纳。

【例8-2】

甲、乙、丙三个自然人准备设立一家企业，三人投资比例相同。假设拟设立的企业预计年应纳税所得额750万元。企业在设立时有两个方案可供选择，方案一是设立合伙企业，方案二是设立公司制企业。(假设不考虑税收优惠因素)

要求：通过纳税筹划分析，选择最佳的企业设立方式。

解析：

方案一　设立合伙企业。

甲、乙、丙三个自然人分别应纳个人所得税＝7 500 000÷3×35％－65 500
　　　　　　　　　　　　　　　　　　　＝809 500(元)

甲、乙、丙三个自然人合计纳税总额＝809 500×3＝2 428 500(元)

方案二　设立公司制企业。

公司应纳企业所得税＝7 500 000×25％＝1 875 000(元)

假设公司税后利润不进行分配，则不需缴纳个人所得税。

企业设立方式的确定：如果不考虑其他因素，不考虑公司税后利润分配，方案二比方案一少负担所得税553 500元(2 428 500－1 875 000)，投资者应选择设立公司制企业。

结论：如果企业投资规模较大，对管理水平要求较高，预期有较高的盈利能力，应选择设立公司制企业。

(三) 公司制企业的其他优势

公司是企业法人，有独立的法人财产，享有法人财产权。公司以其全部财产对公司的债务承担责任。有限责任公司的股东以其认缴的出资额为限对公司承担责任；股份有限公司

的股东以其认购的股份为限对公司承担责任;而个人独资企业、合伙企业的投资人对债务承担无限责任。另外,我国很多所得税税收优惠政策是针对公司制企业,个人独资企业、合伙企业一般不能享受。最后,公司制企业具有现代企业制度的特点,更容易在资本市场中取得资金,有利于企业的发展。下面设立分支机构的纳税筹划主要是针对公司制企业展开研究的。

第二节 企业设立分支机构的纳税筹划

公司扩大经营规模,需要在总公司或母公司下设立分支机构,分公司与子公司是现代大公司企业经营组织的重要形式。企业在选择设立分公司还是子公司时,主要是从纳税筹划的角度进行分析研究的。

一、分支机构的组织形式

(一) 分公司

分公司是指在业务、资金、人事等方面受总公司管辖而不具有法人资格的分支机构。分公司属于分支机构,在法律上、经济上没有独立性,仅是总公司的附属机构。分公司没有自己的名称、章程,没有自己的财产,并以总公司的资产对分公司的债务承担法律责任。分公司流转税在所在地交纳,发生的利润或亏损要与总公司合并计算缴纳企业所得税。

(二) 子公司

子公司是相对于母公司而言的,子公司是指一定数额的股份被母公司控制或依照协议被母公司实际控制、支配的公司。子公司具有独立法人资格,拥有自己的财产,自己的公司名称、章程和董事会,以自己的名义开展经营活动、从事各类民事活动,独立承担公司行为所带来的一切后果和责任。但涉及公司利益的重大决策或重大人事安排,仍要由母公司决定。子公司是独立法人,编制自身的会计报表,企业所得税的计算缴纳独立进行,并有权享受国家赋予的税收优惠政策。

二、分公司与子公司税收优势比较

(一) 设立分公司的税收优势

(1) 分公司设立简单,一般不需要注册资本,不必缴纳印花税。
(2) 分公司交付给总公司的利润不属于利润分配,这部分利润不必先缴纳企业所得税。
(3) 分公司不是独立法人,由总公司合并缴纳企业所得税。在经营初期,分公司往往出现亏损,其亏损可以抵减总公司的利润,减轻税收负担。
(4) 分公司与总公司之间的资本转移,因不涉及所有权变动,不必负担税款。

(二) 设立子公司的税收优势

(1) 因为子公司为独立法人,母公司对其债务只承担有限责任。
(2) 子公司作为独立法人,享受所在国给予的税收优惠待遇。
(3) 境外设立的子公司,若东道国税率低于居住国,子公司的累积利润可得到递延纳税的好处。

（4）同一国家的母子公司，子公司向母公司支付的股息一般免征企业所得税。

三、分公司与子公司选择的纳税筹划

分公司和子公司的税收优势存在着较大差异，各有利弊，公司在选择分支机构形式时应考虑以下几种情况。

（一）如果新设分支机构在开办初期可能发生亏损，应设立分公司

【例 8-3】

甲公司本年年初欲在外地设立一分支机构，预计新设的分支机构当年可能发生亏损 240 万元，甲公司预计当年可实现利润 620 万元。企业在设立时有两个方案可供选择：方案一，设立分公司；方案二，设立子公司。

要求：通过纳税筹划分析，为甲公司选择最佳分支机构的设立方式。

解析：

方案一　设立分公司。

分公司与总公司合并纳税。

合并应纳企业所得税 $=(620-240)\times 25\% = 95$（万元）

方案二　设立子公司。

甲公司应纳企业所得税 $=620\times 25\% = 155$（万元）

子公司不纳税，其亏损额可以结转到以后年度弥补。

分支机构设立方式的确定：如果不考虑其他因素，方案二比方案一多负担企业所得税 60 万元（155-95），甲公司应作出设立分公司的选择。

结论：开办初期，企业发生亏损的可能性较大，设立分公司，其亏损可以抵减总公司的利润，可以减少应税所得，少缴企业所得税。而设立子公司就得不到这一项好处。

（二）如果新设分支机构在开办初期即能实现盈利，应设立子公司

【例 8-4】

某化工总公司今年准备设立一个分支机构，该拟设立分支机构需要资产总额 600 万元，从业人员 25 人，主要利用化工总公司产生的化工废渣生产纯碱，然后再销售给总公司。由于原材料和产品主要针对总公司，预计该分支机构设立当年即可盈利。化工总公司在设立时有两个方案可供选择：方案一，设立分公司；方案二，设立子公司。分支机构利用化工废渣生产纯碱的行为，享受综合利用资源企业所得税优惠政策，销售纯碱取得的收入，可以在计算应纳税所得额时减按 90% 计入收入总额，计算应纳税所得额。

要求：通过纳税筹划分析，为该总公司选择最佳分支机构的设立方式。

解析：

方案一　设立分公司。

分公司不具有法人资格，应与总公司合并缴纳企业所得税。作为不具有法人资格的分公司，无论在会计上是否独立核算，都不是企业所得税的纳税人。该分公司利用化工废渣生

产纯碱的行为，享受综合利用资源企业所得税优惠政策，但享受的主体不是分公司，而只能是总公司。

分公司利用化工总公司产生的化工废渣生产纯碱，然后再销售给总公司的行为，实际是属于在同一纳税人内部继续加工使用，按照税法规定不能确认收入，因此也就不存在减计收入的问题。只有对外销售的纯碱才可以享受减按90％计入收入总额的优惠政策，且该政策应由总公司在汇总纳税时享受，由于分支机构销售的纯碱主要针对总公司，因此，设立分公司几乎不能享受税收优惠政策。

方案二　设立子公司。

由于子公司具有独立法人资格，与总公司之间为两个独立的法人实体，其提供给化工总公司的纯碱属于对外销售，可以享受综合利用资源企业所得税优惠政策。

另外，该分支机构资产总额600万元，从业人员25人，如果减计收入后的应纳税所得额低于300万元，符合小型微利企业标准，还可以享受小型微利企业所得税优惠政策。

分支机构设立方式的确定：因设立的分支机构当年即可盈利，不需考虑分公司可以抵减所得税的情况。设立子公司可以充分享受税收优惠政策。该化工总公司应选择方案二，设立子公司。

结论：一般来说，如果设立的分支机构在设立之初即能实现盈利，设立子公司比较适宜，除了可以得到作为独立法人经营的便利之处，还可以享受税法赋予的各种税收优惠政策。反之，可以设立为分公司，亏损可以抵减总公司的利润，可以减少应税所得，少缴企业所得税。

（三）开设连锁分店，设立子公司以享受小型微利企业优惠

【例 8-5】

某海鲜酒店餐饮公司是一家知名企业，2023年准备在其他城市开设20家分店，由于都是新成立，初步预算这20家店每家利润150万元，20家分店的资产和人数满足小型微利企业条件。公司在设立时有两个方案可供选择：方案一，设立分公司；方案二，设立子公司。

要求：通过纳税筹划分析，为该企业选择分店的最佳设立方式。

解析：

方案一　设立分公司。

由于所有分公司需要汇总申报企业所得税，汇总后超过了小型微利企业标准，无法享受小微企业税收优惠，应按照25％税率缴纳企业所得税。

20家店共计应纳企业所得税＝150×20×25％＝750（万元）

方案二　设立子公司。

由于每家店不论是从人员人数、资产总额还是应纳税所得额，都满足小型微利企业条件。根据现行政策规定，2023年度小型微利企业取得的年应纳税所得额，减按25％计入应纳税所得额，按20％的税率缴纳企业所得税。根据上述规定：

每家店应纳企业所得税＝150×25％×20％＝7.5（万元）

20家店共计应纳企业所得税＝7.5×20＝150（万元）

分店设立方式的确定：如果不考虑其他因素，方案一比方案二多负担企业所得税600万元（750－150），该海鲜酒店餐饮公司应作出设立子公司的选择。

结论:连锁企业一般经营比较成熟,开业后一般即可盈利,适宜设立子公司,符合小型微利企业条件的,还可以享受相关税收优惠,有效降低连锁企业所得税税负。

(四)分公司与子公司选择的综合纳税筹划

企业在进行设立分支机构决策时,选择分公司还是子公司,要综合考虑方方面面诸多因素,但仅从纳税上考虑,可以先注册设立分公司,因为企业在创业的初期风险较大,企业经常处于亏损状态,分公司和总公司合并缴纳企业所得税,可以抵减总公司的部分利润。等到分公司的经营步入正轨,可以将分公司改组设立为子公司,因为分公司不具有法人资格,它的民事责任由总公司承担,容易使总公司陷入法律纠纷,而设立子公司在这方面可以避免上述问题。

第三节 企业设立地点的纳税筹划

世界各国及国家内部不同地区都存在着税收待遇上的地区性差异,因此,企业应充分利用不同地区的税收优惠政策进行纳税筹划。目前,我国流转税已经取消了地区差异,企业所得税只对少数地区提供税收优惠,部分财产税和行为目的税仍存在着地区差异。

一、利用地区税收优惠政策进行纳税筹划

企业在选择设立地点时,应对国家有关地区方面的税收优惠政策充分进行了解,用好国家制定的不同地区税收优惠政策。目前,我国有关地区税收优惠政策主要包括以下方面。

(一)民族自治地方的税收优惠

民族自治地方的自治机关对本民族自治地方的企业应缴纳的企业所得税中属于地方分享的部分,可以决定减征或者免征。自治州、自治县决定减征或者免征的,须报省、自治区、直辖市人民政府批准。

(二)西部大开发税收优惠政策

自 2021 年 1 月 1 日至 2030 年 12 月 31 日,对设在西部地区的鼓励类产业企业减按 15% 的税率征收企业所得税。本条所称鼓励类产业企业是指以《西部地区鼓励类产业目录》中规定的产业项目为主营业务,且其主营业务收入占企业收入总额 60% 以上的企业。

西部地区包括内蒙古自治区、广西壮族自治区、重庆市、四川省、贵州省、云南省、西藏自治区、陕西省、甘肃省、青海省、宁夏回族自治区、新疆维吾尔自治区和新疆生产建设兵团。湖南省湘西土家族苗族自治州、湖北省恩施土家族苗族自治州、吉林省延边朝鲜族自治州和江西省赣州市,可以比照西部地区的企业所得税政策执行。

(三)海南自由贸易港企业所得税优惠政策

对注册在海南自由贸易港并实质性运营的鼓励类产业企业,减按 15% 的税率征收企业所得税。对在海南自由贸易港设立的旅游业、现代服务业、高新技术产业企业新增境外直接投资取得的所得,免征企业所得税。对在海南自由贸易港设立的企业,新购置(含自建、自行

开发)固定资产或无形资产,单位价值不超过 500 万元(含)的,允许一次性计入当期成本费用在计算应纳税所得额时扣除,不再分年度计算折旧和摊销;新购置(含自建、自行开发)固定资产或无形资产,单位价值超过 500 万元的,可以缩短折旧、摊销年限或采取加速折旧、摊销的方法。上述税收优惠政策自 2020 年 1 月 1 日起执行至 2024 年 12 月 31 日。

企业在利用地区税收优惠政策选择注册地时除考虑税收外,还应考虑企业自身的特点,依据自身条件进行纳税筹划,尽量创造条件,充分享受优惠政策。

二、利用同一税种在不同地区的税负差异进行纳税筹划

税法对同一税种在不同地区的征收规定也是不同的,如城市维护建设税、房产税、城镇土地使用税等,企业在选择注册地时尽量选择税率低及免税的地区。

【例 8-6】

某食品公司计划投资设立一肉食加工厂,生产的肉食主要销售到城市,原料主要来自农村的生猪、肉牛饲养基地,采用就近的原则,可以将厂址选在销售的城市或农村的生猪、肉牛饲养基地。厂址无论选在哪里,对生产和销售均无明显不同影响。该食品公司在设立肉食加工厂时有两个方案可供选择:方案一,将肉食加工厂设在城市;方案二,将肉食加工厂设在农村。

要求:通过纳税筹划分析,为该公司选择最佳的设立地点。

解析:

方案一 肉食加工厂设在城市。

肉食加工厂设在城市,适用的城市维护建设税的税率为 7%,所用房产应缴纳房产税,所占土地应缴纳城镇土地使用税。

方案二 肉食加工厂设在农村。

由于农村不属于课征房产税和城镇土地使用税的地域范围,因而,将厂址选在农村可以规避房产税和城镇土地使用税。另外,将厂址设在农村,适用的城市维护建设税税率仅为 1%。

设立地点的确定:该公司应将肉食加工厂设在农村,可以免征房产税和城镇土地使用税,其适用的城市维护建设税税率也较低。

结论:如果从房产税、城镇土地使用税和城市维护建设税等税种综合考虑,食品生产企业选择农村作为加工厂的注册地,可以免缴或少缴房产税、城镇土地使用税和城市维护建设税。

第四节 企业设立注册资本的纳税筹划

注册资本是公司制企业章程规定的全体股东或发起人认缴的出资额或认购的股本总额,并在公司登记机关依法登记。公司的注册资本是公司的登记机关登记注册的资本额,也叫法定资本。

一、注册资本数额的纳税筹划

企业在设立时,会对企业未来发展作出规划,确定具体投资规模,这就需要对注册资本的数额进行纳税筹划。从财务管理的角度分析,当企业的总资产报酬率高于借款利息时,借入资金可以提高净资产收益率,发挥财务杠杆作用;另外,借入资金的借款利息可以在企业所得税税前扣除,可以有效降低企业的税收负担。下面举例进行分析。

【例8-7】

甲、乙两个自然人年初准备注册设立一有限责任公司,经测算,该拟设立公司未来需要资金1 000万元,甲、乙两个自然人协商等额出资,且双方均有足够的资金。在确定注册资本时有两个方案可供选择。方案一:双方均出资300万元,登记注册资金600万元,其余400万元以借款的形式投资于拟设立公司。公司与甲、乙股东签订借款合同,合同约定借款年利率为10%,不高于金融机构同期同类贷款利率。年末,甲、乙两个自然人合计取得借款利息40万元(400×10%)。方案二:双方均出资500万元,登记注册资本1 000万元。年末,甲、乙两个自然人合计取得相当于借款利息的股利40万元。假设拟设立公司当年不考虑利息费用的应纳税所得额为360万元。

要求:通过纳税筹划分析,选择最佳出资方案。

解析:

方案一 双方均出资300万元,登记注册资本600万元,其余400万元以借款的形式投资于拟设立公司。

公司应缴纳企业所得税=(360−40)×25%=80(万元)

甲、乙两个自然人取得利息应交纳的个人所得税=40×20%=8(万元)

甲、乙两个自然人取得利息应交纳的增值税=40×3%=1.2(万元)

假设城市维护建设税的税率为7%,教育费附加征收率为3%。

甲、乙两个自然人应交纳的城市维护建设税及教育费附加=1.2×(7%+3%)
=0.12(万元)

应纳税总额=80+8+1.2+0.12=89.32(万元)

方案二 双方均出资500万元,登记注册资本1 000万元。

公司应缴纳企业所得税=360×25%=90(万元)

甲、乙两个自然人取得股利应缴纳个人所得税=40×20%=8(万元)

应纳税总额=90+8=98(万元)

出资方案的确定:方案二比方案一多纳税款额=98−89.32=8.68(万元),应选择方案一作为出资方案。

结论:由于借款利息可以税前扣除,抵减企业应纳税所得额,减少当期应纳企业所得税;同时投资者无论是收到利息还是股利都需要缴纳个人所得税;虽然利息收入应缴纳增值税、城市维护建设税及教育费附加,但减少的应纳企业所得税远远大于应纳的这三种税费。因此,企业在进行投资时在考虑财务风险的前提下,应有适当的债务投资,支付的利息可以抵减应纳税所得额,可以有效降低企业税负。

二、进行注册资本纳税筹划时应注意的问题

（一）以借款形式投入的资金要签订借款合同

企业向内部职工或其他人员借款的利息支出，符合条件的利息支出在不超过按照金融机构同期同类贷款利率计算的数额的部分，准予扣除。但必须满足以下条件：企业与个人之间的借贷是真实、合法、有效的，并且不具有非法集资目的或其他违反法律、法规的行为；企业与个人之间签订了借款合同，明确借入资金是为了满足企业生产经营需要，不存在违反法律、法规行为。

（二）合同约定的借款利率不要高于金融机构同期同类贷款利率

企业向非金融企业借款的利息支出，不超过按照金融机构同期同类贷款利率计算的数额的部分，准予在税前扣除。企业向非金融企业的借款，包括向无关联的一般企业借款，也包括向股东或其他与企业有关联关系的自然人借款和向企业内部职工或其他人员借款。如果高于金融机构同期同类贷款利率，高出的部分在计算应纳税所得额时不允许税前扣除，并且多出的这部分利息也要计算交纳个人所得税、增值税、城市维护建设税和教育费附加，增加投资者的纳税负担。

（三）合理安排借入资金比例

企业从关联方取得借款，一般情况下其接受关联方债权性投资与其权益性投资比例为：金融企业为5∶1；其他企业为2∶1。企业实际支付给关联方的利息支出，不超过上述比例规定计算的利息支出，准予扣除（不超过金融机构同期同类贷款利率的部分），超过的部分不得在发生当期和以后年度扣除。因此，企业在确定注册资本时要注意，避免使借款比例超过上述规定比例，产生不能税前扣除的利息支出。

思 考 题

1. 如何利用注册地点进行纳税筹划？
2. 简述企业组织形式的纳税筹划方法。
3. 简述企业设立分支机构的纳税筹划方法。
4. 企业进行注册资本纳税筹划时应注意的问题。
5. 公司制企业有哪些优势是纳税人在设立时需要考虑的？

练 习 题

一、单项选择题

1. 子公司与分公司的本质区别在于（　　）。
   A. 子公司具有独立法人资格
   B. 母、子公司具有直接的隶属关系
   C. 母、子公司存在法律上的独立财产权益
   D. 子公司独立纳税
2. 下列不属于企业所得税纳税人的是（　　）。
   A. 国有、集体企业　　　　　　　　B. 私营企业

C. 外商投资企业　　　　　　　　D. 个人独资企业和合伙企业
　3. 对于独资企业、合伙企业的个人投资者,应纳税所得额超过(　　)万元的部分,适用35%的税率,高于企业所得税25%的税率。
　　A. 20　　　　B. 30　　　　C. 40　　　　D. 50

二、多项选择题

　1. 设立分公司的税收优势主要包括(　　)。
　　A. 分公司设立简单,一般不需要注册资本,不必交纳印花税
　　B. 分公司交付给总公司的利润不属于利润分配,这部分利润不必先缴纳企业所得税
　　C. 分公司不是独立法人,由总公司合并缴纳企业所得税。在经营初期,分公司往往出现亏损,其亏损可以抵减总公司的利润,减轻税收负担
　　D. 分公司与总公司之间的资本转移,因不涉及所有权变动,不必负担税款
　2. 设立子公司的税收优势主要包括(　　)。
　　A. 因为子公司为独立法人,母公司对其债务只承担有限责任
　　B. 子公司作为独立法人,享受所在国给予的税收优惠待遇
　　C. 同一国家的母、子公司,子公司向母公司支付的股息一般免征企业所得税
　　D. 子公司与母公司之间的资产转移,实质不涉及所有权变动,不涉及流转税
　3. 税法对同一税种在不同地区的征收规定也是不同的,这些税种包括(　　)。
　　A. 城市维护建设税　　　　　　　B. 房产税
　　C. 城镇土地使用税　　　　　　　D. 增值税
　4. 企业从关联方取得借款,一般情况下其接受关联方债权性投资与其权益性投资比例为(　　)。
　　A. 金融企业为5∶1　　　　　　　B. 金融企业为4∶1
　　C. 其他企业为3∶1　　　　　　　D. 其他企业为2∶1

三、判断题

　1. 公司制企业具有现代企业制度的特点,更容易在资本市场中取得资金,有利于企业的发展,因此,在设立企业时就应设为公司制企业。　　　　　　　　　　　　(　　)
　2. 开办初期,企业发生亏损的可能性较大,设立分公司,其亏损可以抵减总公司的利润,少缴纳企业所得税。　　　　　　　　　　　　　　　　　　　　　　(　　)
　3. 我国流转税已经取消了地区差异,企业所得税只对少数地区提供税收优惠,部分财产税和行为目的税仍存在着地区差异。　　　　　　　　　　　　　　　　(　　)
　4. 目前,我国不再限制公司设立时股东(发起人)的首次出资比例和缴足出资的期限。公司实收资本不再作为工商登记事项。　　　　　　　　　　　　　　　　(　　)

四、案例分析题

　1. 甲公司每年均能实现500万元的应纳税所得额,为扩大经营现准备设立一分支机构。预计新设分支机构未来四年的应纳税所得额分别为－200万元、－80万元、80万元、260万元。
　　要求:为分支机构的设立作出纳税筹划方案。
　2. 某公司欲扩大经营,计划投资建立一原料生产厂,需占用土地12万平方米。在厂址选择上有两个方案可供选择,方案一是将厂址设在市郊,该地区的城镇土地使用税税率为

6元/平方米;方案二是将厂址设在县城,该地区的城镇土地使用税税率为2.5元/平方米。假设厂址无论选在哪里,对生产和销售均无明显不同影响。预计该厂全年应纳增值税800万元。

要求:

(1) 分别计算两个方案应纳城镇土地使用税、城市维护建设税及教育费附加情况。

(2) 通过比较确定最优厂址选择方案。

第九章

企业投资融资的纳税筹划

本章学习要点

1. 企业投资的纳税筹划。
2. 企业融资的纳税筹划。

案例引入

购买环保设备并从银行借入所需资金，可以减少应纳企业所得税税额

税法规定，企业购置用于环境保护、节能节水、安全生产等专用设备的投资额，可以按一定比例实行税额抵免。甲公司本年预计实现应纳税所得额200万元，通过纳税筹划分析，计划购置用于环境保护方面的专用设备，该设备的投资额为800万元，可以按该设备投资额的10%抵免当年的应纳企业所得税额。甲公司没有足够的资金购买该设备，需要筹措大约500万元的资金。甲公司制定了两个筹资方案。一是增加注册资本，筹集股权资金。二是从银行借入长期借款，筹集债务资金。通过纳税筹划分析，甲公司决定举债购买该设备，因为支付的利息可在所得税前扣除，减少应纳税所得额。

通过本章的学习，可以掌握企业投资融资的纳税筹划方法。

第一节　企业投资的纳税筹划

企业投资是指企业投入财力，以期望在未来获取收益的一种行为。企业投资既包括对外投资，也包括对内投资。企业对外投资是指企业为通过分配来增加财富，或谋求其他利益，而将其资产让渡给其他单位所获得的另一项资产。例如，购买国库券、购买股票、将资产投入其他单位等。对内投资是指把资金投向企业内部，形成各项流动资产、固定资产、无形资产和其他资产的投资。

一、企业投资产业的纳税筹划

企业进行投资决策最关心的是企业的投资所能得到的税后净收益。因此，企业所得税对企业投资决策的影响最为明显。税收负担轻或者减税有利于刺激企业投资，而税收负担重或者增税会抑制企业投资。税收优惠是减轻税收负担的一种手段，国家通过税收优惠政策引导企业投资方向，调整产业结构，刺激经济增长。企业在确定投资产业时应充分考虑税收优惠政策的影响。

（一）通过减免企业所得税方式扶持的产业

目前，我国通过减免企业所得税方式扶持的产业主要包括以下几方面。

1. 从事农、林、牧、渔业的所得

从事农、林、牧、渔业的所得包括免征和减征两部分。

(1) 企业从事下列项目的所得,免征企业所得税。
① 蔬菜、谷物、薯类、油料、豆类、棉花、麻类、糖料、水果、坚果的种植;
② 农作物新品种的选育;
③ 中药材的种植;
④ 林木的培育和种植;
⑤ 牲畜、家禽的饲养;
⑥ 林产品的采集;
⑦ 灌溉、农产品初加工、兽医、农技推广、农机作业和维修等农、林、牧、渔服务业项目;
⑧ 远洋捕捞。
(2) 企业从事下列项目的所得,减半征收企业所得税。
① 花卉、茶及其他饮料作物和香料作物的种植;
② 海水养殖、内陆养殖。

2. 从事国家重点扶持的公共基础设施项目的投资经营的所得

企业从事国家重点扶持的公共基础设施项目的投资经营的所得,自项目取得第一笔生产经营收入所属纳税年度起,第一年至第三年免征企业所得税,第四年至第六年减半征收企业所得税。

国家重点扶持的公共基础设施项目,是指《公共基础设施项目企业所得税优惠目录》规定的港口码头、机场、铁路、公路、城市公共交通、电力、水利等项目。

企业承包经营、承包建设和内部自建自用的上述项目,不得享受企业所得税的税收优惠。

企业在减免税期限内转让上述项目的,受让方自受让之日起,可以在剩余期限内享受规定的减免税优惠;减免税期限届满后转让的,受让方不得就该项目重复享受减免税优惠。

3. 从事符合条件的环境保护、节能节水项目的所得

企业从事符合条件的环境保护、节能节水项目的所得,自项目取得第一笔生产经营收入所属纳税年度起,第一年至第三年免征企业所得税,第四年至第六年减半征收企业所得税。

符合条件的环境保护、节能节水项目,包括公共污水处理、公共垃圾处理、沼气综合开发利用、节能减排技术改造、海水淡化等。

企业在减免税期限内转让上述项目的,受让方自受让之日起,可以在剩余期限内享受规定的减免税优惠;减免税期限届满后转让的,受让方不得就该项目重复享受减免税优惠。

4. 高新技术企业

国家需要重点扶持的高新技术企业,减按15%的税率征收企业所得税。

5. 技术先进型服务企业

在全国范围内对经认定的技术先进型服务企业,减按15%的税率征收企业所得税。

6. 创业投资企业

创业投资企业从事国家需要重点扶持和鼓励的创业投资,可以按投资额的一定比例抵扣应纳税所得额。

抵扣应纳税所得额是指创业投资企业采取股权投资方式投资于未上市的国家需要重点扶持和鼓励中小高新技术企业2年以上的,可以按照其投资额的70%在股权持有满2年的当年抵扣该创业投资企业的应纳税所得额;当年不足抵扣的,可以在以后纳税年度

结转抵扣。

(二) 通过增值税优惠政策鼓励发展的产业

1. 农业生产者销售的自产农产品

农业生产者销售的自产农产品免征增值税。

2. 免征增值税的服务型企业

(1) 托儿所、幼儿园提供的保育和教育服务。

(2) 养老机构提供的养老服务。

(3) 残疾人福利机构提供的育养服务。

(4) 婚姻介绍服务。

(5) 殡葬服务。

(6) 医疗机构提供的医疗服务。

(7) 农业机耕、排灌、病虫害防治、植物保护、农牧保险及相关技术培训业务,家禽、牲畜、水生动物的配种和疾病防治。

3. 资源综合利用产品和劳务

纳税人销售自产的资源综合利用产品和提供资源综合利用劳务,可享受增值税即征即退政策。

4. 软件企业的税收优惠

增值税一般纳税人销售其自行开发生产的软件产品,按基本税率征收增值税后,对其增值税实际税负超过3%的部分实行即征即退政策。

5. 管道运输服务

一般纳税人提供管道运输服务,对其增值税实际税负超过3%的部分实行即征即退政策。

(三) 纳税人应投资国家扶持和鼓励发展的产业

纳税人在选择投资产业时,应投资国家扶持和鼓励发展的产业,可以享受税收优惠政策,降低企业的税负。

【例9-1】

某农场准备种植高附加值的经济作物,经过考察,最终决定在种植花卉和种植观赏林木之中选择一个种植品种。如果种植花卉和观赏林木每年均能实现利润200万元,无其他纳税调整事项。

要求:通过纳税筹划分析,为该农场选择最佳种植项目。

解析: 种植花卉属于减半征收企业所得税项目。

种植花卉应纳企业所得税 = 200 × 25% × 50% = 25(万元)

种植观赏林木属于免征企业所得税项目。

种植观赏林木取得的所得不需要缴纳企业所得税。

种植项目的确定:该农场应选择观赏林木,因其所得不需要缴纳企业所得税。

结论:在投资收益相同的情况下,纳税人应选择可享受更多税收优惠的产业进行投资。

二、投资项目的纳税筹划

（一）享受企业所得税优惠政策的项目

（1）在一个纳税年度内，居民企业技术转让所得不超过 500 万元的部分，免征企业所得税；超过 500 万元的部分，减半征收企业所得税。

（2）企业开展研发活动中实际发生的研发费用，未形成无形资产计入当期损益的，在按规定据实扣除的基础上，自 2023 年 1 月 1 日起，再按照实际发生额的 100% 在税前加计扣除；形成无形资产的，自 2023 年 1 月 1 日起，按照无形资产成本的 200% 在税前摊销。

（3）企业安置残疾人员的，在按照支付给残疾职工工资据实扣除的基础上，按照支付给残疾职工工资的 100% 加计扣除。

企业安置国家鼓励安置的其他就业人员所支付的工资的加计扣除办法，由国务院另行规定。

（4）企业综合利用资源，生产符合国家产业政策规定的产品所取得的收入，可以在计算应纳税所得额时减计收入。

2019 年 6 月 1 日至 2025 年 12 月 31 日，提供社区养老、托育、家政服务取得的收入，在计算应纳税所得额时，减按 90% 计入收入总额。

（5）企业购置用于环境保护、节能节水、安全生产等专用设备的投资额，可以按该设备投资额的 10% 抵免当年的应纳税额。

（二）享受增值税优惠政策的项目

1. 免征增值税的项目

（1）免征蔬菜流通环节增值税。即对从事蔬菜批发、零售的纳税人销售的蔬菜免征增值税。

（2）粕类产品免征增值税。

（3）制种行业免征增值税。

（4）有机肥产品免征增值税。

2. 安置残疾人

对安置残疾人的单位和个体工商户，由税务机关按纳税人安置残疾人的人数，限额即征即退增值税。

（三）投资项目的纳税筹划方法

投资项目是多种多样的，不同项目所享受的税收待遇也各不相同。纳税人应充分了解可以享受税收优惠政策的投资项目，根据自身的特点，在生产经营过程中选择恰当的投资项目，在获得更多收益的同时减轻自身的税收负担。

三、投资规模的纳税筹划

（一）影响投资规模的税收优惠政策

投资规模是指投资主体在一定时期内投入的资源总量。影响企业投资规模的因素很多，从纳税筹划的角度分析，影响投资规模的税收优惠政策主要包括以下内容。

（1）符合条件的小型微利企业，减按 20% 的税率征收企业所得税。2022 年 1 月 1 日至

2024年12月31日,对年应纳税所得额超过100万元但不超过300万元的部分,减按25%计入应纳税所得额,按20%的税率缴纳企业所得税。2023年1月1日至2024年12月31日,对小型微利企业年应纳税所得额不超过100万元的部分,减按25%计入应纳税所得额,按20%的税率缴纳企业所得税。

(2) 自2023年1月1日至2023年12月31日,小规模纳税人发生增值税应税销售行为,合计月销售额未超过10万元(以1个季度为1个纳税期的,季度销售额未超过30万元,下同)的,免征增值税。

小规模纳税人发生增值税应税销售行为,合计月销售额超过10万元,但扣除本期发生的销售不动产的销售额后未超过10万元的,其销售货物、劳务、服务、无形资产取得的销售额免征增值税。

适用增值税差额征税政策的小规模纳税人,以差额后的销售额确定是否可以享受免征增值税政策。

(3) 2023年1月1日至2023年12月31日小规模纳税人减按1%的征收率缴纳增值税。2022年1月1日至2024年12月31日,对增值税小规模纳税人、小型微利企业和个体工商户可以在50%的税额幅度内减征资源税、城市维护建设税、房产税、城镇土地使用税、印花税(不含证券交易印花税)、耕地占用税和教育费附加、地方教育附加。

(二) 投资规模的纳税筹划

(1) 投资者在确定投资规模时,可以考虑设立小微企业,或者将规模较大的企业按照专业分工的原则分拆为几个小微企业,享受免征流转税和减征企业所得税的优惠政策。

(2) 在设立缴纳增值税的企业时,应考虑一般纳税人和小规模纳税人的税负水平,确定企业的投资规模。

四、投资方式的纳税筹划

从投资方式来看,企业投资可分为直接投资和间接投资。直接投资是指把资金直接投放于生产经营性资产的投资,如购置设备、兴建工厂、开办商店等,即前面提到的对内投资。间接投资是指对股票或债券等金融资产的投资,也包括将资产投入其他单位获得股权,即前面提到的对外投资。对投资方式的纳税筹划,主要研究对外投资的纳税筹划。

(一) 对外投资的税收优惠政策

(1) 企业因购买国债所得的利息收入,免征企业所得税。

(2) 符合条件的居民企业之间的股息、红利等权益性收益,免征企业所得税。

(3) 在中国境内设立机构、场所的非居民企业从居民企业取得与该机构、场所有实际联系的股息、红利等权益性投资收益,免征企业所得税。

(二) 投资方式的纳税筹划方法

(1) 当企业存在闲置资金的情况下,可以投资购买国债,因购买国债所得的利息收入,免征企业所得税。

(2) 选择合理的出资方式进行股权投资。

由于国债的利率较低,实际上很少有企业进行国债投资。由于符合条件的居民企业之间的股息、红利等权益性收益,免征企业所得税。很多企业会把闲置的资金或资产投资于效益较好的企业,以获取股息、红利等权益性收益,也可以享受免征企业所得税的优惠。纳税人在进行股权投资时应选择合理的出资方式。

【例 9-2】

A、B 两公司均为工业企业,适用 13% 的增值税税率。本年 A 公司拟向 B 公司投资 678 万元,占 B 公司 10% 的股份。A 企业拟定了以下两个投资方案。

方案一 以货币资金投资 678 万元。

方案二 以自产产品投资 678 万元,该产品成本 500 万元,市场售价 600 万元,均为不含税成本及价格,A 公司向 B 公司开具增值税专用发票,价税合计 678 万元。

要求:不考虑城市维护建设税及教育费附加的影响,通过纳税筹划分析,为 A 企业选择最佳投资方案。

解析:

方案一 以货币资金投资,A 公司不涉及增值税及企业所得税。

方案二 以自产产品投资,根据税法规定,自产产品对外投资的,视同销售,应该计算缴纳增值税,假设该产品对应的进项税额为 5 万元。

应纳增值税 = 600×13% - 5 = 7.3(万元)

自产产品投资应确认的营业利润 = 600 - 500 = 100(万元)

应纳企业所得税 = (600 - 500)×25% = 25(万元)

投资方案的确定:从以上分析可以看出,A 企业应选择方案一,该方案不涉及增值税及企业所得税。在企业有充足现金流的情况下应选择以货币资金投资。

结论:纳税人在进行股权投资时,以货币资金进行投资,不涉及增值税和企业所得税,可以降低企业的税负。

第二节 企业融资的纳税筹划

融资是指企业资金的筹集,是企业根据生产经营、内外投资和调整资本结构的需要,通过各种渠道和方式,经济、有效地筹措资金的行为。按照资金取得的来源划分,企业的资金可分为债务资金和权益资金。债务资金是指债权人提供的资金,需要偿还本金和支付利息,有一定的风险,但其要求的报酬率比权益资金低。权益资金是指企业股东提供的资金,它不需要归还,筹资风险小,但其期望的报酬率高。

企业融资是一项重要而复杂的工作。企业决策者在选择融资方式时,应重点考虑不同筹资方式下税收因素对资金成本的影响,对各种融资方式进行对比、分析,选择经济、可行的筹资方式,以降低筹资成本,减少财务风险。同时,不同的融资方式形成不同的税前、税后成本,为企业融资活动提供了纳税筹划空间。

一、债务资金融资的纳税筹划

企业筹集债务资金的渠道主要有:向金融机构借款、发行债券、向其他企业或自然人借款、租赁等。

(一) 企业向金融机构借款和发行债券的纳税筹划

企业向金融机构借款和获准发行债券的利息支出可以全额在税前列支,企业应在选择不同的还本付息方式上进行纳税筹划。一般原则为尽可能晚地支付利息,如债券发行时选择到期一次性支付利息的付息方式。

(二) 向关联方融资的纳税筹划

税法规定,企业从其关联方接受的债权性投资与权益性投资的比例超过规定标准而发生的利息支出,不得在计算应纳税所得额时扣除。其接受关联方债权性投资与其权益性投资比例为:金融企业为 5∶1;其他企业为 2∶1。在计算应纳税所得额时,企业实际支付给关联方的利息支出,不超过规定比例且不超过按金融机构同期同类贷款利率计算的部分,准予税前扣除,超过部分不得在发生当期和以后年度扣除。

1. 变借款为采购方的预付账款,或将贷款变为销售方的应收账款

关联方之间的融资,在融资金额和利率的设计上即使满足税法要求,不需要进行纳税调整,但融资行为作为一种金融行为,收到利息的一方要计算缴纳增值税和与之相关的城市维护建设税和教育费附加。作为整体虽然利息的收支一方增加收入,另一方增加支出对整体的企业所得税不产生影响,但增值税的缴纳会增加税负。

因此,如果关联企业之间有购销关系,可以变借款为采购方的预付账款,或将贷款变为销售方的应收账款,实现商业信用筹资。具体做法如下:需要资金的一方最好能在需要资金前一段时间,向资金提供方提出资金需求书,这样双方才能按照双方的购销业务金额提前做好筹划。对于这种筹资方式,只要关联企业双方是按照正常市场价格购销商品的,对于"应收账款""预付账款"是否支付利息,税法对此并无强制性的规定。

2. 利用金融中介贷款降低税负

金融中介贷款又称联结贷款,是指在母公司投资于子公司时,先将足够的资金存入金融机构,再由金融机构向子公司贷款。在还本付息时,先由子公司偿还给中介机构,再由中介机构偿还给母公司。金融中介贷款是将集团内部的直接贷款业务中间插入了一个金融机构,从银行角度看,这笔贷款毫无风险,因为母公司的贷款可以做 100% 的担保,而且借款子公司支付给银行的贷款利率一般要高于银行支付给母公司的存款利率。由于金融中介贷款风险较小,可以要求较低的报酬。

【例 9-3】

A 公司投资设立甲企业,双方适用的企业所得税税率为 25%,甲企业注册资本 450 万元,其中 270 万元由 A 公司投入,A 公司占甲企业 60% 的股权,双方为母子公司关系。甲企业因扩大经营规模,需要向 A 公司融资 1 000 万元,现有以下两个融资方案可供选择。方案一:A 公司直接将资金贷给甲企业使用,利率为按金融机构同类同期贷款利率 8% 计算。方案二:A 公司先将资金 1 000 万元存入中介银行,利率为 7%,中介银行再将等额资金贷于甲企业,利率为 8%。

要求:通过纳税筹划分析,为双方选择最佳融资方式。

解析:购进贷款服务不可以抵扣进项税额。增值税的影响只考虑取得利息收入的一方。

方案一 A公司直接将资金贷给甲企业使用。

A公司获得的利息收入＝1 000×8％＝80(万元)

A公司利息收入应纳增值税＝80×6％＝4.8(万元)

A公司应纳企业所得税＝80×25％＝20(万元)

甲企业支付的利息＝1 000×8％＝80(万元)

可以在企业所得税前扣除的利息＝270×2×8％＝43.2(万元)

少纳企业所得税＝43.2×25％＝10.8(万元)

母、子公司在融资过程中共纳企业所得税＝20－10.8＝9.2(万元)

母、子公司共纳税合计＝4.8＋9.2＝14(万元)

方案二 利用金融中介贷款。

A公司获得的利息收入＝1 000×7％＝70(万元)

A公司利息收入应纳增值税＝70×6％＝4.2(万元)

A公司减少的利息收入＝80－70＝10(万元)

A公司应纳企业所得税＝70×25％＝17.5(万元)

甲企业支付的利息＝1 000×8％＝80(万元)，可以全额在企业所得税前扣除。

甲企业少纳企业所得税＝80×25％＝20(万元)

母、子公司在融资过程中共纳企业所得税＝17.5－20＝－2.5(万元)

母、子公司共纳税合计＝4.2－2.5＝1.7(万元)

融资方案的确定：方案二比方案一少纳税金额＝14－1.7＝12.3(万元)，双方应选择方案二，即利用金融中介贷款，母、子公司可以少纳税12.3万元，高于A公司减少的利息收入10万元(80－70)。

结论：纳税人向关联方借入的资金超过权益性投资比例的2倍，合理利用金融中介贷款，可以有效降低关联方整体税负。

二、租赁的纳税筹划

租赁是一种以一定费用借贷实物的经济行为。租赁作为一种特殊的融资方式，与其他融资方式相比，具有融资和融物为一体的特点，现行税法涉及的租赁形式有经营租赁和融资租赁。

税法规定，企业根据生产经营活动的需要租入固定资产支付的租赁费，按照以下方法扣除：以经营租赁方式租入固定资产发生的租赁费支出，按照租赁期限均匀扣除；以融资租赁方式租入固定资产发生的租赁费支出，按照规定构成融资租入固定资产价值的部分应当提取折旧费用，分期扣除。

(一) 选择经营租赁与融资租赁的纳税筹划

在选择经营租赁与融资租赁的纳税筹划中，一方面要考虑纳税人资金的充裕程度，如果资金充裕，可以采用经营租赁方式，反之应采用融资租赁方式；另一方面则应考虑租入固定资产的性质和使用时间，如果属于更新换代较快且使用时间短的固定资产，宜采用经营租赁方式，反之则应采用融资租赁方式。

(二) 购置与租赁固定资产的纳税筹划

如承租方和出租方同属于一个利益集团，通过购置与租赁可以把固定资产取得的收益在不同企业之间进行分配,把资产在不同利润水平和税收待遇的企业之间进行转移,并在规定范围内收取尽可能低或者高的租金,目的在于使整个集团享受最低的税收待遇,实现集团整体税负最轻。

【例 9-4】

某集团有 A、B 两子公司,所得税率分别为 25%与 15%,A 公司拟处置一台闲置设备给 B 公司,该设备原值 600 万元,该设备每年计提的折旧额为 60 万元,累计折旧 300 万元,预计还可使用 5 年,每年能为公司创造经营利润 100 万元,未扣除折旧。A 公司处置闲置设备给 B 公司有两个方案可供选择:方案一,直接出售给 B 公司,获得 300 万元净收入;方案二,将设备以经营租赁方式租赁给 B 公司,每年取得租金 80 万元。从集团整体考虑,一方确认的销项税额,就是另一方的进项税额,因此,不考虑出售和租赁过程中的增值税。

要求:从集团整体利益考虑,通过纳税筹划分析,为 A 公司选择最佳设备处置方案。

解析:

方案一 直接出售设备。

A 公司取得 300 万元设备转让净收入,固定资产的账面净值为 300 万元(600－300),因此,设备转让净收益为 0,转让固定资产不需要缴纳企业所得税。

B 公司购进设备每年获得设备的经营收益 100 万元,每年计提的折旧额为 60 万元。

每年应纳企业所得税＝(100－60)×15%＝6(万元)

5 年应纳企业所得税＝6×5＝30(万元)

A、B 公司合计应纳企业所得税＝0＋30＝30(万元)

方案二 A 公司将设备以经营租赁方式租赁给 B 公司。

A 公司每年取得 80 万元租赁收入,每年计提的折旧额为 60 万元。

应纳企业所得税＝(80－60)×25%＝5(万元)

5 年应纳企业所得税＝5×5＝25(万元)

B 公司租入设备每年获得经营收益 100 万元,每年支付租赁费 80 万元。

每年应纳企业所得税＝(100－80)×15%＝3(万元)

5 年应纳企业所得税＝3×5＝15(万元)

A、B 公司合计应纳企业所得税＝25＋15＝40(万元)

设备处置方案的确定:通过以上计算可以看出,A 公司应选择方案一,此时,方案一比方案二少纳企业所得税 10 万元(40－30)。

结论:对于集团内适用不同企业所得税税率的公司,在选择资产取得方式时,适用较低企业所得税税率的公司通过购置资产,将资产全部收益转移到本公司,可以降低集团整体税负。

【例 9-5】

接例 9-4,如果集团 A、B 两子公司,企业所得税率分别为 15%与 25%,假设其他条件不变。

要求:从集团整体利益考虑,通过纳税筹划分析,为 A 公司选择最佳设备处置方案。

解析:

方案一 直接出售设备。

A公司取得300万元设备转让净收入,固定资产的账面净值为300万元(600－300),因此,设备转让净收益为0,转让固定资产不需要缴纳企业所得税。

B公司购进设备每年获得设备的经营收益100万元,每年计提的折旧额为60万元。

每年应纳企业所得税＝(100－60)×25%＝10(万元)

5年应纳企业所得税＝10×5＝50(万元)

A、B公司合计应纳企业所得税＝0＋50＝50(万元)

方案二 A公司将设备以经营租赁方式租赁给B公司。

A公司每年取得80万元租赁收入,每年计提的折旧额为60万元。

应纳企业所得税＝(80－60)×15%＝3(万元)

5年应纳企业所得税＝3×5＝15(万元)

B公司租入设备每年获得经营收益100万元,每年支付租赁费80万元。

每年应纳企业所得税＝(100－80)×25%＝5(万元)

5年应纳企业所得税＝5×5＝25(万元)

A、B公司合计应纳企业所得税＝15＋25＝40(万元)

设备处置方案的确定:通过以上计算可以看出,当B公司的企业所得税税率高于A公司的企业所得税税率时,A公司应选择方案二,此时,方案二比方案一少纳企业所得税10万元(50－40)。

结论:对于集团内适用不同企业所得税税率的公司,在选择资产取得方式时,适用较高企业所得税税率的公司通过租赁方式取得资产使用权,将一部分收益保留在税率较低提供资产使用权的公司,可以降低集团整体税负。

企业因生产经营需要增加固定资产,在现有资金又不足的情况下,还可举债购买取得固定资产。举债购买的固定资产,支付的利息可在所得税前扣除,减少应纳税所得额。

纳税人在选择取得固定资产使用价值时,可以在融资租赁、经营租赁和举债购买之间作出选择,纳税人除了要考虑税收的影响,还要结合自身特点,综合考虑税后收益、利率水平和纳税风险等因素的影响,作出最有利于企业的选择。

三、权益资本筹资的纳税筹划

企业筹集权益资金的渠道主要有:发行股票、吸收投资等。企业发放股利或进行利润分配,只能从税后利润支付,因此,权益资金的资金成本不能抵减企业所得税。但被投资企业收到的股息、红利或分得的利润,为免税收入,只要投资期超过12个月就免征企业所得税;但自然人投资者收到的股息、红利或分得的利润,需要缴纳个人所得税,由支付方代扣代缴。另外在吸收非货币性投资时,投资方和被投资方都要考虑到增值税的影响。因此,无论是从避税效果还是企业承担的税负来看,权益资本筹资方式都不是最佳选择。

思 考 题

1. 简述企业进行产业投资的纳税筹划方法。
2. 简述企业进行项目投资的纳税筹划方法。
3. 简述企业投资方式的纳税筹划方法。
4. 企业向关联方融资应如何进行纳税筹划?

5. 简述租赁的纳税筹划方法。

练 习 题

一、单项选择题

1. 自 2021 年 4 月 1 日起,小规模纳税人发生增值税应税销售行为,合计月销售额未超过( )万元的,免征增值税。
  A. 10   B. 15   C. 20   D. 30

2. 企业从事下列项目的所得,减半征收企业所得税的是( )。
  A. 蔬菜的种植   B. 中药材的种植   C. 农产品初加工   D. 花卉的种植

3. 2022 年 1 月 1 日至 2024 年 12 月 31 日,对年应纳税所得额超过 100 万元但不超过 300 万元的部分,减按( )计入应纳税所得额,按 20% 的税率缴纳企业所得税。
  A. 12.5%   B. 25%   C. 50%   D. 75%

4. 国家需要重点扶持的高新技术企业的企业所得税税率为( )。
  A. 10%   B. 15%   C. 20%   D. 25%

二、多项选择题

1. 下列项目免征增值税的是( )。
  A. 蔬菜流通环节   B. 籽类产品
  C. 制种行业   D. 化肥产品

2. 企业筹集债务资金的渠道主要有( )。
  A. 向金融机构借款   B. 向其他企业或自然人借款
  C. 发行债券   D. 租赁

3. 对承租人来说,经营租赁固定资产可获取的好处包括( )。
  A. 避免因长期拥有固定资产而承担的风险
  B. 租入的固定资产可以计提折旧,计入成本费用,从而减少利润,降低税负
  C. 可以在经营活动中以支付租金的方式直接冲减企业的利润,减少应纳税额
  D. 支付的租金利息也可按规定在所得税前扣除,减少了纳税基数,降低税负

4. 下列收入属于免税收入的是( )。
  A. 企业因购买国债所得的利息收入
  B. 依法收取并纳入财政管理的行政事业性收费、政府性基金收入
  C. 符合条件的居民企业之间的股息、红利等权益性收益
  D. 在中国境内设立机构、场所的非居民企业从居民企业取得与该机构、场所有实际联系的股息、红利等权益性投资收益

5. 下列项目可以采用加计扣除的是( )。
  A. 开发新技术、新产品、新工艺发生的研究开发费用
  B. 软件企业的职工培训费用
  C. 企业安置残疾人员所支付的工资
  D. 企业购置用于环境保护专用设备的投资额

三、判断题

1. 如果关联企业之间有购销关系,可以变借款为采购方的预付账款,或将贷款变为销

售方的应收账款,实现商业信用筹资,降低企业税负。 (　　)

2. 增值税一般纳税人销售其自行开发生产的软件产品,按3%的税率征收增值税。
(　　)

3. 如承租方和出租方同属于一个利益集团,通过购置与租赁可以把固定资产取得的收益在不同企业之间进行分配,实现集团整体税负最轻。 (　　)

4. 权益资金的资金成本不能抵减企业所得税。因此,无论是从避税效果还是企业承担的税负来看,权益资本筹资方式都不是最佳选择。 (　　)

5. 投资农业可以免征增值税和企业所得税。 (　　)

四、案例分析题

1. 甲、乙公司均为非金融机构,甲公司对乙公司的权益性投资总额为1 000万元,拥有乙公司40%的股权,是乙公司第一大股东。本年乙公司计划从甲公司筹集债务资金3 000万元,借款利率为10%。已知金融机构同期同类贷款利率也为7%。

要求:为该融资业务作出纳税筹划方案。

2. 甲公司目前有2 000万元的闲置资金,现有两个投资方案,条件都是期限为1年,单利计息:一是购买国债,年利率为3.5%;二是购买国家重点建设债券,年利率为4.5%。甲公司的企业所得税税率为25%。

要求:分析确定甲公司应购买哪种债券。

第十章

企业重组清算的纳税筹划

本章学习要点

1. 企业重组的纳税筹划。
2. 企业清算的纳税筹划。

案例引入

选择合理兼并方式,享受特殊重组的免税待遇

甲公司准备兼并一家亏损企业,希望通过弥补亏损企业的亏损额实现少纳企业所得税的目的。乙公司账面亏损400万元,净资产的公允价格为1 000万元,双方股东通过谈判达成协议,甲公司并购乙公司的交易价格为1 000万元,甲公司股东出让相当于900万元价值的股份给原乙公司股东,同时支付给原乙公司股东100万元的现金,这样,并购满足免税的特殊重组待遇。企业重组的特殊性税务处理规定,为企业重组的纳税筹划提供了条件。

随着经济的发展,企业重组清算的情况越来越多。通过本章的学习,可以掌握企业清算重组的纳税筹划方法和技巧。

第一节 企业重组的纳税筹划

企业重组是指企业在日常经营活动以外发生的法律结构或经济结构重大改变的交易,包括企业法律形式改变、债务重组、股权收购、资产收购、合并、分立等。企业重组的纳税筹划主要是运用特殊性税务处理规定进行的。

企业重组同时符合下列条件的,适用特殊性税务处理规定。一是具有合理的商业目的,且不以减少、免除或者推迟缴纳税款为主要目的。二是被收购、合并或分立部分的资产或股权比例符合规定的比例。三是企业重组后的连续12个月内不改变重组资产原来的实质性经营活动。四是重组交易对价中涉及股权支付金额符合规定比例。五是企业重组中取得股权支付的原主要股东,在重组后连续12个月内,不得转让所取得的股权。

一、企业法律形式改变的纳税筹划

企业法律形式改变是指企业注册名称、住所及企业组织形式等的简单改变。

(一) 企业法律形式改变有关企业所得税处理的规定

企业由法人转变为个人独资企业、合伙企业等非法人组织,或将登记注册地转移至中华人民共和国境外(包括港澳台地区),应视同企业进行清算、分配,股东重新投资成立新企业。企业的全部资产及股东投资的计税基础均应以公允价值为基础确定。

企业发生其他法律形式简单改变的,可直接变更税务登记,除另有规定外,有关企业所得税纳税事项(包括亏损结转、税收优惠等权益和义务)由变更后企业承继,但因住所发生变化而不符合税收优惠条件的除外。

(二)盈利企业应避免改变企业法人形式

企业由法人转变为个人独资企业、合伙企业等非法人组织,或将登记注册地转移至中华人民共和国境外(包括港澳台地区),该种情况应视同企业进行清算、分配,股东重新投资成立新企业。企业的全部资产及股东投资的计税基础均应以公允价值为基础确定。

【例10-1】

甲有限责任公司由A、B两个自然人投资设立,二人各自投资200万元,持股比例相同,股东投资成本共400万元。甲公司拟于本年9月变更为乙合伙企业,原股东变为合伙人,除公司法律形式发生改变,其他内部结构均未变化。已知甲公司变更前拥有资产账面价值及计税基础均为500万元,公允价值610万元,预计甲公司清算将发生清算费用和相关税费10万元。假设企业无纳税调整事项,甲公司累计未分配利润和累计盈余公积为80万元。

要求:分析计算企业清算过程需要缴纳的所得税。

解析:

(1) 清算过程需要缴纳的企业所得税

企业所得税清算期间,是指企业自终止正常的生产经营活动开始清算之日起,至主管税务机关办理注销税务登记前的期间。企业所得税清算期间应当作为一个独立纳税年度。根据规定,企业的全部资产可变现价值或交易价格,减除资产的计税基础、清算费用、相关税费,加上债务清偿损益等后的余额,为清算所得。

甲公司的清算所得 = 610 - 500 - 10 = 100(万元)

应纳企业所得税 = 100 × 25% = 25(万元)

(2) 投资者分得的财产需要缴纳的个人所得税

企业全部资产的可变现价值或交易价格减除清算费用、职工的工资、社会保险费用和法定补偿金,结清清算所得税、以前年度欠税等税款,清偿企业债务,按规定计算可以向所有者分配的剩余资产。

被清算企业的股东分得的剩余资产的金额,其中相当于被清算企业累计未分配利润和累计盈余公积中按该股东所占股份比例计算的部分,应确认为股息所得;剩余资产减除股息所得后的余额,超过或低于股东投资成本的部分,应确认为股东的投资转让所得或损失。

应确认为股息所得 = 80万元

应确认为股东的投资转让所得 = 610 - 10 - 25 - 80 - 400 = 95(万元)

A、B两个自然人应纳个人所得税 = (80 + 95) × 20% = 35(万元)

共需要缴纳的所得税 = 25 + 35 = 60(万元)

结论:盈利的法人企业应避免由法人转变为个人独资企业、合伙企业等非法人组织,或将登记注册地转移至中华人民共和国境外(包括港澳台地区),上述行为视同企业进行清算、分配,股东重新投资成立新企业。在改变企业法律形式时,需要缴纳大量的所得税,为以后的经营带来困难。

(三)其他法律形式的改变应不影响税收优惠的享受

企业发生其他法律形式简单改变的,可直接变更税务登记,除另有规定外,有关企业所得税纳税事项(包括亏损结转、税收优惠等权益和义务)由变更后企业承继,但因住所发生变化而不符合税收优惠条件的除外。纳税人应注意住所的改变对税收优惠的影响,使企业能够继续享受税收优惠政策。

二、企业债务重组的纳税筹划

债务重组是指在债务人发生财务困难的情况下,债权人按照其与债务人达成的书面协议或者法院裁定书,就其债务人的债务作出让步的事项。

(一) 企业债务重组一般性税务处理规定

企业债务重组相关交易应按以下规定处理。

(1) 以非货币资产清偿债务,应当分解为转让相关非货币性资产、按非货币性资产公允价值清偿债务两项业务,确认相关资产的所得或损失。

(2) 发生债权转股权的,应当分解为债务清偿和股权投资两项业务,确认有关债务清偿所得或损失。

(3) 债务人应当按照支付的债务清偿额低于债务计税基础的差额,确认债务重组所得;债权人应当按照收到的债务清偿额低于债权计税基础的差额,确认债务重组损失。

(4) 债务人的相关所得税纳税事项原则上保持不变。

(二) 适用特殊性税务处理有关债务重组的规定

企业债务重组确认的应纳税所得额占该企业当年应纳税所得额50%以上,可以在5个纳税年度的期间内,均匀计入各年度的应纳税所得额。

企业发生债权转股权业务,对债务清偿和股权投资两项业务暂不确认有关债务清偿所得或损失,股权投资的计税基础以原债权的计税基础确定。企业的其他相关所得税事项保持不变。

(三) 企业应选择债权转股权的债务重组方式

根据上述规定,企业在条件许可的情况下,应当尽量选择债权转股权的方式进行债务重组,可以避免缴纳企业所得税。

【例10-2】

甲公司欠乙公司6 000万元债务,甲、乙公司准备签署一项债务重组协议:甲公司用计税基础为5 000万元,公允价值6 000万元的办公楼抵偿乙公司的债务,增值税采用简易计税方法计税,已知契税的税率为4%。

要求:计算债务重组甲、乙公司应纳税情况(假设不考虑城市维护建设税、教育费附加和印花税),为该债务重组作出纳税筹划方案。

解析:根据甲、乙公司准备签署的债务重组协议,甲、乙公司应纳税情况如下。

甲公司应纳增值税=6 000×5%=300(万元)

甲公司应纳企业所得税=(6 000-5 000)×25%=250(万元)

乙公司应纳契税=6 000×4%=240(万元)

甲、乙公司合计应纳税总额=300+250+240=790(万元)

纳税筹划方案:甲公司与乙公司协商,将甲公司欠乙公司6 000万元债务,转为乙公司对甲公司6 000万元的投资,并按照特殊债务重组的其他条件设计债务重组协议。

纳税筹划后,满足特殊性税务处理有关债务重组的规定,企业发生债权转股权业务,对债务清偿和股权投资两项业务暂不确认有关债务清偿所得或损失,股权投资的计税基础以原债权的计税基础确定。企业的其他相关所得税事项保持不变。

乙公司将债权转化为股权,不需要缴纳企业所得税,因不采用以办公楼抵债的形式清偿债务,也不需要缴纳增值税和契税,甲、乙公司共节约税款790万元。

结论:债务人发生财务困难,通过债权转股权的形式实现债务重组,使交易满足特殊性税务处理有关债务重组的规定,可以免除交易双方当期应纳税款,优于用实物资产进行债务清偿。

三、股权收购、资产收购的纳税筹划

股权收购是指一家企业(以下称为收购企业)购买另一家企业(以下称为被收购企业)的股权,以实现对被收购企业控制的交易。收购企业支付对价的形式包括股权支付、非股权支付或两者的组合。

资产收购是指一家企业(以下称为受让企业)购买另一家企业(以下称为转让企业)实质经营性资产的交易。受让企业支付对价的形式包括股权支付、非股权支付或两者的组合。

(一)股权收购、资产收购一般性税务处理规定

企业股权收购、资产收购重组交易相关交易应按以下规定处理。

(1)被收购方应确认股权、资产转让所得或损失。

(2)收购方取得股权或资产的计税基础应以公允价值为基础确定。

(3)被收购企业的相关所得税事项原则上保持不变。

(二)适用特殊性税务处理有关股权收购的规定

股权收购,收购企业购买的股权不低于被收购企业全部股权的50%,且收购企业在该股权收购发生时的股权支付金额不低于其交易支付总额的85%,可以选择按以下规定处理。

(1)被收购企业的股东取得收购企业股权的计税基础,以被收购股权的原有计税基础确定。

(2)收购企业取得被收购企业股权的计税基础,以被收购股权的原有计税基础确定。

(3)收购企业、被收购企业的原有各项资产和负债的计税基础和其他相关所得税事项保持不变。

(三)适用特殊性税务处理有关资产收购的规定

资产收购,受让企业收购的资产不低于转让企业全部资产的50%,且受让企业在该资产收购发生时的股权支付金额不低于其交易支付总额的85%,可以选择按以下规定处理。

(1)转让企业取得受让企业股权的计税基础,以被转让资产的原有计税基础确定。

(2)受让企业取得转让企业资产的计税基础,以被转让资产的原有计税基础确定。

(四)股权收购、资产收购的纳税筹划方法

(1)企业在条件许可的情况下,应选择购买的股权不低于被收购企业全部股权的50%,且股权支付金额不低于其交易支付总额的85%,这样被收购方可以不确认股权转让所得,避免缴纳企业所得税。

(2)企业在条件许可的情况下,应选择购买的资产不低于被收购企业全部资产的50%,

且受让企业在该资产收购发生时的股权支付金额不低于其交易支付总额的85%,这样被收购方可以不确认资产转让所得,避免缴纳企业所得税。

(3) 提供满足特殊性税务处理的相关资料。

企业发生股权收购业务,应提供以下资料:当事方的股权收购业务总体情况说明,情况说明中应包括股权收购的商业目的;双方或多方所签订的股权收购业务合同或协议;由评估机构出具的所转让及支付的股权公允价值;证明重组符合特殊性税务处理条件的资料,包括股权比例,支付对价情况,以及12个月内不改变资产原来的实质性经营活动和原主要股东不转让所取得股权的承诺书等;工商等相关部门核准相关企业股权变更事项证明材料;税务机关要求的其他材料。

【例 10-3】

甲公司准备用6 000万元现金收购乙公司80%的资产。这些资产包括计税基础为1 800万元,公允价值为2 500万元的不动产;计税基础为2 600万元,公允价值为3 500万元的土地使用权。

要求:计算资产收购业务乙公司应纳企业所得税情况,为该资产收购业务作出纳税筹划方案。

解析:以现金收购资产不适用资产收购的特殊税务处理规定。

乙公司应确认的资产转让收益=(2 500-1 800)+(3 500-2 600)=1 600(万元)

乙公司应纳企业所得税=1 600×25%=400(万元)

纳税筹划方案:甲公司与乙公司协商,甲公司向乙公司定向增发公允价值6 000万元的股票,用自己的股权收购乙公司的资产,并按照特殊性税务处理的其他条件设计资产收购协议。

纳税筹划后,甲公司收购乙公司80%的资产,且用自己的股权收购乙公司的资产,满足资产收购的特殊税务处理规定,则乙公司不需要缴纳企业所得税。

结论:企业购置其他企业50%以上的资产或股权时,采用股权支付方式而非现金支付方式,使交易满足特殊性税务处理有关股权收购或资产收购的规定,可以免除资产或股权转让方当期应纳企业所得税,优于用现金方式购买股权或资产。

企业发生资产收购业务,应提供以下资料:当事方的资产收购业务总体情况说明,情况说明中应包括资产收购的商业目的;当事各方所签订的资产收购业务合同或协议;评估机构出具的资产收购所体现的资产评估报告;受让企业股权的计税基础的有效凭证;证明重组符合特殊性税务处理条件的资料,包括资产收购比例,支付对价情况,以及12个月内不改变资产原来的实质性经营活动、原主要股东不转让所取得股权的承诺书等;工商部门核准相关企业股权变更事项证明材料;税务机关要求提供的其他材料证明。

(五) 特殊性税务处理免征其他税的相关规定

(1) 纳税人在资产重组过程中,通过合并、分立、出售、置换等方式,将全部或者部分实物资产,以及与其相关联的债权、负债和劳动力一并转让给其他单位和个人,不属于增值税的征税范围。

(2) 单位和个人在改制重组时以国有土地使用权、房屋进行投资,对其将国有土地、房屋权属转移,变更到被投资的企业,暂不征收土地增值税。

纳税人在进行特殊性税务处理的纳税筹划时，还要关注免征其他税的相关规定，使纳税人满足免税条件，以降低企业重组的税负。

四、企业合并的纳税筹划

合并是指一家或多家企业（以下称为被合并企业）将其全部资产和负债转让给另一家现存或新设企业（以下称为合并企业），被合并企业股东换取合并企业的股权或非股权支付，实现两个或两个以上企业的依法合并。

（一）企业合并一般性税务处理规定

企业合并，当事各方应按下列规定处理。

(1) 合并企业应按公允价值确定接受被合并企业各项资产和负债的计税基础。

(2) 被合并企业及其股东都应按清算进行所得税处理。

(3) 被合并企业的亏损不得在合并企业结转弥补。

（二）适用特殊性税务处理有关合并的规定

企业合并，企业股东在该企业合并发生时取得的股权支付金额不低于其交易支付总额的85%，以及同一控制下且不需要支付对价的企业合并，可以选择按以下规定处理。

(1) 合并企业接受被合并企业资产和负债的计税基础，以被合并企业的原有计税基础确定。

(2) 被合并企业合并前的相关所得税事项由合并企业承继。

(3) 可由合并企业弥补的被合并企业亏损的限额＝被合并企业净资产公允价值×截至合并业务发生当年年末国家发行的最长期限的国债利率。

(4) 被合并企业股东取得合并企业股权的计税基础，以其原持有的被合并企业股权的计税基础确定。

另外，在企业吸收合并中，合并后的存续企业性质及适用税收优惠的条件未发生改变的，可以继续享受合并前该企业剩余期限的税收优惠，其优惠金额按存续企业合并前一年的应纳税所得额（亏损计为零）计算。

（三）企业合并的纳税筹划方法

企业合并作为一项复杂而又富有技术性的产权交易活动，高风险与高收益并存。企业合并的纳税筹划，是指在税法允许的范围内，合并双方从纳税角度对并购方案进行科学、合理的事先筹划和安排，尽可能减轻企业税负，从而降低合并成本，实现企业整体效益最大化。

(1) 在满足特殊税务处理的条件下，盈利企业应选择合并亏损企业，可以减少税基。

除另有规定外，企业纳税年度发生的亏损，准予向以后年度结转，用以后年度的所得弥补，但结转年限最长不得超过五年。企业以新设合并方式及吸收合并或兼并方式合并，且被吸收或兼并企业不具备独立纳税人资格的，企业合并或兼并前尚未弥补的经营亏损，可在税法规定的弥补期限的剩余期限内，由合并或兼并后的企业逐年延续弥补。

根据上述规定，盈利企业合并亏损企业，存续企业可以承继亏损企业法定弥补期限内未弥补完的亏损，冲抵当年的应纳税所得额；该亏损还可以向以后期间结转，在法定弥补期内，冲减企业应纳税所得额，减少应纳税额。

此项纳税筹划应注意两个问题：一是控股合并不能达到此目的，只有被并购企业的法人资格丧失,才能实现用亏损额冲抵原盈利企业的应纳税所得额的目的;二是被并购企业应有足够的发展潜力,防止并购后因向被并购企业过度提供资金导致合并企业被拖入困境的情况发生。

(2) 企业在条件许可的情况下,应选择取得的股权支付金额不低于其交易支付总额的85%,以及同一控制下且不需要支付对价的企业合并,这样被合并企业可以不进行清算,避免缴纳企业所得税。

(3) 尽量采用吸收合并,这样,合并后的存续企业性质及适用税收优惠的条件未发生改变的,可以继续享受合并前该企业剩余期限的税收优惠,其优惠金额按存续企业合并前一年的应纳税所得额(亏损计为零)计算。

五、企业分立的纳税筹划

分立是指一家企业(以下称为被分立企业)将部分或全部资产分离转让给现存或新设的企业(以下称为分立企业),被分立企业股东换取分立企业的股权或非股权支付,实现企业的依法分立。

(一) 企业分立一般性税务处理规定

企业分立,当事各方应按下列规定处理。
(1) 被分立企业对分立出去资产应按公允价值确认资产转让所得或损失。
(2) 分立企业应按公允价值确认接受资产的计税基础。
(3) 被分立企业继续存在时,其股东取得的对价应视同被分立企业分配进行处理。
(4) 被分立企业不再继续存在时,被分立企业及其股东都应按清算进行所得税处理。
(5) 企业分立相关企业的亏损不得相互结转弥补。

(二) 适用特殊性税务处理有关分立的规定

企业分立,被分立企业所有股东按原持股比例取得分立企业的股权,分立企业和被分立企业均不改变原来的实质经营活动,且被分立企业股东在该企业分立发生时取得的股权支付金额不低于其交易支付总额的85%,可以选择按以下规定处理。

(1) 分立企业接受被分立企业资产和负债的计税基础,以被分立企业的原有计税基础确定。

(2) 被分立企业已分立出去资产相应的所得税事项由分立企业承继。

(3) 被分立企业未超过法定弥补期限的亏损额可按分立资产占全部资产的比例进行分配,由分立企业继续弥补。

(4) 被分立企业的股东取得分立企业的股权(以下简称"新股"),如需部分或全部放弃原持有的被分立企业的股权(以下简称"旧股"),"新股"的计税基础应以放弃"旧股"的计税基础确定。如不需放弃"旧股",则其取得"新股"的计税基础可从以下两种方法中选择确定:直接将"新股"的计税基础确定为零;或者以被分立企业分立出去的净资产占被分立企业全部净资产的比例先调减原持有的"旧股"的计税基础,再将调减的计税基础平均分配到"新股"上。

另外,在企业存续分立中,分立后的存续企业性质及适用税收优惠的条件未发生改变的,可以继续享受分立前该企业剩余期限的税收优惠,其优惠金额按该企业分立前一年的应纳税所得额(亏损计为零)乘以分立后存续企业资产占分立前该企业全部资产的比例计算。

(三) 企业分立的纳税筹划方法

(1) 企业在条件许可的情况下,应选择被分立企业所有股东按原持股比例取得分立企业的股权,分立企业和被分立企业均不改变原来的实质经营活动,且被分立企业股东在该企业分立发生时取得的股权支付金额不低于其交易支付总额的85%,这样,被分立企业不需要缴纳企业所得税。

(2) 尽量采用企业存续分立,这样,分立后的存续企业性质及适用税收优惠的条件未发生改变的,可以继续享受分立前该企业剩余期限的税收优惠,其优惠金额按该企业分立前一年的应纳税所得额(亏损计为零)乘以分立后存续企业资产占分立前该企业全部资产的比例计算。

第二节 企业清算的纳税筹划

企业清算是指企业按章程规定解散,以及由于破产或其他原因宣布终止经营后,对企业的财产、债权、债务进行全面清查,并进行收取债权,清偿债务和分配剩余财产的经济活动。

清算的原因包括:合同期满清算、法律规定清算、无法经营清算、违法经营清算、产权变动清算、破产解散清算。企业进行清算时,首先应当结清税款,然后根据不同的情况变更或注销税务登记。企业在重组的过程中也经常会涉及清算,将二者结合起来进行纳税筹划,可以收到更好的筹划效果。

一、企业清算的相关规定

企业进行清算时,首先应当结清税款,然后根据不同的情况变更或注销税务登记。企业清算的税务处理主要是所得税,分配和处置实物资产还会涉及流转税。企业清算的所得税处理,是指企业不再持续经营,发生结束自身业务、处置资产、偿还债务,以及向所有者分配剩余财产等经济行为时,对清算所得、清算所得税、股息分配等事项的处理。

(一) 清算对象

居民企业(含查账征收和核定征收企业)发生下列情形之一的,应当进行企业所得税清算。

1. 按《公司法》《企业破产法》等规定需要进行清算的
(1) 企业章程规定的营业期限届满或者其他解散事由出现;
(2) 企业股东会、股东大会或类似机构决议解散;
(3) 企业依法被吊销营业执照、责令关闭或者被撤销;
(4) 企业被人民法院依法予以解散或宣告破产;
(5) 企业因其他原因解散或注销。

2. 企业重组中需要进行清算的
(1) 企业由法人转变为个人独资企业、合伙企业等非法人组织;

(2) 企业将登记注册地移至中华人民共和国境外(包括港澳台地区);
(3) 企业因重组不再保留法人资格,且按规定应按清算进行所得税处理的重组方。

3. 征管税务机关发生变化的所得税事项清理

企业发生注册名称、住所及企业组织形式等的简单改变,涉及征管税务机关发生变化需办理征管转移的,其所得税不需清算,但转出地主管税务机关必须在转出前进行相关所得税事项的清理。

(二) 清算期间

(1) 企业所得税清算期间,是指企业自终止正常的生产经营活动开始清算之日起,至主管税务机关办理注销税务登记前的期间。企业所得税清算期间应当作为一个独立纳税年度。

(2) 企业清算开始之日,可按以下规定确定:

① 企业章程规定的经营期限届满或其他解散事由出现之日;
② 企业股东会、股东大会或类似机构决议解散之日;
③ 企业依法被吊销营业执照、责令关闭或者被撤销之日;
④ 企业被人民法院依法予以解散或宣告破产之日;
⑤ 有关法律、行政法规规定清算开始之日;
⑥ 企业重组批准之日;
⑦ 企业因其他原因进行清算或无法确定清算之日的,以终止正常的生产经营活动之日作为清算开始之日。

(三) 清算应纳税所得额的确定

1. 清算所得

(1) 清算所得是指企业的全部资产可变现价值或者交易价格,减除资产计税基础、清算费用、相关税费,加上债务清偿损益等后的余额。

(2) 企业清算的全部资产包括货币性资产、固定资产、生物资产、无形资产、投资资产、存货等。

清算资产的可变现价值和实际交易价的确定应遵循公允价值原则。

(3) 对清算时未实际处置的资产价值,主管税务机关应要求其提供具有法定资质中介机构的资产评估报告,并按规定确认清算资产的可变现价值。

(4) 对清算时已经处置的资产价值,一般按实际交易价确定,但实际交易价明显偏低且无正当理由的,主管税务机关可按文件规定确定清算资产可变现价值。

对清算时未实际处置的存货价值,清算企业无法提供具有法定资质中介机构的资产评估报告的,主管税务机关也可按文件规定确定清算资产的可变现价值。

对固定资产、无形资产可变现价值明显偏低且无正当理由的,主管税务机关可要求企业说明理由,并提供具有资质的中介机构的资产评估报告等证明资料,主管税务机关按规定予以确定其可变现价值。

(5) 应收、预付款项按账面原价确认可变现价值。

因种种原因确实无法收回的应收账款和预付账款,符合坏账损失税前扣除条件的,经有权税务机关批准后,可变现价值确定为零。

对虽不符合坏账损失税前扣除条件的其他应收、预付款项,但有确凿证据表明已无法收回的，并能提供清算组或董事会批准列支的证明材料，或法院出具的债务方无财产可供执行的终结裁定的，经主管税务机关核准，可变现价值也可确定为零，但有关联关系的应收、预付款项除外。

（6）清算资产的计税基础是指企业取得资产时确定的计税基础减除在清算开始日以前纳税年度内按照税收规定已在税前扣除的折旧、摊销、准备金等的余额。

① 货币性资产的计税基础为企业货币性资产的账面原价减除在清算开始日以前纳税年度内按照税收规定已在税前扣除的准备金后的余额。

② 存货、投资资产、在建工程、固定资产、生产性生物资产、无形资产（含外购商誉）、长期待摊费用的计税基础为企业取得该项资产时实际发生的支出（即历史成本），减除在清算开始日以前纳税年度内按照税收规定已在税前扣除的折旧、摊销后的余额。"实际发生的支出"，不包括外购时未取得合法凭证的部分。

③ 对企业在取得非货币性资产时按规定以公允价值确认增值或收益的，其计税基础以取得当时的公允价减除清算开始日以前纳税年度内按照税收规定已在税前扣除的折旧、摊销后的余额确定。

④ 对清算期内盘盈的各项资产，其计税基础为零。

（7）负债的计税基础是指企业负债的账面价值减去未来期间计算应纳税所得额时按照税收规定予以扣除金额的余额。

"未来期间计算应纳税所得额时按照税收规定予以扣除的金额"是指企业在以前年度计提，但已按税法规定予以纳税调增的负债。

（8）负债的清偿金额是指清算期间实际清偿的负债，企业在清算期间由于各种原因无法偿还或支付的债务，其清偿金额为零。

（9）清算费用是指企业清算过程中发生的与清算业务有关的费用支出，包括清算组组成人员的报酬，清算财产的管理、变卖及分配所需的评估费、咨询费等费用，清算过程中支付的诉讼费用、仲裁费用及公告费用，以及为维护债权人和股东的合法权益支付的其他费用。

（10）清算税金及附加是指企业清算过程中发生的除企业所得税和允许抵扣的增值税以外的各项税金及其附加。

2. 清算应纳税所得额

企业清算的应纳税所得额以清算所得减除清算期间取得的符合规定的免税收入、不征税收入、其他免税所得、弥补以前年度亏损后的余额确定。

3. 剩余财产和应付股息

（1）企业在计算确认所得税清算所得的同时，应确定可向股东分配的剩余财产和应付股息。

（2）企业清算的剩余财产以全部资产的可变现价值（交易价格）减除清算费用、职工的工资、社会保险费用、法定补偿金，清算税费、清算所得税、以前年度欠税和企业其他债务后的余额。

被清算企业的股东分得的剩余资产的金额，其中相当于被清算企业累计未分配利润和累计盈余公积中按该股东所占股份比例计算的部分，应确认为股息所得；剩余资产减除股息所得后的余额，超过或低于股东投资成本的部分，应确认为股东的投资转让所得或损失。

被清算企业的股东从被清算企业分得的非货币性资产应按可变现价值或实际交易价格确定计税基础。

二、通过调整企业清算日期进行纳税筹划

企业在年度中间终止经营活动按规定需要清算的,应当自实际经营终止之日起60日内,先向税务机关办理当期企业所得税汇算清缴。

企业在清算时,应当以清算期间作为一个纳税年度。企业应当自清算结束之日起15日内,向主管税务机关报送企业所得税申报表,并结清税款。

【例10-4】

甲公司决定6月30日解散,7月1日开始进行清算。当年1月1日至6月底该公司累计盈利400万元。预计公司清算期间大约两个月,至8月31日清算结束,预计将发生清算费用和相关税费360万元,终止时甲公司的资产总额为2 000万元,全部为货币资金,不会产生清算所得。

要求:为甲公司的清算业务作出纳税筹划方案。

解析: 纳税筹划前,甲公司应纳税情况如下。

生产经营期间应纳企业所得税=400×25%=100(万元)

清算所得=0-360=-360(万元)

甲公司支付清算费用后,实际亏损360万元,不需要缴纳企业所得税。

纳税筹划方案:甲公司应在决定解散时,先开始清理、支付各项费用及税金,并记入相关成本、费用及税金和附加,作为生产经营期间的支出。将解散日期改为8月31日,于9月1日开始清算。清算期间单独作为一个纳税年度,按照规定,360万元费用不属于清算期间的费用,清算所得为零。

纳税筹划后,甲公司应纳税情况如下。

生产经营期间应纳企业所得税=(400-360)×25%=10(万元)

清算所得为0,不需要缴纳企业所得税。

纳税筹划后少纳企业所得税=100-10=90(万元)

结论:企业在准备清算时存在大量的盈利,可以考虑采用适当推后清算日,用这期间发生的费用来冲抵盈利,从而减少经营期间的所得,实现少缴纳企业所得税的目的。

思 考 题

1. 企业重组同时符合哪些条件适用特殊性税务处理规定?
2. 简述企业法律形式改变的纳税筹划方法。
3. 简述企业债务重组的纳税筹划方法。
4. 简述企业股权收购、资产收购的纳税筹划方法。
5. 简述企业合并的纳税筹划方法。
6. 简述企业分立的纳税筹划方法。
7. 简述企业清算的纳税筹划方法。

练 习 题

一、单项选择题

1. 企业合并,企业股东在该企业合并发生时取得的股权支付金额不低于其交易支付总额的( ),可以选择按照特殊税务规定处理。
   A. 70%　　　　B. 75%　　　　C. 80%　　　　D. 85%

2. 企业重组中取得股权支付的原主要股东,在重组后连续( )个月内,不得转让所取得的股权,这是满足特殊税务处理的条件之一。
   A. 3　　　　B. 6　　　　C. 9　　　　D. 12

3. 企业在年度中间终止经营活动按规定需要清算的,应当自实际经营终止之日起( )日内,先向税务机关办理当年企业所得税汇算清缴。
   A. 30　　　　B. 45　　　　C. 60　　　　D. 75

4. 清算资产的可变现价值和实际交易价的确定应遵循( )原则。
   A. 公允价值　　B. 账面价值　　C. 实际价值　　D. 评估价值

二、多项选择题

1. 企业债务重组可以采用( )几种方式。
   A. 以现金清偿债务　　　　　　B. 以非现金资产清偿债务
   C. 债券转为股权　　　　　　　D. 修改债务条件

2. 企业重组是指企业在日常经营活动以外发生的法律结构或经济结构重大改变的交易,包括( )等。
   A. 股权收购　　B. 企业合并　　C. 企业清算　　D. 企业法律形式改变

3. 企业清算的原因主要包括( )。
   A. 合同期满　　B. 转让资产　　C. 转让产权　　D. 破产解散

4. 清算费用是指企业清算过程中发生的与清算业务有关的费用支出,包括( )。
   A. 清算组组成人员的报酬　　　　B. 清算财产的管理费用
   C. 清算过程中支付的诉讼费用　　D. 清算所得需要缴纳的企业所得税费用

5. 企业清算过程中发生的税金及附加是指( )。
   A. 增值税　　B. 房产税　　C. 资源税　　D. 企业所得税

6. 企业法律形式改变,需要进行清算的情况包括( )。
   A. 由法人转变为个人独资企业
   B. 由法人转变为合伙企业
   C. 将登记注册地转移至中华人民共和国境外(包括港澳台地区)
   D. 企业被人民法院依法予以解散或宣告破产

三、判断题

1. 企业变更法定代表人,可直接变更税务登记,不需要进行清算。　　　　( )

2. 被清算企业的个人股东分得的剩余资产的金额,其中相当于被清算企业累计未分配利润和累计盈余公积中按该股东所占股份比例计算的部分,应确认为股息所得,可以免征个人所得税。　　　　( )

3. 可由合并企业弥补的被合并企业亏损的限额为全部亏损额。　　　　( )

4. 在任何情况下,受让企业取得转让企业资产的计税基础,都应以被转让资产的公允价值确定。   （ ）

5. 企业所得税清算期间应当作为一个独立纳税年度。   （ ）

四、案例分析题

某股份有限公司计划用 7 200 万元现金收购乙公司 60% 的股权。乙公司 60% 股权的计税基础为 4 000 万元。

要求:为该股权收购业务作出纳税筹划方案。

参 考 文 献

1. 中国注册会计师协会.税法[M].北京:中国财政经济出版社,2021.
2. 全国税务师职业资格考试教材编写组.税法Ⅰ[M].北京:中国税务出版社,2021.
3. 全国税务师职业资格考试教材编写组.税法Ⅱ[M].北京:中国税务出版社,2021.
4. 盖地,丁芸.税务筹划[M].7版.北京:首都经济贸易大学出版社,2021.
5. 梁文涛.纳税筹划[M].5版.北京:中国人民大学出版社,2020.
6. 梁俊娇.税收筹划[M].9版.北京:中国人民大学出版社,2021.
7. 王建聪,伊虹.纳税实务[M].北京:清华大学出版社,2020.